T0195041

# Wenn Eltern sich streiten

© Hans-Jürgen Gaugl

**Hans-Jürgen Gaugl** ist Jurist und akademisch ausgebildeter Mediator und Konfliktberater. Er hat sich nebenberuflich auch als Unternehmensberater und Kommunalpolitiker verdient gemacht. Für ihn steht der Mensch als zu befähigendes und wertzuschätzendes Individuum stets im Vordergrund. Der Autor hat seine Erfahrungen nicht nur zu Familienkonflikten in Buchform aufbereitet, wie etwa im ebenfalls im Springer Verlag erschienenen Sachbuch „Der Tiger und die Schwiegermutter; Schlachtfeld oder Chance" (ISBN 978-3642389931), sondern bietet auch Gedankenanstöße zum Zusammenleben in der Demokratie („Politische Machtspiele – Schlachtfeld oder Chance", ISBN 978-3-662-45421-3 oder „Mediation als Kurskorrektur für unsere Demokratie", ISBN 978-3-658-07642-9). Weblinks des Autors: www.lassunsreden.at, www.facebook.com/konfliktenergie.

Hans-Jürgen Gaugl

# Wenn Eltern sich streiten

Familienkonflikte: Schlachtfeld oder
Chance?

 Springer

Hans-Jürgen Gaugl
Schönbühel-Aggsbach
Österreich

ISBN 978-3-662-48927-7          ISBN 978-3-662-48928-4 (eBook)
DOI 10.1007/978-3-662-48928-4

Die Deutsche Nationalbibliothek verzeichnet diese Publikation in der Deutschen Nationalbibliografie; detaillierte bibliografische Daten sind im Internet über http://dnb.d-nb.de abrufbar.

Springer
© Springer-Verlag Berlin Heidelberg 2016

*Planung:* Marion Krämer
*Einbandabbildung:* istockphoto, © Squaredpixels

Gedruckt auf säurefreiem und chlorfrei gebleichtem Papier

Springer Berlin Heidelberg ist Teil der Fachverlagsgruppe Springer Science+Business Media
(www.springer.com)

# Vorwort

Als Mediator und Elternberater kommen immer wieder
Menschen zu mir, die in einem Konflikt mit dem Menschen stecken, von dem sie doch eigentlich einmal überzeugt waren, dass es der richtige wäre: der richtige, um mit
ihm alt zu werden, aber auch der richtige, um mit ihm eine
Familie zu gründen und glückliche Kinder dabei zu begleiten, zu lebensfrohen Erwachsenen zu werden.

Meist ist dabei der Karren schon ziemlich verfahren. Viele Verletzungen erschweren es bereits, dem Vater oder der
Mutter der gemeinsamen Kinder überhaupt noch in die
Augen zu schauen. Und aus lauter Beschäftigung mit dem
Rosenkrieg bedarf es dann schon einer nachdrücklichen Erinnerung, sich einmal kurz in die eigenen Kinder hineinzuversetzen: Was würden mir die Kinder jetzt erzählen? Was
würden diese jetzt für einen Ratschlag haben an ihre Eltern,
was würden sie sich wünschen? Wie geht es ihnen eigentlich mit dem Streit der Eltern? Dass das Kindeswohl nicht
bloß eine wunderbare Gelegenheit ist, unter diesem Motto
dem Gegenüber Vorwürfe machen zu können, muss erst
wieder bewusst gemacht werden.

Mit diesem Buch möchte ich vielerlei: Einerseits will ich
jenen Menschen, die gerade in einer Krise als Paar oder auch

„nur noch" als Eltern stecken, die Scham davor nehmen, dass die eigene Situation so abscheulich ist, dass man sie am besten versteckt. In einigen der natürlich anonymisierten Beispiele – der Einfachheit halber heißen die meisten Paare in diesem Buch einfach nur Franz und Anita – werden sie entweder sehr ähnliche Geschichten erkennen oder sich sogar darüber wundern, dass es noch viel schlimmer hätte kommen können.

Andererseits möchte ich auch ein wenig das Gefühl der Ohnmacht und der Aussichtslosigkeit lindern: In nahezu sämtlichen im Buch beschriebenen Beispielen konnte erfolgreich eine nachhaltige Lösung gefunden werden. Es ist daher nicht vermessen zu versprechen, dass dieses Buch auch wieder Zuversicht schenkt.

Allem voran aber möchte ich dazu ermuntern, niemals zu vergessen, dass die Entscheidung, einem Kind das Leben zu schenken, das Eingehen einer lebenslangen Verantwortung als Eltern bedeutet – einer gemeinsamen Verantwortung. Kein Gericht der Welt kann dabei das aussprechen, was zu Ehen heutzutage oftmals viel zu schnell im Namen des Volkes verkündet wird: die Scheidung. Kinder haben immer ein Anrecht darauf, beide Elternteile zu lieben, und das ohne jedes schlechte Gewissen.

Ich wünsche Ihnen eine anregende Lektüre: sei es, weil Sie das Thema interessiert, sei es, weil Sie gerade selbst betroffen sind, sei es aber auch, dass Sie jemand Betroffenem im eigenen sozialen Umfeld helfen wollen.

# Inhalt

# 1

# Einleitung

*„Meistens hat, wenn zwei sich scheiden, einer etwas mehr zu leiden."*
(Wilhelm Busch)

Allein im rund 8,5 Mio. Einwohnerinnen und Einwohner zählenden Österreich bedeutet für 252.000 Familien der Familienalltag, dass Kindern nicht beide Elternteile zur jederzeitigen Verfügung stehen auf dem Weg in ein eigenständiges erfülltes Leben. Kein österreichisches Phänomen; auch in der Schweiz lebt jeder sechste Teenager in einem Ein-Eltern-Haushalt, und in Deutschland sind es unglaubliche knapp 2,7 Mio. Kinder und Jugendliche. Hier ist nicht die Rede von tragischen Verlusten durch Unfälle oder schwere Krankheiten mit tödlichem Ausgang. Es handelt sich bei dieser erschreckend hohen Zahl um Familiengeschichten, die aus Kindern in mehr oder weniger ausgeprägter Form Scheidungswaisen gemacht haben. Die Beziehung ihrer Eltern ist zerbrochen.

Was ja an und für sich noch nichts Außergewöhnliches ist in einer Zeit, in welcher Dinge oft schnell durch neue ersetzt werden, sobald sie Schwierigkeiten machen. Kaum mehr jemand macht sich die Mühe, Reparaturarbeiten auf sich zu nehmen, wenn doch im nächsten Großmarkt ein Sonderangebot dazu verlockt, den Macken aufweisenden Fernseher im eigenen Wohnzimmer durch ein neues Gerät zu ersetzen – ein Gerät, das obendrein noch größer ist, noch ein besseres Bild zu haben verspricht, noch mehr Funktionen, von denen man noch gar nicht bemerkt hat, dass man sie braucht. Weshalb sollte dieser Trend daher vor Beziehungen haltmachen, wo doch durch diverse Plattformen im Internet ununterbrochen damit geworben wird, dass der passende Partner beziehungsweise die passende Partnerin nur einen Mausklick entfernt ist. Wozu daher die Mühe auf sich nehmen, meist auf beiden Seiten ins Hintertreffen geratene Bedürfnisse hervorzukramen, beim Namen zu nennen und dazu gemeinsame Lösungen zu suchen? Da wartet doch ohnehin ein Mensch im nächsten Datingportal, in dem wissenschaftlich vorgetestet wird, dass man zueinander passt. Ganz automatisch. Ohne groß reden zu müssen oder gar etwas an sich zu verändern.

Es gibt zahlreiche weitere Begründungsversuche dafür, dass Ehen, sofern sie überhaupt noch geschlossen werden, ein immer kürzeres durchschnittliches Ablaufdatum haben. Diese reichen von den dem Geschlechterkampf geschuldeten Theorien der selbstbewussteren Frau über den relativen Wohlstand der heutigen Gesellschaft bis hin zur Schnelllebigkeit der Gegenwart, die auch vor dem Privatleben nicht mehr haltmacht. Da klingt vieles sehr plausibel. Fragt man ältere Menschen, was denn ihre Einschätzung dazu ist, so erhält man augenöffnende Aussagen, in denen auch in die heutige Gesellschaft sehr gut passende Anhaltspunkte stecken, wie es besser gehen könnte.

Wie etwa in dieser Geschichte eines alten Ehepaares: Die beiden haben sich in einer Zeit gefunden, als man sich noch etwa beim Bäcker im Ort kennenlernte. Es wurden verlegen erste gemeinsame Spaziergänge vereinbart, bei welchen die beiden sich näherkamen. Sie verliebten sich schließlich auch ineinander und heirateten. Anlässlich der diamantenen Hochzeit wurde dieses Ehepaar gefragt, was denn das Geheimnis ihrer Liebe ist. Die beiden schauten einander daraufhin in die Augen, lächelten sich an, nahmen sich an der Hand und antworteten wie aus einem Mund: „Nun, wir sind in einer Zeit aufgewachsen, in der es normal war, Dinge zu reparieren, wenn sie Schwierigkeiten bereiteten. Wir betrachteten sie von allen Seiten, überlegten, was getan werden könnte. Und haben dann so lange ausprobiert, den richtigen Weg zu finden, bis es wieder funktioniert hat. Das war nicht immer leicht. Und dennoch war es immer eine große Freude, wenn es gelungen war und dabei vielleicht auch gleich ein paar Verbesserungen vorgenommen werden konnten. So haben wir es auch mit unserer Liebe zueinander gemacht. Manchmal drohte das Feuer zu erlöschen. Dann haben wir uns hingesetzt und besprochen, was wir besser machen können, um die wärmenden Flammen zu erhalten und wieder zu verstärken. Wir haben daran geglaubt, es zu schaffen. Wir wollten es. Und haben gemeinsam gelernt, wie es geht. Haben unsere Methoden entwickelt. Und diese dann umgesetzt."

Nun muss nicht gleich dieses wunderschöne romantische Bild der wachsenden Beziehung angestrebt werden. Es kann und darf unzählige Gründe geben, die es einfach nicht mehr möglich erscheinen lassen, dass eine Paarbeziehung aufrechterhalten wird. Dann ist ein Auseinandergehen weder etwas Außergewöhnliches noch etwas, wofür man sich rechtfertigen müsste. Was dabei allerdings unverhandelbar im Auge behalten werden muss, ist der Umstand, dass aus der Beziehung hervorgekommene Kinder auch nach einer Trennung der Eltern als Paar weiter den Anspruch haben auf die Fürsorge und den Rückhalt der beiden. Nicht auf Mama allein, nicht auf Papa allein. Auf beide Eltern, mit denen sie in einem unlösbaren Band verbunden wurden durch die Zeugung, die Geburt und die Begegnungen insbesondere der ersten Lebensjahre. Einem Band, das, anders als jenes einer Eheschließung, selbst durch den Tod nicht gekappt werden kann.

Die Praxis sieht leider aktuell viel zu oft anders aus: Viel zu oft wird von den ehemals in Liebe verbundenen Menschen aus eigener Verzweiflung, Wut und Trauer nicht nur die Verbindung auf der Paarebene eliminiert. Es wird der Schauplatz der emotional sehr herausfordernden Ablösung vom ehemaligen Lebenspartner beziehungsweise der ehemaligen Lebenspartnerin auch auf die Beziehung zu den Kindern ausgeweitet. Die Ansprüche und Bedürfnisse der eigenen Kinder werden dabei übersehen beziehungsweise mit der eigenen Sichtweise vermischt. Es wird, oft nicht einmal bewusst oder gar beabsichtigt, auf diese Weise auch das Beziehungsband der Kinder zum jeweils anderen Elternteil sehr lange strapaziert. Zu oft wird sogar so weit an den eigenen Kindern gezerrt, dass dieses Band nicht mehr standhält – und schließlich reißt. Mit weitreichenden Folgen für alle Beteiligten: Einige Kinder beginnen verhaltensauffällig zu werden, andere leiden unter zunehmenden Konzentrationsschwierigkeiten, Verlustängsten oder gar Depressionen; zum Teil nehmen sie sogar einen nicht ihnen gehörenden Rucksack mit in das eigene Erwachsenenleben und haben dann deshalb ihrerseits mit Bindungsschwierigkeiten zu kämpfen. Denkbar ungünstige Voraussetzungen für den Start in ein erfülltes Leben. Aber auch die Eltern selbst tun sich da nichts Gutes: Bestehende Enttäuschungen vom zerplatzten Lebensplan werden wie unerledigte Rechnungen auf einem Schauplatz ausgetragen, der es gar nicht zulassen kann, die zugrunde liegenden Konfliktthemen zu verarbeiten. Eine Garantie dafür, dass ein bitter benötigtes Abschließen des Lebensabschnittes enorm lange Zeit in Anspruch nehmen muss, wenn nicht sogar unmöglich gemacht wird.

Es ist also aktuell weitverbreitete Realität, dass die hohe Bereitschaft, Menschen in Partnerschaften bei auftretenden Schwierigkeiten einfach auszutauschen, meist Hand in Hand geht mit einem Zerreißen auch der Beziehung der betroffenen Kinder zu einem Elternteil. Wie über die DVD-Sammlung, das Haus und das Auto wird auch darüber bei Scheidungen gestritten, wem denn die Kinder „gehören" sollen. Grauenhafte Vorstellung, dass damit jene Menschen, für welche das zerstrittene Paar die Welt ist, wie Sachen behandelt werden. Doch es hat sich in die Gesellschaft eingebürgert, dass die sogenannte Fürsorge beziehungsweise Obsorge für Kinder im Trennungsfall zwar auf dem Papier im Regelfall eine gemeinsame bleibt, in der Praxis allerdings „klare Verhältnisse" geschaffen werden: bei wem haben die Kinder zu wohnen, wer hat die sogenannte überwiegende Betreuung zu übernehmen und wessen Status wird im Wesentlichen auf ein Besuchsrecht und finanzielle Beiträge reduziert. In den mit Abstand meisten Fällen ist es dabei die Mutter, die die überwiegende Betreuung der

Kinder übernimmt. Welche die Rolle der Mama, anders als der Papa, auch weiterhin im Alltag ausüben darf. Weil ein Kind seine Mutter braucht nach eingebürgertem psychosozialem Weltbild.

Allein in Österreich haben 102.000 von der Statistik als „Mütter in Ein-Eltern-Familien" bezeichnete Frauen daher durchschnittlich 1,36 Kinder unter 15 Jahren in ihrem Haushalt, für die der Vater kein integrierter Bestandteil der Familie mehr ist. In der Schweiz sind es rund 250.000 Familien, die in der Statistik als Ein-Eltern-Haushalt ausgewiesen sind, und in Deutschland sind es sogar über 2,3 Mio. alleinerziehende Mütter, für deren Kinder der Vater jemand ist, der nach der Trennung der Eltern nicht mehr die ihm eigentlich zukommenden Aufgaben im Alltag erfüllen kann. Er steht nicht zur Verfügung, um das Frühstück zuzubereiten und für letzte Ratschläge vor dem Einstieg in den Berufs- beziehungsweise Schultag gut zu sein. Er ist es nicht, der die Kinder zur Schule oder in den Kindergarten bringen kann; er ist auch mittags nicht da und kann nicht um Unterstützung gebeten werden, wenn bei der Hausaufgabe ein gordischer Knoten um den richtigen Lösungsweg gelegt zu sein scheint. Er bringt die Teenager nicht zur Weißglut mit der ständigen Ermahnung, weniger vor dem Computer zu sitzen oder im Haushalt mitzuhelfen, steht ihnen aber auch nicht allzeit zur Verfügung, um in Sinnfragen des Lebens eine Stütze zu sein oder über Liebeskummer hinwegzuhelfen. Auch bei gemütlichen Fernsehabenden sowie den Endlosdiskussionen über die Teilnahme an der nächsten Diskotour und die Uhrzeit, zu der eine Heimkehr erwartet wird, fehlt er im Alltag. Kurz: Für Millionen Kinder und Jugendliche allein in Österreich,

Deutschland und der Schweiz – ja, Millionen, also mehr als die Bundeshauptstadt Österreichs Einwohner hat – ist der Papa keine im Alltag verfügbare Person, die einen oft genug nervt, einem manchmal auch peinlich ist, von der man aber immer in Gewissheit davon ausgehen kann, dass sie es so gut mit einem meint wie sonst kaum jemand; mit der man drohen kann „das sag ich meinem Papa", den man dazu verwenden kann, um ein „Nein" von Mama als zweite Chance doch noch wegzuverhandeln oder mit dem all die Dinge machbar sind, die man mit Mama glaubt nicht so gut machen zu können. Papa fehlt. Im schlimmsten Fall scheint er vollkommen aus der Welt der Kinder zu verschwinden und nur noch zum Garanten für eine finanzielle Absicherung in Form der Alimentationszahlungen zu werden, zu denen er vor Gericht verdonnert wurde. Bezeichnungen wie Besuchspapa, Zahlvater oder Erzeuger sind weitverbreitet und degradieren auch in der sozialen Anerkennung rasch seine Rolle. Und verstärken den Schmerz des Mannes darüber, sich aus dem Leben der eigenen Kinder zunehmend hinausradiert zu fühlen. Zusätzlich quält ihn obendrein die Ohnmacht, auch wirtschaftlich kaum noch den Boden auf die Füße zu bekommen im Spagat zwischen den Kosten für den Aufbau einer eigenen neuen Existenz und den Alimentationsverpflichtungen für die Kinder.

Umgekehrt haben diese Mütter eine enorme Verantwortung auf sich genommen, allein für das Wohlergehen der Kinder zu sorgen. Bedenkt man, wie schwierig dies oftmals schon für kooperierende Eltern in intakter Beziehung im gemeinsamen Haushalt ist, eigene Bedürfnisse, wirtschaftliche Notwendigkeiten, Haushalt und das Wohlergehen ohne Abstriche unter einen Hut zu bekommen, so stellt dies für eine alleinerziehende Mutter eine nahezu unmenschlich anmutende Aufgabe dar. Bei welcher es eigentlich unvorstellbar ist, dass da nicht zwangsläufig die eigenen Bedürfnisse als Frau auf der Strecke bleiben oder zumindest zu kurz kommen. Sie müssen die Termine für Schule und Kindergarten auf der einen Seite mit den beruflichen Rahmenbedingungen auf der anderen Seite alleine managen. Sie tragen alleine die Sorge für die Kinder, wenn diese wieder mal krank sind und noch intensiverer Betreuung bedürfen. In vielen Fällen bedeutet die Scheidung zusätzlich die ungeplante Notwendigkeit einer beruflichen Neuorientierung, um das wirtschaftliche Überleben der Rumpffamilie zu ermöglichen. Diskussionen mit den heranwachsenden Nachkömmlingen müssen alleine bis zum bitteren Ende ausgefochten werden, und auch wenn man gerade selbst nicht weiß, wo einem der Kopf steht, lastet es allein auf den eigenen Schultern, den Kindern jene Ruhe und Geborgenheit zu vermitteln, die sie unbedingt für ihre Entwicklung benötigen.

Sieht man sich beide Seiten getrennter Eltern vor diesem Hintergrund an, so kommen berechtigte Zweifel daran, wer im Sinne des geflügelten Wortes von Wilhelm Busch, wonach meistens einer beziehungsweise eine mehr zu leiden hätte, wenn sich zwei scheiden, nun das schlimmere Schicksal zu tragen hat. Rasch aber wird klar, dass es da Beteiligte gibt, die noch deutlich schlimmer dran sind, und zwar die Kinder. Ohne dass sie hier etwas beitragen könnten zu einer Verbesserung der Situation, müssen sie das Schicksal von Scheidungswaisen in mehr oder weniger ausgeprägter Form erleiden. Sie geben sich dabei, selbst wenn es in der Welt der Erwachsenen irrational erscheint, sogar ein

Stück weit selbst die Schuld an der Trennung ihrer Eltern. Und leiden oftmals unter der panischen Angst, auch noch den Elternteil zu verlieren, dem sie vom Familiengericht zugesprochen wurden wie ein Gegenstand. Sehr häufig fühlen sie sich auch unbewusst dazu veranlasst, Anteile der Rolle des aus dem Haushalt ausgeschiedenen Elternteils zu übernehmen. Oftmals muss auch beobachtet werden, dass sie von einem inneren Zwang getragen sind, sich im elterlichen Trennungsschmerz mit jenem Elternteil zu solidarisieren, bei welchem sie sich aufhalten: einfach, damit es Mama beziehungsweise Papa wieder gut geht, wird der Kriegspfad des Rosenkrieges gegen den anderen Elternteil mitbeschritten. Dinge, die im Kindes- und Jugendlichenalter absolut nichts zu suchen haben. Herausforderungen, die fernzuhalten eigentlich eine der vordringlichen Aufgaben des Elternhauses sein sollte, da sie dem vielzitierten Kindeswohl deutlich entgegenstehen.

Wenn Eltern sich streiten und diesen Konflikt bis über die Trennung hinaus unkontrolliert eskalieren lassen, so passiert dies also oftmals zulasten aller – insbesondere auch der gemeinsamen Kinder. Wie kann das kommen, dass Eltern so blind werden durch eigene Emotionen, dass sie die Bedürfnisse ihrer Kinder nicht mehr zu beachten schaffen, ja manchmal sogar nicht einmal mehr erkennen können? Was geht da ab? Und was kann dagegen unternommen werden? In den folgenden Kapiteln werden ausgewählte Beispiele oftmals beobachteter Familiengeschichten in anonymisierter Form geschildert; es wird ein Blick hinter die Kulissen gewagt, um zu veranschaulichen, welche verschiedenen Kräfte hier bewusst und unbewusst wirken; es wird aber auch, zumal es sich hier um ein von der Rechtsordnung

und der Justiz in erstaunlicher Detailverliebtheit aufgegriffenes Thema handelt, ein kurzer Überblick über einige juristische Aspekte gegeben. Zu guter Letzt wird dann ein Blick
auf Möglichkeiten geworfen, mit Trennungssituationen so
umzugehen, dass wenigstens die Kinder rasch wieder das
für ihre Entwicklung unabdingbare Gefühl von Sicherheit
erhalten können in ihrem Zuhause.

# 2

# Wenn Gewitterwolken den Himmel über dem Familienglück verdunkeln

*„Der Gedanke geht der Tat voraus wie der Blitz dem Donner."*
(Heinrich Heine)

*Liebes Mäuschen,*

*heute war es leider so weit. Und ich habe gespürt, dass es für sehr lange sein wird. Als deine kleinen Händchen mich nochmals fest umschlungen haben, war es, als wären wir eins. Ganz genau konnte ich spüren, wie viele Fragen in deinem Kopf herumschwirrten, die gar nicht dort sein sollten. Du solltest Kind sein dürfen, dich einfach nur um deine Neugier für die Welt kümmern müssen. Und nicht mit dem Quatsch beschäftigen, den deine Eltern da angerichtet haben. Als wir unsere Umarmung wieder lösten, versanken unsere Blicke ineinander: „Bitte weck mich auf, bitte sag mir, dass ich nur einen bösen Traum habe und zu euch ins große Bett kommen darf", schienen deine Augen, die wässrig, aber sehr gefasst waren, zu flehen.*

*Dieser Moment schien ewig und viel zu kurz zugleich. Eine vor wütender Verzweiflung bebende Stimme, um Fassung bemüht, durchbrach diese Verbindung. Das sollte symptomatisch*

*sein für das, was die nächsten Jahre folgt. „Komm, tu weiter;*
*wir müssen fahren. "*

Briefe, wie der, aus dem die voranstehenden Zeilen stammen, beschreiben authentisch einen Ausschnitt aus dem Schicksal von jenen Menschen, die an ihrem eigenen Traum gescheitert sind. Sie waren einmal überzeugt, die Liebe, die sie sich als Basis für die eigene Familie wünschen, gefunden zu haben. Waren sich sicher, alles so umsetzen zu können, wie sie es sich in ihren viel zu oft von Hollywood mitgeprägten Vorstellungen ausgemalt haben: nicht nur mit dem Partner beziehungsweise der Partnerin gemeinsam alt werden, sondern auch eigene Kinder dabei begleiten, dass sie in ein erfülltes Leben starten. Da waren so viele Vorsätze. Da war einmal auch die tiefe Gewissheit, das selbstverständlich zu schaffen. Nun gut, die rosarote Brille der Verliebtheit war irgendwann weg, und man hat an dem Menschen, mit dem man gestartet war in die Realisierung des eigenen Lebensplans, manchmal auch Seiten entdeckt, die einem fremd waren. Die störten. Welche sogar inakzeptabel erschienen. Denen wurde jedoch keine weitere Bedeutung geschenkt. Zunächst zumindest. Doch alle Versuche, auch mit den immer störender wirkenden Marotten zurande zu kommen, schienen genau das Gegenteil zu bewirken. Das geflissentliche Übersehen des Umstandes, dass da unterschiedliche Ansichten über den perfekten Urlaub bestanden, führte von Mal zu Mal zu immer unübersehbareren Spannungen. Versuche, die eigenen Vorstellungen in der Planung von Familienfesten einfach durch das Schaffen von Fakten umzusetzen, erwiesen sich auch nicht unbedingt als der Harmonie zuträgliche Methode. Und irgendwann fiel dann das erste Mal dieses Wort, zu dem der eigene Freundeskreis schon lange empfohlen hatte, dies in Erwägung zu ziehen: Scheidung. In der ersten Schockstarre, die das Aussprechen des im Unterbewusstsein schon lange verankerten Schielens auf den Notausgang ausgelöst hat, wurden allerlei Konzessionen gemacht: das könne man den Kindern ja nicht antun. Das wäre doch gelacht, wenn man das nicht hinbekomme. Doch alle Vorsätze waren schnell wieder über den Haufen geworfen. Kleinigkeiten wie die schon wieder nicht verschlossene Zahnpastatube, ja sogar der als unerträglich empfundene Gesichtsausdruck des Menschen, den man doch eigentlich mal geliebt hat, schafften es, dass der über Jahre davor aufgebaute Konflikt wieder in unverminderter Kraft das Zepter über das Geschehen übernahm. Alles Negieren, jedes Aufbäumen schien zwecklos: Das Ablaufdatum der Beziehung schien erreicht, und man wollte nur noch eines: Frieden. Frieden, zu dem es keinerlei Vorstellung mehr gab, wie dieser noch erreichbar sein sollte mit diesem Menschen, mit dem man eigentlich außer der Wohnung und dem Umstand, Kinder zu haben, nichts mehr gemeinsam zu haben schien.

Nichts außer den Kindern. Ja, da waren doch die Kinder. Für die man sich vorgenommen hatte, ihnen eine perfekte Kindheit zu bieten. Gut gehen soll es ihnen, an nichts fehlen darf es ihnen. Da sind noch die Erinnerungen an den Schwangerschaftstest beim ersten Kind. Das war ein so emotionales Gefühl, als sich dieser blaue Strich in unumstößlicher Gewissheit abzeichnete: Da war Vorfreude auf dieses neue Leben vermischt mit der Ungewissheit, ob denn alles gut gehen werde; da war eine in der Form noch nie erlebte Unbeholfenheit gepaart mit einer enormen Kraft, die man ebenfalls noch nicht kannte. Und dann folgten die

Hormone, die den Alltag zwischen den Ultraschallterminen beim Frauenarzt sehr abwechslungsreich gestalteten. Als es dann so weit war, dass man sein Kind das erste Mal in den Händen halten durfte, war plötzlich klar: Ja, alles wird gut gehen. Vorbei waren die Zeiten der unbegrenzten partnerschaftlichen Intimität, vorbei schienen die Zeiten der unendlichen Möglichkeiten in der Freizeitgestaltung. Im Vordergrund standen nun die Herausforderungen des elterlichen Familienalltags: Windeln, Arzttermine, durchwachte Nächte. Dafür gab es die unbändige Freude über jeden einzelnen Fortschritt in der kindlichen Entwicklung: wie etwa das erste Lächeln des Nachwuchses oder die ersten Brabbellaute, aus denen man sich sicher war, ein „Mama" oder „Papa" heraushören zu können. Die Partnerschaft war nun geprägt von dem Bemühen, sich beizustehen in den schier unaufhörlichen Herausforderungen, vor die einen das neue Familienmitglied stellte: mit Krankheiten, Verbesserungen in der Mobilität und auch der ständig wachsenden Reichweite der kleinen Händchen. Alle Schränke und Regale wurden in immer höhere Regionen hinauf vorsichtshalber entleert, um einerseits das eigene Hab und Gut vor den neugierigen, aber ebenso ungeschickten Händchen zu schützen, andererseits aber auch, um das Kind davor zu bewahren, sich in einem kurzen Moment der elterlichen Unachtsamkeit zu verletzen. Plötzlich war auch der Wickeltisch kein sicherer Ort mehr, und man musste bisher ungeahnte Multitaskingfähigkeiten an sich entdecken, um zugleich die volle Windel entfernen, den Popo reinigen, die neue Windel anbringen und ein todesmutiges Hinunterstürzen des Kindes verhindern zu können. Herausforderungen, die Kraft kosten. Scheinbar rund um die Uhr. So viel Kraft, dass zu ihnen leider viel zu häufig übersehen wird, wie viel Freunde aus ihnen doch auch für die Familie gewonnen werden könnte.

So wurde auch im gegenständlichen Beispiel die Paarbeziehung in dieser Zeit vor eine zusätzliche harte Probe gestellt: Gut, man war nicht ganz unschuldig daran, dass es als selbstverständlich angesehen wurde, dass der Partner beziehungsweise die Partnerin die eigenen Ansprüche zurückschraubt. Doch da war doch die Gewissheit, dass sich das so gehöre, und immerhin musste man ja auch selbst eigene Bedürfnisse einfach wegstecken. Dachte man zumindest. Schon als Kind hatte man ja ständig von den eigenen Eltern gehört, dass Verantwortung zu tragen für ein Kind bedeute, dass das eigene Leben Einschränkungen unterworfen ist. Und auch heute fordern die Eltern von einem noch ständig Dankbarkeit für all die Entbehrungen, die sie auf sich genommen hätten. Also konnte doch nicht allen Ernstes vom Partner beziehungsweise der Partnerin verlangt werden, darin etwas Außergewöhnliches zu sehen. Oder gar Zeit für sich selbst gefordert werden. Wäre ja noch schöner. Gemeinsame Zeit in intimer Zweisamkeit, die man vor der Geburt nach Belieben hatte, gab es kaum mehr, aber nun solle es exklusive Zeit für den Partner beziehungsweise die Partnerin geben. Pah. Ein Punkt, zu dem es regelmäßig Krach gab: wenn ein Abend im Freundeskreis wieder mal etwas länger dauerte, bei einem Shoppingbummel auch mal ein nettes Stück für einen selbst anstelle des hundertsten Stramplers über den Kassentisch gewandert war oder man sich damit durchsetzte, dem Hobby wieder mehr Zeit einzuräumen – es gab ständig Rechtfertigungsbedarf. Und damit Streit. Schließlich hatte man sich doch ohnehin nur einen Bruchteil dessen genommen, was einem eigentlich zusteht.

Ja, die Herausforderungen der Elternschaft haben in vielen Fällen einen großen Anteil daran, dass nur noch die Flucht aus der Beziehung als ein gangbarer Weg erscheint, sein eigenes Lebensglück wiederzufinden. Man fühlt sich nicht mehr verstanden, man fühlt sich nur noch dahinvegetierend, man fühlt sich, als bekomme man keine Luft mehr. Ob da jetzt eine andere Person präsent ist, von der man sich verspricht, sich wieder als liebenswerter Mensch gewertschätzt zu fühlen, ist dabei in den seltensten Fällen tatsächlich ursächlich für den weiteren Lauf der Dinge. Raum für eigene Bedürfnisse scheint nämlich ohnehin nur noch ohne den Menschen möglich, von dem man einmal dachte, dass man mit ihm durch dick und dünn gehen könne, dass er einen vervollständige. Wobei sich bei näherer Beschäftigung mit diesem Weg rasch auch großer Frust einstellt: Denn wie kann man sich entfernen von diesem Menschen, wie die für unabdingbar angesehene Einstellung des Einflusses auf den eigenen weiteren Lebensweg erreichen, wenn es da doch gemeinsame Kinder gibt? Kinder, die einen doch ihr Leben lang und auch darüber hinaus verbinden? Dieses unauflöslich erscheinende Dilemma lässt in viel zu vielen Fällen in mindestens einem der beiden Elternteile die Gewissheit aufkommen, dass kein Weg daran vorbeiführe, auch die eigenen Kinder in die Dynamik des nun endgültig ausbrechenden Gewitters am Beziehungshimmel hineinzunehmen.

Ist einmal bei einem der beiden nun zumindest bereits gedanklich in Trennung befindlichen Elternteile die Bereitschaft vorhanden, auch die unschuldigen Kinder mit in den Beziehungsabgrund zu stürzen in der vagen Hoffnung, bald wieder Grund unter den Füßen zu spüren und doch noch weich zu landen, dann ist die Basis gelegt für einen lange anhaltenden Krieg. Einem Krieg, in dem es keine Sicherheit auf die Möglichkeit eines Sieges, dafür aber die Gewissheit von schon zu Beginn feststehenden Verlierern gibt: die eigenen Kinder. Diesen wird nämlich ein Schaden zugefügt, der nur schwer reparable Auswirkungen nehmen wird.

Für Kinder sind sowohl Mama als auch Papa die großen Fixpunkte einer kleinen Welt, von der aus es gilt, sich vorzubereiten auf die Möglichkeiten und Herausforderungen des Lebens draußen im Universum der Gesellschaft. Kinder sind dabei sehr aufmerksam in der Beobachtung ihrer Idole. Bereits im Säuglingsalter orientieren sie sich daran, wie die Eltern in ihrer jeweils individuellen Art mit den Herausforderungen des Alltags umgehen. Genauestens wird etwa verfolgt, wie denn das mit dem Essen und Trinken funktioniert, wie man Aufmerksamkeit bekommt und wie der Umgang mit Grenzen gehandhabt wird. Auch Streitverhalten wird dabei sorgfältig unter die Lupe genommen, wobei Kinder da auch sehr stark die nonverbale Ebene mitverfolgen: wie fühlen sich Mama und Papa da, und wie gehen sie jeweils damit um. Und das, was sie da erleben, prägt die ersten Denk-, Gefühls- und Verhaltensmuster. Eltern beeinflussen damit nachhaltig, wie die heranwachsenden Menschen einmal zu sich selbst stehen oder wie sie mit ihrem sozialen Umfeld und auch eigenen Partnerschaften umgehen. Erkennbar ist das schon in den vielen Momenten, die meist nur Außenstehenden wie den Bezugspersonen in Kindergarten und Schule auffallen: Kinder beginnen schon sehr früh, in diversen Situationen das Verhalten der Eltern zu spiegeln und zu üben.

Kinder haben dabei nicht nur ein unendliches Grund-
vertrauen in die eigenen Eltern, sie kupfern nicht nur sehr
vieles von diesen beiden Menschen ab, sie empfinden Eltern auch als unverzichtbare Bezugspersonen. Auch wenn
es immer wieder Phasen der Abnabelung gibt, so spürt
der Nachwuchs doch eine gewisse Abhängigkeit von der
Fürsorge der Eltern: Diese ist dabei gar nicht einmal so
materiell ausgerichtet, wie sie in der heutigen Zeit langer
Wunschzettel mit teuren Geschenken aussehen mag. Es
handelt sich dabei mindestens ebenbürtig um eine emotionale Verbindung, auf welche Kinder angewiesen sind für
ihre Entwicklung. Genau diese enge Verbindung in einer
Überzeugung der Abhängigkeit macht Prägungen durch
die eigenen Eltern so machtvoll.

Gerät nun die Beziehung zu einem der beiden Elternteile in Gefahr oder wird diese sogar unterbunden, so ist
dies eine traumatische Erfahrung, die enorme Unsicherheit
auslöst: Es wird die Ohnmacht, daran etwas zu ändern,
rasch in Schuldgefühle umgewandelt. Nicht selten geben
sich Kinder die Schuld an der Trennung der eigenen Eltern.
Ein Phänomen, welches sogar bei erwachsenen Betroffenen
noch häufig anzutreffen ist. Ein weiterer Gesichtspunkt
aus der Perspektive der Kinder ist die Erkenntnis, nun die
Hälfte der Hauptbezugspersonen zu verlieren. Das macht
Angst. Angst, nun unter Umständen auch die andere El-
ternhälfte verlieren zu können und vollkommen hilflos und
allein in der großen Welt dazustehen. Damit erklärt sich,
weshalb Kinder rasch dazu neigen, Verantwortung für das
Wohlergehen jenes Elternteils zu übernehmen, bei dem sie
sich befinden.

„Bitte weck mich auf, bitte sag mir, dass ich nur einen bösen Traum habe und zu euch ins große Bett kommen darf", schienen die Augen des Kindes aus dem eingangs zitierten Brief zu flehen. Augen, die wässrig, aber sehr gefasst waren. Augen, die es verdienen, auch im bösesten Rosenkrieg gesehen und ernst genommen zu werden. Augen eines jungen Kindes, das gerade dabei ist, aus schmerzhaften Erfahrungen mit seinen Eltern für das eigene Leben zu lernen. Eines jungen Kindes, das damit beschäftigt ist, seine eigene Identität rund um die gemachten Erfahrungen aufzubauen. Nichts prägt mehr als die frühen Jahre der Kindheit und der Jugend.

## Eine Beziehung geht den Bach hinunter

Machen wir einen Schritt zurück. Anders als beim Verlieben, das ja in der heutigen Gesellschaft meistens am Beginn einer Beziehung steht, geht einer Trennung meist ein längerer Prozess voran. Eine lange Abfolge von Wahrnehmungen, Wertungen und Gefühlen, aber auch selbst gesetzten Handlungen und ausgesprochenen Worten. Am Beginn sind da noch die Schmetterlinge im Bauch, welche ausgelöst werden durch die über das in der Nasenscheidewand angesiedelte Jacobson-Organ aufgenommenen pheromonellen Informationen. Im Laufe der Zeit kann sich – bei zu wenig Achtsamkeit und Beziehungsarbeit – stattdessen ein Denkmuster entwickeln, das einen dazu bringt, den anderen nicht mehr riechen zu können. Es hat sich dann eine Perspektive auf den Partner eingeschlichen, die im

Bauch statt des wohligen Kribbelns nur noch krampfartige Gefühle beim bloßen Gedanken an die ehemals große Liebe aufkommen lässt. Etwas, das Teil der Lebenserfahrung ist, von dem man aber auch weiß, dass es erfahrungsgemäß nicht von heute auf morgen passiert. Viele kleine Vorzeichen müssen da negiert werden, um eine Beziehung den Bach runtergehen zu lassen. Viele Chancen, das Ruder herumzureißen, müssen liegen gelassen werden. Wobei die Stationen des Weges auch Anhaltspunkte dafür geben, wie zumindest eine Koexistenz erreicht werden kann statt des Hinterlassens verbrannter Erde. Letzteres sollte neben dem eigenen Wohlergehen vor allem im Interesse von aus einer Beziehung hervorgegangenen Kindern Beachtung finden: Im Kugelhagel eines Rosenkrieges finden Kinder bekanntlich kaum den Nährboden, dessen es bedarf für eine volle Entfaltung der in diesen jungen Menschen schlummernden Talente und Chancen.

## Schritt 1: Erste Spannungen bringen Verhärtungen

Die ersten ernsteren Spannungen entstehen, wenn zwei liebende Menschen auf die ersten Interessen stoßen, zu denen sie einen anderen Zugang haben. Einen Zugang, der sie Positionen einnehmen lässt, die auf den ersten Blick unvereinbar erscheinen. Unvereinbar, obwohl beide es für erforderlich sehen würden, einen gemeinsamen Nenner zu finden. Meist sind es Dinge, zu denen einem außenstehenden Unbeteiligten rasch viele Lösungen einfallen würden. Wo es also zu erwarten ist, dass diese Diskussionen keine dramatischen Auswirkungen haben werden und der familiäre Friede nicht wirklich ins Wanken gerät. Es geht da zum Beispiel darum, was denn am nächsten Wochenende unternommen werden könnte: Freizeitpark, einfach vor dem Fernseher gemeinsam herumsitzen, als Familie wieder mal die Gesellschaftsspiele für sich entdecken oder doch wieder zu den Schwiegereltern fahren und sich dort bekochen lassen. Ansichten zur Freizeitgestaltung, die Intensität der Aufrechterhaltung des Kontaktes zur jeweiligen Herkunftsfamilie, Ausstattung und Einrichtung des gemeinsamen Zuhauses, der berufliche Werdegang und das dafür erforderliche zeitliche Engagement, der Umgang mit den Finanzen, die Definition gegenseitiger Erwartungshaltungen, was die gegenseitige Unterstützung etwa im Haushalt angeht, Familienplanung oder die Kindererziehung: alles Themengebiete, zu denen sich rasch einmal ein Diskussionsbedarf ergeben kann. Themen, zu denen man schnell einmal zum Schluss kommen kann: „Das hätte ich mir eigentlich anders vorgestellt." Unterschiede in der Wahrnehmung, im Denken, im Fühlen und im Wollen können schon einmal aufkommen. Und haben, wertschätzende Kommunikation vorausgesetzt, sehr gute Chancen darauf, einer Lösung zugeführt zu werden, mit der alle sehr gut leben können. Ist die rosarote Brille der Verliebtheit dabei bereits weg, so beginnt nun Beziehungsarbeit. Etwas, das leider viel zu oft übersehen wird.

**Ausschnitt aus der Rückkehr zum Friedenspfad**

Franz und Anita sitzen nebeneinander auf zwei bequemen Sesseln. Es ist für die beiden erstaunlich, wie wohl sie sich hier mittlerweile fühlen. Der Raum ist nicht nur von angenehm warmweißem Licht, sondern auch von einem angenehmen Duft durchflutet. An den in einem hellen Pastellton gestrichenen Wänden hängen Bilder wie etwa das von einem blauen Elefanten, und trotz der zum Teil lautstarken Diskussionen liegt hier eine wohltuende und Sicherheit spendende Atmosphäre in der Luft. Der den beiden gegenübersitzende Mediator hat gerade die Frage gestellt, wie denn das früher mal war, wenn sie Familienausflüge geplant haben. Ja, wie war denn das eigentlich? Franz hatte sich gerade darüber beklagt, dass es nicht sein könne, dass Anita mit ihren beiden Söhnen einfach so für ein Wochenende nach Paris ins Disneyland fahren wolle. Ohne zu fragen. Und das, obwohl sie ständig jammere, kein Geld zu haben und deshalb wieder mehr an Alimentationszahlungen von ihm verlangen zu müssen. Ja, er solle noch mehr arbeiten gehen, noch weniger vom Leben haben; damit sie es sich gut gehen lassen könne. Sein Geld auf den Putz hauen könne, welches doch eigentlich den Kindern zustehe. Den Kindern, die er im Übrigen lieber mehr bei sich hätte. „Sie haben mich jetzt neugierig gemacht. Wie war denn das früher, als Sie noch zusammen waren, wenn Sie was fürs Wochenende geplant haben?", lenkt der Mediator die Gedanken in eine Zeit, in der es irgendwie noch leichter war, Wege zu finden, den Kindern ein tolles Programm zu bieten. Damit will er daran erinnern, dass beide doch schon genügend Erfahrungen machen konnten darin, zu allen Problemen auch einmal Lösungen gefunden zu haben. Die Erinnerung wecken daran, dass sie da einmal wie selbstverständlich auf Ressourcen zurückgegriffen haben, die da hilfreich waren. Und die doch vielleicht, selbst wenn sie in Vergessenheit geraten sind, auch heute noch die Basis darstellen könnten, auf Kriegsgeheul zu verzichten und stattdessen friedliche Lösungen zu suchen.

Mindestens eine Seite kann sich nun gezwungen sehen, den eigenen Standpunkt immer und immer wieder vorzubringen und auch aus verschiedenen Perspektiven Argumente einzuwerfen. Es herrscht dabei noch die Bereitschaft, eine gemeinsame Lösung zu finden. Man will nicht nur für sich selbst eine den eigenen Wünschen entsprechende Einigung, auch das Gegenüber soll auf seine Rechnung kommen können. Auch wenn es mitunter schwierig erscheint, so besteht doch noch die Gewissheit, dass das in einem friedlichen Miteinander machbar ist. Daher ist man getragen von Respekt voreinander, man hegt den Wunsch, den anderen zu überzeugen – nicht zu besiegen; oder zumindest nachvollziehbare Argumente zu erhalten, die eine von der ursprünglichen Positionierung abweichende gemeinsame Meinung lebbar erscheinen lässt ohne das Gefühl, sich dabei untreu werden zu müssen. Es kann zu zeitweiligen Ausrutschern kommen, wo einander auch schon mal mehr oder weniger bewusst Verletzungen zugefügt werden: Da kann es passieren, dass mal kurz angedeutet wird, eine Eigenschaft am anderen als sehr störend zu empfinden. Das löst dann ein Gefühl der Beklemmung aus, kurze Befangenheit bei der Bereitschaft, weiter an einem Strang zu ziehen. Weiter wird dies allerdings nicht dramatisiert, kann allerdings sehr viel später im Konfliktverlauf die Basis sein, aus der der Antrieb für die Rechtfertigung eskalierender Maßnahmen erwächst.

Beide Seiten sind so weit Herr der Lage, dass sie auch erkennen können, dass es weit mehr als die beiden geäußerten, unvereinbar erscheinenden Haltungen gibt. Sie verspüren noch die Fähigkeit, gegenseitig ihre kreativen Fähigkeiten beim Auffinden verschiedener Möglichkeiten anzustoßen. Es wird auch noch darauf geachtet, keine Außenstehenden in die Diskussionen einzubeziehen. Ein wichtiger Punkt: Denn so bleibt es möglich, selbst das weitere Geschehen zu steuern. Ein Verzicht auf ein weiteres Fortschreiten auf der Leiter der Eskalationsstufen ist damit noch ohne große Anstrengung möglich; beide Seiten sind auch, sofern sie sich dessen bewusst sind, einen Konflikt zu haben, davon überzeugt, diesen ohne Hilfe wieder beilegen zu können.

**Ausschnitt aus der Rückkehr zum Friedenspfad**

Franz denkt kurz nach und schildert seinen Umgang mit den Kindern als sehr herzlich und emotional. So sei es für ihn immer selbstverständlich gewesen, alles daran zu setzen, auch utopisch klingende Wünsche seiner Buben Realität werden zu lassen. Ihnen solle es erspart bleiben, mit der Enttäuschung leben zu müssen, die ihn selbst bis ins Erwachsenenalter begleitet hat: Er habe schmerzhafte Erinnerungen daran, immer Außenseiter gewesen zu sein, wenn in der Schule über tolle Urlaubserlebnisse erzählt wurde. Anita wird während dieser Schilderung immer unruhiger, rutscht auf ihrem Sessel umher, beugt sich nach vorne, schiebt ihre Hände von der Außenseite unter ihre Oberschenkel und fällt ihm schließlich ins Wort. „Früher hast du aber auch noch zugehört, wenn ich dir etwas gesagt habe. Früher hast du mich ernst genommen." Zum Mediator gewandt meint sie daran nahtlos anschließend, ob er denn jetzt nicht sehe, wie widersprüchlich ihr ehemaliger Ehemann da sei: Ja, sie sei in einer eher auf körperlichen und auch emotionalen Abstand bedachten Familie aufgewachsen. Dass sie dementsprechend eher rational veranlagt sei, habe ihn aber nie gestört. Gut, bei der Planung von Kurzausflügen sei auch früher schon mal diskutiert worden, da es ihr nur schwer begreiflich sei, Strapazen und Kosten einer langen Reise für nur ein, zwei Tage überteuerter Vergnügung auf sich zu nehmen. Er habe ihr deshalb schon damals oft vorgeworfen, ein kalter Fisch zu sein, was ihr eigentlich erst später bewusst wurde, wie verletzend das war. Damals habe sie noch darüber hinwegsehen können. „Warum macht er aber jetzt so einen Wirbel, wo ich doch nur das mache, was er immer vorgeschlagen hat?" Franz hat mittlerweile die Arme vor seiner Brust verschränkt und schaut dem Mediator in die Augen, genau beobachtend, wie dieser nun reagieren werde.

Der Mediator spricht mit betont langsamer und monotoner Stimme das an, was nun im Raum liegt: die Erwartung eines Urteilsspruchs. „Ja, das ist eine für Sie beide ungewohnte Situation. Fast schon, als hätten Sie die Rollen getauscht, und Sie stellen sich nun die Frage, ob das denn fair sei." Der Mediator ist darauf bedacht, aus dem gerade wieder aufkochenden Konflikt, der sich auf die Erwartung einer ultimativen Entscheidung über falsch und richtig als Urteilsspruch zuspitzt, Tempo herauszunehmen. Und damit dabei zu helfen, den bereits eingetretenen Tunnelblick der beiden ein wenig zu durchbrechen. Er erklärt, dass es vollkommen normal sei, dass man ab und an die Welt nicht mehr verstehe. Was ja oft auch von Vorteil sei, nicht alles verstehen zu können. „Wenn die Hummel etwa verstehen würde, dass es bei ihrem Körpergewicht unmöglich ist, mit so kleinen Flügeln zu fliegen, was glauben Sie, was sie dann machen würde?" Nun steht der Mediator auf und begibt sich zu dem im Raum stehenden Flipchart, auf das beide gut hinsehen können. „Ich habe gehört, dass Sie früher diese Entscheidungen mehr oder weniger gemeinsam fällen konnten. Das ist gut. Ich bin gespannt, ob Sie das auch heute noch schaffen und möchte Ihnen dabei eine Methode zeigen, welche vielen Menschen hilft." Er hat erkannt, dass die beiden aus unterschiedlichen Zeitperspektiven auf ihr Problem schauen: Anita sieht hier die Bedürfnisse der Kinder in der Gegenwart, während Franz gefangen ist im Schmerz darüber, früher oft genau mit diesem Zugang auf Widerstand gestoßen zu sein. Er möchte die beiden daher dabei begleiten, eine gemeinsame Sicht auf die Frage zu entwickeln. Entlang der von Lievegoed beschriebenen abstrakten Schritte für Problemlösungs- und Entscheidungsgespräche (Vorbereitung, Bildgestaltung, Urteilsbildung, Konklusion) erfolgt nun eine Bearbeitung der Frage, ob denn ein Ausflug nach Disney World für die beiden Jungen angemessen sei. Dabei wird ermöglicht, dass Franz und Anita selbst zu einem Urteil kommen. Der Mediator achtet dabei darauf, dass beiden ausreichend Zeit gegeben ist, ihre Argumente und Bedürfnisse zu jedem der einzelnen Schritte zu artikulieren und fasst jeweils kurz am Flipchart die jeweiligen Punkte zusammen. Am Schluss sind beide verblüfft, wie viele Übereinstimmungen es da eigentlich zwischen ihnen gibt: Beiden ist wichtig, den Jungen ein Glänzen in den Augen und tolle Erinnerungen zu bescheren, von denen sie lange zehren können.

Es werden nun plötzlich auch Überlegungen möglich, wie auch Franz an dieser Freude der Kinder wird teilhaben können. Und es können sogar die aufgeflammten anderen Themen wie der Besuchsrechtsumfang und die Wertschätzung für die stets pünktliche Bezahlung der Alimente, auch wenn es manchmal wirtschaftlich eng ist, angegangen werden.

Treten erste Verspannungen und Verkrampfungen in einer Beziehung auf, dann ist für beide Seiten noch klar, dass diese nach außen tretenden Zeichen widersprüchlicher Einstellungen für die Beziehung zueinander nichts zu bedeuten haben. Auch kleine Ausrutscher, wo Franz an Anita bemängelt, dass sie ein kalter Fisch sei, während Anita Franz attestiert, ein hoffnungsloser Träumer zu sein, können in der Situation noch ganz gut weggesteckt werden. Beide Seiten sind allerdings im Wiederholungsfall zunehmend verspannt in Gedanken an die Möglichkeit neuer Meinungsverschiedenheiten oder auch nur das Thema, das Schwierigkeiten bereitet hat. Noch schaffen sie es aber sehr gut, in anderen Bereichen wertschätzende Kommunikation zu pflegen und einander die Andersartigkeit zuzugestehen.

Konflikte in diesem Stadium können noch sehr leicht beigelegt werden. Und es ist auch später in bereits hocheskalierten Konflikten ganz gut möglich, zu Themen, die auf diese Konfliktstufe zurückgeführt werden können, Lösungen zu finden, wie auch das Beispiel gut veranschaulicht. An dem gewählten Beispiel, welches bereits erahnen lässt, dass da zwischen Franz und Anita noch viel mehr vorgefallen ist, bis sie, leider viel zu spät, den Weg zum Mediator gefunden haben, ist aber auch schon deutlich spürbar, dass diese erste Stufe der Konflikteskalation schon Grundlage für einen aufbauenden Gewittersturm am Beziehungshimmel sein kann. Es besteht nämlich die Gefahr, dass eine Streitlawine losgetreten wird mit einer Infektion der Verhärtung dieser einen Konfliktfrage auf weitere Themenbereiche. Noch stehen die beiden Konfliktparteien aber vor der Schwelle zur zweiten Eskalationsstufe. Noch nicht weiter tragisch, zumal auch dann noch relativ wenig

Anstrengung notwendig sein wird, den Konflikt wieder beizulegen und dabei sogar beiden sehr gute Chancen einzuräumen, nicht nur interpersonell, sondern auch intrapersonell bereichert daraus hervorzugehen.

## Stufe 2: Polemik beginnt, in der Kommunikation zu dominieren

Nun beginnt die Sachfrage der Auseinandersetzung sich aus dem Vordergrund des Gespräches zurückzuziehen. War es zunächst noch Absicht des Paares, die Kommunikation auf der Sachebene abzuhalten, so beginnt man nunmehr seine eigene Haltung zunehmend an taktischen Grundsätzen zu orientieren. Von der Motivation her geht es nun zunehmend darum, sich selbst in ein besseres und das Gegenüber in ein schlechteres Licht zu rücken. Es werden plötzlich simplifizierte Aussagen über die Eigenschaften des anderen als vermeintliche Begründung für die Uneinsichtigkeit des Findens einer gemeinsamen Lösung getätigt. „Klar kannst du das nicht so sehen, wo du doch alles immer so schnell angehen musst." Ohnehin bestehende gemeinsame Ansätze zu einem Thema geraten zunehmend aus dem Blickfeld. Im Extremfall wird sogar das Vorliegen eines durchaus gemeinsamen Interesses einfach übersehen. Aus verschiedenen Blickpunkten gesehen gelingt das relativ rasch. Bedenkt man, dass dies sogar bei Gegenständen rasch passieren kann, welche von verschiedenen Orten aus vollkommen anders aussehen, so kann man sich vorstellen, wie rasch das erst bei nicht greifbaren Vorstellungen möglich ist: so wie sich vortrefflich darüber streiten lässt, ob man nun im Schlossgarten von Schönbrunn steht oder nicht, wenn der eine von einem wunderbaren Brunnen spricht, von dem aus links und rechts ein Serpentinenweg einen Hügel hinauf führt, und der andere darauf besteht, dass man doch vom Schlossgarten aus auf ein dem Schloss von Versailles ähnliches Gebäude sieht. Die beiden müssten sich, für einen Außenstehenden leicht erkennbar, einfach nur umdrehen, um die Sicht des anderen nachvollziehen zu können und zu erkennen: Wir stehen ja eh am selben Ort, ja vielleicht sogar direkt nebeneinander. In der Hitze des Gefechts, auf das man sich gerade einlässt, aber gar nicht so leicht.

Was Franz und Anita da das Leben zunehmend schwerer macht, als es sein müsste, ist die weitverbreitete instinktive Suche nach Schuld. Schuld, die natürlich keine der beiden Seiten auf sich nehmen möchte. Und zu welcher beide ausreichend über Erfahrung von klein auf besitzen, wie sie jemand anderem in die Schuhe geschoben werden kann. Man hat eine Expertise darin entwickelt, sich selbst und auch andere davon zu überzeugen, dass sie doch nur auf der anderen Seite liegen kann. Schuld hat eine ganz merkwürdige zentrale Rolle in unser aller Leben. Wann immer etwas passiert, das unserer persönlichen Vorstellung von Glück widerspricht, machen wir uns sofort auf die Suche nach einer Person, der wir die Schuld daran zuschreiben können. Zählt man nicht zu den Personen, die mangels Selbstbewusstsein im Zweifelsfall ohnehin gleich alles auf sich nehmen, um in fatalistische Gedanken darüber zu verfallen, nicht für Glück geschaffen zu sein, wird so lange nicht locker gelassen, bis endlich ein Täter beziehungsweise eine Täterin ausgemacht wird.

Dass bei diesem reflexartigen Zwang einer Ausforschung der Vorwerfbarkeit oft nur viel weiteres Porzellan zerschlagen wird, wird dabei oft übersehen. Es wird außerdem wertvolle Zeit und Energie vergeudet statt die Geschehnisse zu akzeptieren und sich an eine Verbesserung der Gegebenheiten für eine Gestaltung der Zukunft zu machen. Statt der konstruktiven Aufarbeitung der Vorkommnisse zwecks Schaffung eines stabilen Fundaments für die Zukunft werden einander Vorwürfe und Rechtfertigungen entgegengeschleudert, Fronten verhärten sich. Es beginnt ein Wettkampf zwischen vielen Paaren wie eben auch bei Franz und Anita, bei dem Prestigedenken eintritt: Es gilt, eine unbefleckte Weste zu haben, um ja nicht angreifbar zu sein. „Ist ja wieder typisch, dass du es mir in die Schuhe schieben willst, dass wir den Zahnarzttermin für unsere Jungen versäumt haben. Dir waren doch wieder mal deine imaginären Freunde auf Facebook wichtiger als ein Blick in den Kalender, oder?"

Das hat dann oftmals den Effekt einer Nebelgranate: Statt der angestrebten Klarheit stellt sich vielmehr eine Entfernung von der Lösung ein. Nicht selten wird bei diesem neuen Disput über den eigentlichen Konflikt sogar vergessen, worum es letztlich in der Ausgangsposition gegangen ist. Das Geschehen hat eine Eigendynamik entwickelt, bei welcher die beteiligten Menschen zunehmend gar nicht mehr Herr des weiteren Verlaufes zu sein scheinen. Die Beteiligten sind auf einem guten Weg, bald keinen Konflikt mehr zu haben – denn der Konflikt wird bald sie haben und steuern.

Das Verschulden mag in der Rechtsordnung eine ganz sinnvolle Komponente darstellen, wenn es darum geht, die subjektive Vorwerfbarkeit der Zufügung eines materiellen

Schadens zu prüfen. Da kommen dann manchmal durchaus dem Gerechtigkeitsempfinden der meisten Menschen entsprechende Ergebnisse heraus: Mutwillig zerstörte Gegenstände sollen etwa durch den Täter oder die Täterin auch wieder ersetzt werden. Hingegen sollen Handlungen, welche nicht vorwerfbar sind, zu keiner solchen Verpflichtung führen. Aber selbst in der Anwendung unserer ausgeklügelten Gesetze zeigen sich die Schwierigkeiten, die der Versuch einer eindeutigen Zurechnung von Schuld an einem vergangenen Ereignis mit sich bringt: Wem ist etwa anzulasten, dass eine zwischenmenschliche Beziehung Schaden genommen hat? Kann der eine, alles auslösende Moment ausgemacht werden – und kann dazu objektiv eruiert werden, wen daran die Schuld trifft? Selbst wenn dies möglich wäre – was ja Richtersprüche vor allem im familiengerichtlichen Verfahren oftmals glauben machen –, wird dies in so diffizilen Fällen zwischenmenschlicher Beziehungen kaum einen Schlusspunkt darzustellen vermögen. Das merkt man, wenn man sich einfach mal einen Tag vor ein Bezirksgericht stellt und die Menschen beobachtet, die da herauskommen: Selbst die vermeintlichen Siegerinnen und Sieger machen in den seltensten Fällen den Eindruck, als wäre für sie die Schuldfrage abschließend geklärt und entsprechend gesühnt. Bereits die kleinste Kleinigkeit wird bei der nächsten Begegnung ausreichen, um die auf die kurzfristige Genugtuung des Obsiegens folgende emotionale Leere als Energieschub für eine Fortsetzung des Konfliktes mit einem anderen Thema als Schauplatz zu verwenden.

In diesem frühen Stadium einer möglichen Konflikteskalation ist es meist noch relativ leicht, in einem wertschätzenden Miteinander naheliegende Lösungen zu finden. Lösungen, die ganz ohne die Klärung einer Schuldfrage und dem trügerischen Gefühl der Überlegenheit auskommen. Dazu wäre es etwa hilfreich, die simple Frage in den Raum zu stellen, was sich denn an der Situation oder einem schon eingetretenen Schaden ändert, wenn tatsächlich geklärt werden könnte, wer die Schuld trägt. Ist dann die Beziehung wieder in Ordnung? Ist dann die zerbrochene Vase wieder ganz? Ist es dann tatsächlich leichter, die Arbeit an der Reparatur des angeschlagenen Vertrauens oder der beschädigten Gegenstände aufzunehmen? Das bevorstehende Eintreten in langwierige Schlammschlachten, bei denen Schuld zum Konfliktthema geworden ist, ist mit dieser simplen Frage vielleicht noch ganz leicht zu verhindern.

Interessant ist der Ansatz, den die Bibel hier bietet: Um gar nicht erst diesen Irrweg zu gehen und damit zu lange im suchenden Blick in die Vergangenheit zu verharren, wird vorgeschlagen, einfach außer Streit zu stellen, dass wir alle mit Schuld behaftet sind. Die Erbsünde als gemeinsamer Nenner, der gar nicht erst bewiesen werden muss. Interessant, aber auch wieder gefährlich: Zu groß ist dann die Versuchung, in fatalistische Selbstaufgabe zu verfallen oder jede Verantwortung abzulegen, weil sie ohnehin nichts ändern kann. Eine Weiterentwicklung dieses biblischen Gedankens der Erbsünde ist allerdings oft hilfreich. Bevor über ein empfundenes Unglück die akribische Auseinandersetzung mit der Zuordnung der Vorwerfbarkeit der Geschehnisse ausbricht, sollte zunächst einmal der Blick nach vorne gerichtet werden, um zu eruieren: Was ist notwendig, um den eingetretenen Schaden, den ausgelösten Schmerz, zunächst unter bewusster Ausklammerung der Frage der Schuld, zu bereinigen? Welche Bedürfnisse rufen zukunftsgerichtet nach

Berücksichtigung? Statt bei einem hungernden Menschen zum Beispiel sofort danach zu fragen, wem dieser Umstand zur Last zu legen ist, könnte als Erstes darüber nachgedacht werden, wie es gelingen kann, dieses unbefriedigende Resultat vergangener Taten auszumerzen. Zu leicht könnte es ansonsten passieren, dass aufgrund einer hitzigen Diskussion über die Schuldigen am Hunger in dieser Welt das Naheliegende vergessen und der eingetretene Schaden bis hin zum Verhungern noch vergrößert wird. Wie dieses plakative Beispiel sehr schön zeigt, hat es unübersehbare Vorteile, statt der reflexartigen Suche nach Schuld den konstruktiven Weg der positiven Ausgestaltung der Zukunft zu wählen. Dem Hungernden Nahrung anbieten – dem Missverstandenen zuhören. Damit werden dann drei Fliegen mit einer Klappe geschlagen: Weiterer Schaden wird unwahrscheinlicher, zum entstandenen Unglück werden Lösungen gefunden, und im konstruktiven Miteinander fällt es leichter, einander um Vergebung zu ersuchen und zu verzeihen.

Natürlich kann auch, so wie es Franz und Anita gemacht haben, damit fortgesetzt werden, einander mit Argusaugen zu beobachten: wie eine Raubkatze in vermeintlich sicherer Position darauf zu lauern, dass am Gegenüber eine Handlung erkannt wird, bei welcher man einhaken kann, um sich selbst als besser darzustellen. Oder noch schlimmer: das Gegenüber als schlecht erscheinen zu lassen. Dabei fallen zunehmend Grenzen des Respekts, man beginnt dabei aber auch, seine eigenen Fähigkeiten Schicht für Schicht abzulegen. Aus allen erdenklichen Beobachtungen beginnt man, zum Teil mit haarsträubender Argumentation, vermeintliche Hinweise dafür abzuleiten, dass am vom Partner beziehungsweise der Partnerin eingenommenen

Standpunkt nichts dran sein kann. Dies führt zu Feststellungen wie „eh klar, so verbohrt, wie Franz ist", „klassisch für Anita, die immer als nett gelten will", die aus Mimik, Gestik, Tonfall oder sogar einem Schweigen abgeleitet werden als unumstößliche Beweise. Dass man da gerade selbst dabei ist, unbewusst zahlreiche andere Hinweise zu übersehen und damit auch zunehmend Chancen liegen zu lassen, wird vollkommen ausgeblendet. Dass so die Basis gelegt wird, seinen eigenen Horizont im Blick auf die Realität zu verkleinern, wird nur noch in immer leiser werdenden Zweifeln nach der Begegnung klar. Das persönliche Alarmsystem ist aktiviert in Richtung Abgrenzung vom Gegenüber als notwendiger Widerspruch zur eigenen Sichtweise. Die Fähigkeit, dem oder der anderen Zugeständnisse zu machen, sinkt zunehmend. Es beginnt das Sammeln von Informationen zu vermeintlichen Schwachstellen des Gegenübers mit der steigenden Bereitschaft, diese auch in der Debatte zu verwenden.

---

**Ausschnitt aus der Rückkehr zum Friedenspfad**

Franz ist gerade im Redefluss. Er versucht den Mediator zu überzeugen, dass er Unterstützung gegenüber Anita verdient. Zur Veranschaulichung schildert er eine Begebenheit, die zwar bereits lange zurückliegt, ihm aber immer wieder in den Sinn kommt: Ja, schon damals hätte er es doch wissen müssen, dass sie es nicht gut mit ihm meint. So viel hätte er sich ersparen können. „Es war ja schon bei unserem damaligen Urlaub in Bibione so. Lassen Sie mich Ihnen das erzählen: Ich schmiere die Kinder mit der Sonnencreme ein, danach schau ich, dass auch Anitas Rücken eingecremt ist. Glauben Sie, sie hätte mich gefragt, ob sie auch meinen Rücken eincremen soll? Natürlich nicht. Eh wieder typisch für sie, ich bin ihr schon damals egal gewesen." Anita verdreht die Augen. „Na eh klar, dass du damit jetzt wieder anfängst. Wissen Sie, an dem Tag ist er schon spinnend aufgestanden und hat den Mund nicht aufbekommen, das verschweigt er natürlich. Immer denkt er, alle Welt muss ihm seine Wünsche von den Augen ablesen." Der Mediator schaut beiden abwechselnd in die Augen. „Habe ich das jetzt richtig verstanden, dass Sie, Frau Anita, sich gewünscht hätten, dass Franz mit Ihnen spricht, und dass Sie, Herr Franz, sich ein Zeichen gewünscht hätten, dass Sie Anita wichtig sind?", durchbricht der Mediator die eingetretene erwartungsvolle Stille. Beide nicken. „Eh klar!", denken die beiden. Und trotz dieser Klarheit tut es ihnen auf seltsame Weise gut, dass das nun einmal so deutlich ausgesprochen wird. Komisch eigentlich. Der Mediator nutzt die nun ungebrochene Aufmerksamkeit auf seine Person und erzählt ihnen eine Metapher, um auf diesem Weg die Stimmung ein wenig aufzulockern und zugleich die Kreativität der beiden anzuregen. Kreativität kann erfahrungsgemäß sehr hilfreich sein, Scheuklappen, die selbst Naheliegendes zu erkennen verhindern, vorsichtig ein Stück weit zu lockern.

„Wahrscheinlich hat das jetzt zwar gar nichts mit Ihnen zu tun, aber mir fällt da gerade eine wunderschöne Fabel ein, die ich Ihnen einfach erzählen muss. Nur ganz kurz. Da geht's um einen Hund und eine Eselin, die sich unsterblich ineinander verliebten und so beschlossen, einander zu heiraten. Alle Tiere des Waldes waren zu den Feierlichkeiten eingeladen, und man war sich einig, kaum je ein schöneres, glücklicheres Brautpaar erlebt zu haben. Das strahlende Paar bezog gleich nach den Festlichkeiten seine Hütte und lebte von nun an zusammen. Einige Jahre später kam der Dachs wieder in den Waldabschnitt, in dem die Hochzeit stattgefunden hatte. Sofort fielen ihm Hund und Eselin wieder ein, und er wollte ihnen, fest davon überzeugt, dass sie immer noch glücklich miteinander waren, einen Besuch abstatten. Er fragte sich durch und kam schließlich zu der Hütte der beiden. Als er durch die bloß angelehnte Tür eintrat, war er tief erschrocken von dem Anblick, der sich ihm bot: In je einer Ecke der Hütte saßen die beiden, abgemagert auf Haut und Knochen und sichtlich zu schwach, auch nur aufzustehen. Besorgt lief der Dachs zunächst zum Hund und fragte ihn, was denn passiert sei, dass er seine Frau, mit der er doch so glücklich war, so sehen müsse. Der Hund schilderte, dass er es auch nicht wisse und vollkommen verzweifelt sei: Jeden Tag habe er sich die schönsten und saftigsten Knochen vom Mund abgespart, um sie seiner Frau zu geben. Doch nicht einen habe sie angerührt. Daraufhin lief der Dachs zur Eselin, um diese zu fragen, was denn passiert sei, dass der einst so stramme und glückliche Bräutigam nun nur noch einem Häufchen Elend gleiche. Sie schluchzte, dass sie es auch furchtbar schrecklich fände und einfach nicht mehr weiter wisse: Er werde schwächer und schwächer, obwohl sie sich doch für ihn immer das duftendste Heu und die feinsten Disteln vom Mund abspare, damit er es gut habe."

„Wieso machst du nie deinen Mund auf", fährt es verzweifelt aus Anita raus. Der Mediator erkennt jetzt seine Chance, mit den beiden ein wenig Kommunikation zu üben: ein Gespräch, in dem beide Platz haben mit all ihren Gefühlen und Bedürfnissen und in dem verzichtet werden kann auf Verletzungen und Vorwürfe. Er hebt, kaum dass Anita ausgesprochen hat, die Hand. Beide schauen ihn nun wieder erwartungsvoll an. „Darf ich mich mal kurz neben Sie setzen, Anita?", fragt er, ohne dabei Franz aus den Augen zu verlieren, um so auch von ihm das Einverständnis zu holen. „Natürlich." Auch Franz erhebt keinen Einspruch, daher nimmt der Mediator seinen Stuhl, stellt diesen neben jenen von Anita und beginnt mit ihr in einem sehr ruhigen Tonfall zu sprechen. „Ich höre da sehr viel Verzweiflung aus Ihrer Stimme, habe ich da richtig gehört?", beginnt er nun, Anita dorthin zu begleiten, dass sie Franz frei von allen Vorwürfen mitteilen kann, was in ihr vorgegangen ist während all der Jahre, in denen sie das Gefühl hatte, in emotionalen Situationen gegen eine Wand anzulaufen. Anita beginnt zu weinen. Endlich! Endlich hilft ihr jemand, Franz zu erklären, wie es ihr geht. Dankbar nimmt sie diese Unterstützung an. Und ist verblüfft: Wie schafft es der Mediator nur, ihre Gedanken so zu formulieren, dass sie zwar den Nagel auf den Kopf treffen, sich aber zugleich nicht nach Vorwurf an Franz anhören – und ihn damit tatsächlich zum Zuhören bringen? Sie schafft es sogar, eine Bitte zu formulieren: „Kannst du mir bitte sagen, wie du dich gerade fühlst, wenn du das hörst?" Anschließend nimmt der Mediator auf der Seite von Franz Platz, um nun ihm dabei zur Seite zu stehen, seinerseits Worte zu finden, die seinem Innenleben Luft machen, ohne dass dabei die gewohnten Giftpfeile aus ihm herausschießen.

Franz und Anita merken es im jetzigen Stadium des Konfliktes noch relativ deutlich, dass sie sich mit der benutzten Polemik und den gewählten Pauschalisierungen gegenseitig verletzen. Bereits kurz nach den entsprechenden Attacken wird die empfundene Freude über den vermeintlichen Punktegewinn im Kampf um die Oberhand durch das flaue Gefühl des Zweifels verdrängt: War denn das notwendig? Hat denn das nun wirklich etwas gebracht? Verheerend ist nun, dass das einsetzende Prestigedenken jede Entschuldigung, die eigentlich angemessen wäre, enorm erschwert. Man bringt es irgendwie nicht über die Lippen, zuzugeben, dass man ungerecht war und übers eigentliche Ziel hinausgeschossen ist. Eine solche Entschuldigung könnte vom Gegenüber als Schwäche ausgelegt und als Zeichen des Zugeständnisses, nicht im Recht zu sein, gesehen werden. Und das geht gar nicht. Und wenn, dann gewöhnlich nur in einer Form, die das Gegenteil bewirkt und damit lieber gar nicht ausgesprochen worden wäre. Ein „Es tut mir leid, aber du musst schon zugeben, dass das jetzt von dir unnötig war" wird beispielsweise sehr rasch als sprichwörtliches „shit on cream" aufgefasst. Zwar täte eine Entschuldigung als solche gleichsam einer Eistüte an einem heißen Sommertag dem verletzten Gegenüber gut, doch das rechtfertigende „aber" mit der Beifügung der Beschreibung einer unterstellten Schuld daran vermittelt einen unangenehmen Beigeschmack; meint der entschuldigende Akteur es wirklich ernst, oder möchte er nicht doch nur seinen Triumph einer Überlegenheit auskosten?

## Stufe 3: Taten beginnen, Worte zu ersetzen

Bisher ist es noch relativ offen und sachlich zugegangen. Auch wenn da schon die ersten beleidigenden Äußerungen erfolgten, so wurde doch noch mehr oder weniger wortgewaltig versucht, den eigenen Standpunkten zur Durchsetzung zu verhelfen, indem diese erklärt werden. Erklärt wurde bislang aus allen möglichen Perspektiven, was einem wichtig ist und was es daher unbedingt zu berücksichtigen gilt. Auch mit ein paar Provokationen zwischendurch, getragen von der Hoffnung, damit das Gegenüber vielleicht wachrütteln zu können. Man war noch getragen von der Überzeugung, dass die andere Seite sowohl Interesse daran hat, als auch die Fähigkeit dazu besitzt, eine Lösung anstreben zu wollen, mit der beide Seiten gut leben können. Leben und leben lassen – so war bislang noch der Grundtenor des Konflikts. Noch soll dazu die Möglichkeit bestehen, doch zunehmend schwindet das Vertrauen in die Kompetenzen des Gegenüber: Vermag es der andere überhaupt zu verstehen, was man da bislang aufgewendet hat an Energie, um begreiflich zu machen, was einem wichtig ist für eine gemeinsame Lösung?

Der anderen Seite wird also zunehmend nicht mehr zugetraut, rein intellektuell den eigenen Worten zu folgen. Man gibt es daher auf, sich den Mund fusselig zu reden.

Erschwerend kommt hinzu, dass der Konflikt in diesem Stadium bereits eine Vielzahl von Themen angesteckt hat. Die Zweifel, ob denn mit dieser Person, die bei der friedlichen Umsetzung eigener Pläne immer mehr zum Hindernis zu werden scheint, ein Staat zu machen ist, weiten sich auf Themen aus, zu denen es bislang noch gar keinen offenen Konflikt gegeben hat. Das liegt daran, dass die negativ erlebte Erfahrung zu dem Streitpunkt imstande ist, die Erwartungshaltung der Person gegenüber insgesamt einzutrüben. Diese pessimistische Erwartung ist es auch, die den Konflikt ab jetzt sehr rasch beschleunigen kann in der Eskalation. Was soeben noch als Dominanzstreben zum Ausdruck gekommen ist, wird nun zur bedingungslosen Forderung erhoben: Akzeptiere, dass meinem Standpunkt zu folgen ist, oder vergiss das Miteinander. Anstelle der eigenen Fähigkeit, sich hineinzuversetzen in das Gegenüber, tritt dabei stufenweise schon der Schutzschild der selbst für wichtig erkannten sozialen Normen: Das von der Gesellschaft hart erkämpfte Freiheitsideal etwa hat hier meistens herzuhalten als Rechtfertigung dafür, vollendete Tatsachen zu schaffen. Auslegungen der Allgemeinheit über Rechte und Gerechtigkeitsideale treten in den Vordergrund. Paradoxerweise allerdings auf beiden Seiten. Man erinnert sich nun immer öfter an das, was sich doch nach Ansicht der Gesellschaft gehört: halbe-halbe in der Hausarbeit und in der Kindererziehung etwa; plötzlich ergibt es einen Sinn, diese gesellschaftlichen Forderungen in die Beziehung hereinzuholen als Argument.

**Ausschnitt aus der Rückkehr zum Friedenspfad**

Anita schildert, dass es ihr gar nicht mehr anders möglich war, als Franz vor vollendete Tatsachen zu stellen. Sie
musste sich einfach dieses Wochenende mit Freundinnen
nehmen, einfach wegfahren und die Kinder bei ihrer Mutter unterbringen. Immer wieder hatte sie versucht, ihn zu
erreichen. Ihm zu schildern, wie wichtig es ihr wäre, mal
wieder aus dem Alltag auszubrechen. Etwas Großartiges zu
erleben. Sich wieder als Frau zu spüren. Zeit einfach für
sich zu haben. Für sich, um wieder die Kraft zu haben,
ihrem Mann und ihren Kindern das zu sein, was sie selbst
für sie sein möchte: die liebevolle Frau und Mutter. Ja, sie
liebt die Kinder über alles, und eigentlich liebt sie auch
ihren Mann. Und dennoch ist da etwas in ihr, das sie immer aufs Neue herunterzieht: der Wunsch, sich auch einmal wieder so richtig unbeschwert zu fühlen.

Franz hingegen versteht nicht, was er denn noch alles
tun solle: Ja, er hatte es gehört, dass sie Zeit für sich wolle.
Bloß kann er absolut nicht verstehen, was sie denn damit
genau meint und wozu das gut sein solle. Immerhin verwendet er doch auch all seine Kraft nicht für sich selbst,
sondern für seine Familie: zwei Jobs hat er auszufüllen,
um ausreichend Geld zu verdienen, damit es allen gut geht
und nicht zu allen Wünschen nein gesagt werden muss.
Und wenn er nach Hause kommt, dann gönnt er sich
nicht etwa die Erholungsphase, die er brauchen würde,
sondern er packt auch im Haushalt an und widmet sich
seinen Kindern.

Aus dem, was Franz und Anita da über die jüngsten
Vorkommnisse schildern, wird rasch klar: Die beiden waren
bereits des Redens müde. Sie handelten einfach stattdessen.

Und schafften dabei einen hervorragenden Nährboden für Missverständnisse: Sie fühlte sich im Stich gelassen mit dem Haushalt und den Alltagsproblemen, die sie mit ihm besprechen wollte, als er nach dem Nachhausekommen vom Büro die Kinder schnappte, um mit ihnen ins Kino zu fahren. Sie nutzte dann die Zeit, um den Haushalt auf Vordermann zu bringen. Die Bügelwäsche zu erledigen, die liegen geblieben war. Und sich dabei schlecht zu fühlen: Denn eigentlich hätte sie es ja auch toll gefunden, als Familie wieder mal ins Kino zu gehen. Weshalb sie dann alles andere als gut gelaunt war bei der Rückkehr ihrer Liebsten. Was er wiederum nicht verstehen konnte: Da hatte er etwas gemacht, um ihr Zeit für sich zu lassen, und dann war sie nur noch schlechter gelaunt als sonst. „Und als Dankeschön, dass ich ihr alles recht machen möchte, haut sie einfach ab für ein Wochenende. Wer weiß, mit wem sie sich da vergnügt hat.", bricht es aus ihm heraus.

Der Mediator nickt mit nachdenklichem Gesicht. „Ja, ich sehe schon, leicht haben Sie es sich nicht gemacht." Nach einer ewig erscheinenden Pause klopft er sich auf die Schenkel, lehnt sich nach vorne und fragt: „Haben Sie den Mut, etwas ganz Kompliziertes zu versuchen?" Damit war der Ehrgeiz in den beiden geweckt. Und schlagartig verschwindet aus den Gesichtern der sich gerade wieder aufbauende Zorn der Gerechten. Der Mediator erklärt den beiden kurz die Spielregeln für ein Gedankenspiel in zwei Teilen: Zunächst sollen sie sich jeweils ausmalen, wo sie in einem halben Jahr im allerschlimmsten Fall stehen werden, wenn sie so weitermachen, wie bisher. Dazu soll auf einem Kärtchen in zwei Sätzen formuliert werden, wie das sein wird und wie die eigenen Gefühle dabei sein werden. Jeder für sich. Dabei soll sich jeder Gedanken machen und aufschreiben, welche eigenen Handlungen und Worte dazu beitragen, in den erkannten unliebsamen Zielzustand zu geraten – ein weiteres Kärtchen. Auf ein drittes Kärtchen soll geschrieben werden, was man sich sehnlichst wünscht für diesen Tag in sechs Monaten. Auf das letzte Kärtchen schließlich soll geschrieben werden, welche Unterstützung man sich vom anderen wünscht bei der Erreichung des Wunschzieles. Sind die Kärtchen fertig, so werden sie an die neben dem Mediator stehende Pinnwand gehängt.

Nun, im zweiten Teil, ist es Anitas Aufgabe, die Perspektive von Franz zu erklären anhand der visualisierten Anhaltspunkte, wobei ein Nachfragen, ob das richtig verstanden wurde, nicht nur erlaubt, sondern erwünscht ist. „Wenn ich mich in Franz hineinfühle, so spüre ich Angst davor, dass wir einander nicht mehr in die Augen schauen können, dass wir einander nicht mehr ertragen." Während sie das von der von Franz geschriebenen Karte herunterliest, lernt Anita plötzlich die Ohnmacht kennen, in der Franz sich sieht. Sie hört sich nun selbst dabei, wie sie den von Franz formulierten Wunsch vorliest, dem Feuer zwischen ihnen beiden, das am Beginn ihrer Beziehung zwischen ihnen beiden so wohltuend gelodert hat, neue Kraft zu geben: gerade jetzt, wo sie ihre Träume von einem gemeinsamen Haus und zwei tollen Kindern verwirklicht haben. Anita ertappt sich bei ihrer Verblüffung darüber, wie ähnlich sie doch eigentlich sind in ihrer Sehnsucht. Plötzlich kann sie es irgendwie verstehen, dass er sich Unterstützung dabei wünscht, sie verstehen zu können. Sie versteht sich ja manchmal selbst nicht. Ja, das Gefühl kennt sie daher gut: die Ohnmacht, in ihre Erwartungen eindringen zu können. Auch Franz bekommt anschließend beim Vorlesen von Anitas Karten die Möglichkeit, zu spüren, wie erstickt Anita sich fühlt. Welche Angst sie um ihre Lebensfreude hat, die sie sich wieder wünscht, um in ihrer Traumfamilie glücklich sein zu können.

In dieser Übung werden Franz und Anita dabei unterstützt, wieder ein Gespür für einander zu bekommen. Für die Bedürfnisse und Gefühle des anderen. Mit Unterstützung des Mediators gelingt es dabei auch, eigene Anteile an der Eskalation zu erkennen. Somit auch eigene Möglichkeiten, etwas zum Guten zu verändern. Und zu erkennen, dass man oft gegenseitig darauf angewiesen ist, einander Vertrauen zu schenken und Wünsche offen anzusprechen. Es hilft Franz und Anita, die Augen geöffnet zu bekommen dafür, wie ähnlich es doch eigentlich beiden geht in der Situation. Man kommt sich dabei wieder näher, entwickelt wieder Bereitschaft zum Miteinander, da man sich wieder besser verstanden fühlt.

Wenn also Reden nichts mehr zu bringen scheint, dann sprechen vermehrt Taten. Damit gibt man allerdings Missverständnissen breiten Raum. Schon in einem Gespräch bereitet es oft Mühe nachzufragen, ob man etwas richtig verstanden hat. Umso mehr kostet es bei der Konfrontation mit vollendeten Tatsachen Überwindung, empfundene Diskrepanzen und Unerklärlichkeiten anzusprechen. Die ohnehin schon aufgekommene Unsicherheit wird solchermaßen verstärkt, was die Beziehung noch weiter belastet. Die SMS von Anita aus ihrem Erholungswochenende in der Therme, in der sie ihrem Franz mitteilt, sich nun schon wieder riesig auf ihn und die Kinder zu freuen, wird beispielsweise sehr wahrscheinlich zu einem für ihn unauflöslichen Widerspruch führen: zwischen seiner Deutung des Umstandes, dass Anita einfach weggefahren ist, auf der einen Seite und den Worten dieser Nachricht, die er ja eigentlich ersehnt hätte, auf der anderen. Ein grauenhaftes Dilemma, bei dem nun die Gefahr besteht, dass im Zweifel die pessimistischere Auslegung für beide Wahrnehmungen übernommen wird: Der SMS kann trotz des eindeutigen Wortlauts keine echte Vorfreude mehr entnommen werden, sie wird vielmehr als Machtdemonstration oder gar als Verhöhnung empfunden. Eine Herausforderung, die auch immer wieder berichtet wird von Partnern, die regelmäßig am Abend darauf warten, wann denn die spontanen Treffen des anderen mit seinen Freunden diesmal beendet sein werden. Oder wenn Anschaffungen einfach getätigt werden ohne einer vorherigen Abstimmung im Familienrat, da hier ohnehin keine Lösungen mehr erwartet werden. Oder Kinder einfach in einer alleine getroffenen Entscheidung in einer Schule angemeldet oder in ein Ferienlager geschickt werden, da man des Redens darüber müde geworden ist.

Diese Änderung der Tagesordnung – weg vom Versuch, durch Worte zu überzeugen und hin zu geschaffenen Tatsachen, denen sich das Gegenüber gerne anschließen darf – soll unmissverständlich zu verstehen geben, dass man zwar grundsätzlich noch gerne bereit ist zu gemeinsamen Lösungen, die Chance dazu aber nicht mehr in der partnerschaftlichen gemeinsamen Suche danach sieht. Noch werden die Wünsche und Bedürfnisse des anderen dabei so gut es geht mit berücksichtigt; noch ist man nicht darauf aus, dem anderen ernsthaft Schaden zuzufügen. Es wird allerdings mit jeder wortlos geschaffenen Tatsache ein Schuss vor den Bug gesetzt: Das kommt heraus, wenn keine Bereitschaft gezeigt wird, im Gespräch den gemeinsamen Weg zu finden. Wäre es nicht das Leben, das derlei Geschichten schreibt und die Betroffenen in eine Bedrohung der intrapersonellen Integrität zu stürzen vermag, so wären viele der in dieser Phase des Konfliktes gesetzten Handlungen ja kabarettreif. Nicht selten wird hier nach dem Motto „jetzt erst recht" gehandelt, das sich zum Teil in der Ausführung nicht einmal mehr unbedingt mit dem wahren Wollen der handelnden Person deckt: Statt nach einem anstrengenden Arbeitstag die Chance darauf zu suchen, dass es doch ein entspannter Abend zu Hause bei der Familie werden könnte, wird wieder einmal der Freundesrunde der Vorzug gegeben; und das, obwohl man weiß, dass damit das Aufstehen am nächsten Morgen nur noch schwerer werden wird. Statt auch weiterhin Wege für ein gemeinsames Verständnis von „Zeit für sich selbst" zu suchen, wird einfach das Wochenende gebucht; wenngleich man ahnt, dass bereits auf der Antrittsreise mit jedem Kilometer, den man sich von zu Hause entfernt, die Zweifel größer werden, ob denn das richtig war – Zweifel, die all den ersehnten Erholungswert beeinträchtigen, wenn nicht sogar zunichtemachen.

Mit ein wenig Einfühlungsvermögen wäre es noch sehr leicht zu erkennen, was hier der Antrieb der handelnden Person ist: Sie wünscht sich nicht nur Verständnis, sie benötigt es sogar ganz essenziell, ein Signal des Verstandenwerdens von ihrem Gegenüber zu erhalten. Mit den auf dieser Eskalationsstufe stattfindenden Handlungen, die für außenstehende Unbeteiligte absolut irrational und nahezu skurril anmuten, soll signalisiert werden: So erkenne doch endlich, ich will verstanden werden – auch wenn du nicht einverstanden sein kannst. Das Dramatische daran ist allerdings, dass die Beteiligten nun zunehmend nicht mehr in der Lage sind, Empathie zu üben. Zwar ist es noch nicht unmöglich, dass die Beteiligten sich selbst am Kragen packen und aus der Konfliktspirale rausziehen, die sich nun bald bedrohlich zu drehen beginnen könnte. Doch mittlerweile bedarf es dazu eines enormen Kraftaktes an Selbstkenntnis und Selbstdisziplin.

## Stufe 4: Andere Menschen werden in den Konflikt hineingezogen

Bis hierher ist stetig die Überzeugung gewachsen, dass gar nicht einmal so sehr die Differenz in den Standpunkten zu einem Thema das Problem ist. Man kommt nun zum Schluss, dass es ja eigentlich das Gegenüber als Person ist, was einem das Leben schwer macht. Alle bisher ergriffenen Maßnahmen haben wenig geholfen dabei, die eigenen Bedürfnisse und das eigene Wollen mit gutem Gefühl umsetzen zu können. Einer Lösung ist man keinen Schritt nähergekommen. Also erscheint es an der Zeit, sich Unterstützung zu suchen. Und die Strategie zu ändern: Wenn kein gemeinsamer Weg möglich ist, dann soll es eben einer sein, auf dem der Partner beziehungsweise die Partnerin besiegt wird. War der Konflikt bislang getragen von der Grundbereitschaft, einen gemeinsamen Weg zu suchen, so gilt es ab jetzt, einen Sieg zu erringen, dem die Niederlage des anderen gegenübersteht.

Im Konflikt wird nun auf mehreren Ebenen ein schärferes Tempo eingeschlagen. Zunächst wird das eigene Bild, das man vom Gegenüber hat, noch stärker fixiert auf die an ihm empfundenen negativen Eigenschaften. Das Bild, das Franz etwa von Anita hat, ist zunehmend nicht mehr das der liebevollen Ehefrau und Mutter: In ihr sieht er nur noch die Person, zu der ihm fraglich erscheint, ob diese ihm eigentlich Gutes gönne. So wie sie ihrerseits in ihm immer deutlicher einen Menschen erkennt, dem offenbar daran liegen muss, dass es ihr schlecht geht. Die zahlreichen guten Seiten der beiden werden immer weniger gesehen, obwohl sie unverändert da sind. Zu allem Übel beginnt diese Sicht nun auch, freudige gemeinsame Erlebnisse der Vergangenheit erstmalig infrage zu stellen: „Wie konnte ich das bisher bloß übersehen.", rutscht es Franz und Anita immer öfter heraus, wenn sie an die gemeinsame Vergangenheit denken. Damit nimmt man sich einerseits alle Skrupel, die auf dem nunmehr endgültig bezogenen Schlachtfeld hinderlich sein könnten. Andererseits wird es so leichter, sich selbst aus der Verantwortung am Geschehen herauszunehmen.

Zufälligerweise sieht man genau dort, wo man von eigenen Stärken überzeugt ist, am anderen die größten Angriffspunkte: Während man sich selbst als tolerant, geduldig und offen bezeichnet und dazu nun auch fleißig Bestätigung von Freunden einholt, wird der Partner als stur, ungeduldig und engstirnig gesehen. Da kann man doch gar nicht anders, als dies zu bekämpfen. Das gehört sich ja nicht, wie der andere mit einem umgeht. Daher gibt es doch gar keinen anderen Weg, als dies ein für alle Mal abzustellen. Damit das auch gut klappt und man nicht in die Verlegenheit kommt, dieser Rechtfertigung für die folgenden Gefechte verlustig zu werden, wird der Partner nun vermehrt in Situationen gedrängt, zu denen sich diesbezügliche Prophezeiungen am ehesten realisieren werden: mit dem Menschen, mit dem man doch schon einige Jahre verbracht hat und den man daher ganz gut kennt, gelingt das in der Regel ganz vortrefflich. Man muss ihn nur so lange an den entsprechenden Punkten reizen, dass Bestätigungen des negativ auslegbaren Wesens zutage treten. Man weiß schon, was zu tun ist, um diesen Menschen dazu zu bringen, dass er laut wird, die Tür hinter sich zuschmeißt oder nach dem Motto „jetzt erst recht" handelt. Wohlgemerkt wird dieses Sticheln so geschickt praktiziert, dass für Außenstehende keine vorwerfbare Handlung, daher auch keinerlei eigene Schuld an den durchaus gewünschten negativen und oftmals irrational überzogenen Reaktionen erkennbar ist. Hervorragend eignen sich hier beispielsweise paradoxe Aufträge: „Ich freue mich heute schon so auf einen gemütlichen Abend mit dir!", flötet Anita gerade so laut, dass auch ihre Familie, bei der sie zu Gast sind, es mitbekommt; wissend, dass sie die letzten Abende, die Franz zeitgerecht von der Arbeit nach Hause gekommen war, jede Nähe abgelehnt hatte und er für heute eigentlich bereits seine Teilnahme an der allmonatlichen Fußballrunde zugesagt hatte. Was ihn sehr leicht zu einer für die anwesenden Personen unverständlichen Reaktion veranlasst, die getrieben ist von seinem unweigerlich aufsteigenden Gefühl, gerade zum Narren gehalten zu werden. Natürlich wünscht er sich endlich wieder einmal einen Abend in romantischer Zweisamkeit; das hat er ja auch gezeigt in den letzten Tagen – unmissverständlich –, und heute, wo er einen der wenigen Abende für sich in seinem Freundeskreis hat, kommt plötzlich sie damit daher? Sie, die das doch in letzter Zeit immer vereitelt hat? Umgekehrt wird Anita sich kaum zurückhalten können, wenn Franz in verdeckter Anspielung auf ihren Wunsch, ein wenig mehr Zeit zu haben für sich, ihr vor Freunden großartig verkündet, sie solle sich doch heute wieder mal ein wenig Ruhe gönnen, während er mit den Kindern in einen Vergnügungspark fährt – im Wissen, dass sie bis spät in die Nacht damit beschäftigt sein wird, die dringend fertigzustellende Buchhaltung zu machen für den Termin beim Steuerberater am nächsten Tag.

Diese Tendenzen sind lediglich die konsequente Fortsetzung der bisherigen Entwicklung. Neben dem steten Überschwappen des Konfliktes auf immer mehr weitere Themen und der zunehmenden Personifizierung des Problems bei gleichzeitiger Verzerrung des Bildes vom Partner kommt allerdings nun eine weitere Dimension hinzu: Der Konflikt wird ab jetzt ganz gezielt nach außen getragen. Für Franz und Anita ist es daher nicht Selbstzweck des Streitens, sich gegenseitig in Situationen hineinzumanövrieren, die dann bekämpft werden konnten und wunderbare Geschichten hergeben. Es geht darum, viele Beispiele zu haben, mit denen man in einem ersten vorsichtigen Werben um Verständnis bei Freunden auf offene Ohren und viel Verständnis zu stoßen hofft. Um die beiden beginnt sich eine Art Kriegsrat zu bilden mit Freunden, Bekannten und Mitgliedern der eigenen Herkunftsfamilie. Ist es zu Beginn ein vorsichtiges Ausweinen bei den engsten Vertrauten, bei dem es eigentlich noch gar nicht so sehr darum geht, aktive Unterstützung für den Kampf zu erlangen, so leckt man jedoch rasch Blut: Zu gut tut es, verstanden, ja sogar bedauert zu werden. Und dabei auch die Bestätigung zu erhalten, richtig zu liegen, wenn man sich das nicht weiter gefallen lässt und auf die Barrikaden steigt. Weil man gar keine andere Wahl hat. Und damit eigentlich auch gar nicht verantwortlich ist für die Auswirkungen, die hier für die Beziehung riskiert werden.

In den Konfliktparteien ist mittlerweile das Sicherheitsbedürfnis besonders ausgeprägt. Das ist gar nicht weiter verwunderlich, zumal die Menschen dazu neigen, etwas, das sie bereits als selbstverständlich in ihrem Leben akzeptiert haben, dann beginnen zu vermissen, wenn es schwindet. Und die Sicherheit, die eine funktionierende und erfüllende Partnerschaft im Alltag zu vermitteln vermag, ist gerade dabei nachzulassen: Zunehmend wird die Paarbeziehung nämlich eher als persönliches Bedrohungsszenario empfunden. Dementsprechend trachten die Konfliktpartner nun verstärkt danach, sich einen neuen abgesicherten Rahmen aufzubauen. Einen emotionalen Zufluchtsort, von dem man sich verspricht, an ihm wie in einem Schützengraben Schutz vor den erwarteten Angriffen des Gegenübers zu erhalten. Instinktiv werden daher die Situation und das Umfeld eingeteilt in sicher und unsicher, in auf meiner Seite stehend und in auf der anderen Seite stehend. Es werden eindeutige Bezeugungen vorausgesetzt und abverlangt, dass die eigene Position, die eigene Wahrheit die einzig richtige ist; es wird dazu ganz klar vorausgesetzt, dass damit die Wahrheit des widerstreitenden Konfliktpartners zu verdammen ist und alle allenfalls abseits des Konfliktes gemachten Erfahrungen, die dieser Einteilung widersprechen könnten, beiseite zu schieben sind. Diese Koalitionsfrage wird dabei zumindest indirekt zur Beziehungsfrage erhoben, denn es wird als klar vorausgesetzt, dass eine Unterstützungsbekundung erforderlich ist, um die bisher gute Freundschaft zu bestätigen. Gegenteiliges Verhalten wird dabei rasch als tiefgehende Beleidigung empfunden, die dazu zwingt, die gesamte vom Konflikt eigentlich bislang gar nicht betroffene Beziehung zu hinterfragen. Vollkommen vom zum Rosenkrieg heranwachsenden Partnerschaftskonflikt unbeteiligte Freundschaften werden dabei hinterfragt und paradoxerweise oftmals sogar gegen den eigentlichen Sinn strapaziert: Freundschaft zeigt sich nämlich eigentlich nicht in der blinden Abnahme von Eigenverantwortung, Freundschaft besteht vielmehr auch aus kritischer Mahnung und aus dem Einbringen von Außensichten.

Der ständig wachsende Beraterstab beginnt nun in zunehmender Regelmäßigkeit zu tagen. Die Geschichten werden immer detaillierter und immer mehr ausgeschmückt mit Ergänzungen, welche einen selbst in einem noch unterstützenswerteren Licht erscheinen lassen. Man genießt es, im Kreis der befassten Personen förmlich aufzusteigen zur Galionsfigur für den Gerechtigkeitskampf in Beziehungsfragen – die Jeanne d'Arc der missverstandenen Frauen, der Andreas Hofer der verkannten Männer. Die solchermaßen gegründeten Allianzen beginnen, eine eigene Dynamik zu entwickeln. Plötzlich bilden sich Lager, die selbst vor den Grenzen der zum konkreten Anlassfall eingeweihten Personen nicht haltmachen. Rasch werden da nun auch die offenen Rechnungen anderer, bisher am Konflikt vollkommen unbeteiligter Personen mit einem der beiden Konfliktgegner wieder aus der unverarbeiteten Vergangenheit hervorgekramt. Zu verlockend scheint doch die Versuchung, die Gunst des Zeitpunkts zu nutzen und in der Geschlossenheit der sich gerade formenden Gruppe auch diese offenen Punkte zu sühnen: Plötzlich erkennt etwa auch die beste Freundin Anitas, dass sie von Franz doch auch nie wirklich respektvoll behandelt wurde. Und Franz hört von seiner Fußballrunde, dass sie es immer schon merkwürdig gefunden haben, wie wenig Interesse Anita doch für ihn und seine Hobbys zeigt. Dass man bislang nichts habe sagen wollen, aber jetzt, wo er es endlich beginne, selbst zu erkennen … Nie ausgesprochene und vielleicht auch niemals ernsthaft als solche erlebte Kränkungen erhalten plötzlich ein neues Leben. Gar nicht einmal so sehr, weil es wirklich um den gegenwärtigen Konflikt geht – der im Übrigen durch derlei Aktionen nur noch weiter angeheizt, sicher aber nicht deeskaliert wird –, sondern eigentlich vielmehr, um die Gelegenheit in eigener Sache zu nutzen. Und auch ein wenig, um stellvertretend am besten Freund und der besten Freundin das ausprobieren zu können, was man sich selbst in ähnlicher Sache nie getraut hätte.

Wie sozial anerkannt dieses Spiel der dabei stattfindenden scheibchenweisen Abgabe von Eigenverantwortung ist, das zeigen die Social-Media- und sogar Sendeformate staatlicher Rundfunkanstalten. Ununterbrochen stößt man hier auf Menschen, die zu einem persönlichen Dilemma um Abnahme der Entscheidung und ein möglichst hohes Ausmaß an Sympathiebekundungen für die eigene Sichtweise ersuchen: Soll ich meine Beziehung beenden, weil ich das Schnarchen neben mir im Bett als störend empfinde? Soll ich die Bezahlung der Alimente einstellen, weil meine Exfrau mir den Umgang mit unseren Kindern verwehrt? Soll ich unsere Beziehung beenden, weil sie ununterbrochen mit ihren Freundinnen unterwegs ist? Zu Fragen wie diesen gibt es dann selbst für wildfremde Personen die Möglichkeit, ihren Senf dazuzugeben. Mit der Chance zu entscheiden, welche von zwei zur Verfügung gestellten Möglichkeiten jetzt richtig ist für die hilfesuchende Person. Am Ende wird dann das Abstimmungsergebnis verkündet. Was erwartet jemand, der ein solches persönliches Dilemma zur Abstimmung bringt? Die Konflikte, in denen die Personen stecken, kommen der eingebundenen Öffentlichkeit ja größtenteils sehr vertraut vor: Es sind durch die Bank Situationen, die hier angesprochen werden, in welchen die meisten sich entweder bereits selbst schon einmal befunden haben oder zu denen zumindest im Bekanntenkreis mitbekommen werden konnte, dass sich jemand mit der Suche nach einer Lösung dazu plagt. Da kommt schon schnell einmal der Wunsch auf, dass man einen Rat erhält. Dass die, die das Problem doch auch kennen müssen, einem helfen sollen – denn wozu das Rad nochmals erfinden, wenn es das doch schon gibt. Dass man im Optimalfall Unterstützung bekommt für die Lösung, zu welcher man ja eigentlich tendiert, von der einen aber doch irgendetwas abhält, den entscheidenden Schritt auch tatsächlich zu setzen. Oder noch besser: dass jemand anders die Entscheidung trifft. Dann hat man nichts damit zu tun und ist wenigstens nicht selbst schuld, wenn man später darauf kommt, dass die gewählte Alternative doch nicht die gewünschten Resultate gebracht hat. Und man spart es sich, sich mit der Frage selbst herumzuschlagen und sich in vielleicht langen Gesprächen mit den anderen vom persönlichen Dilemma und dem Umgang damit betroffenen Menschen auseinanderzusetzen mit all den dabei lauernden „Gefahren".

Demokratie ist ja eine coole Sache: Eine Mehrheit entscheidet, was alle umzusetzen und zu beachten haben. So jedenfalls erlebt man Demokratie. Und wenn das bei Gesetzen so funktioniert, warum sollte es nicht auch bei Fragen des eigenen persönlichen Lebens funktionieren? Ein kleiner, aber vielleicht entscheidender Unterschied wird dabei übersehen: Es geht hier durch die Bank nicht um Fragen, die einen gemeinsamen Umgang mit unseren Ressourcen betreffen, bei denen also alle betroffen sind von der gewählten Lösung. Es geht um ganz persönliche Lebensentscheidungen, zu denen hier Unbeteiligte zur Meinungs- und Entscheidungsfindung eingeladen werden. Es geht daher nicht um gemeinsame Selbstbestimmung, sondern schlicht und ergreifend um Einladung zur mit dem Deckmantel von Demokratie verkleideten Fremdbestimmung. Menschen, die nicht mit den Konsequenzen leben müssen, werden eingeladen zur Bestimmung des zu wählenden Weges.

Dass es durchweg Lebenslagen sind, die man ganz gut zu kennen glaubt, wurde ja schon erwähnt. Genau das ist auch der Grund, weshalb man sehr rasch dafür zu begeistern ist mitzureden. Die eigene „Expertise" einzubringen – und das sogar ganz gefahrlos, da man ja, anders als der beratschlagte Mensch, mit den Konsequenzen nicht leben wird müssen. Immerhin hat man das ja auch schon mal zu entscheiden gehabt oder zumindest im eigenen Umfeld gesehen, welche Entscheidung da getroffen wurde samt den Auswirkungen im jeweiligen Einzelfall. Was dabei schnell übersehen wird: So wie alle Menschen Individuen sind, die in ihrer Einzigartigkeit kaum vergleichbar sind mit anderen, so sind es auch die zur Abstimmung gebrachten Situationen nicht. Was aber nicht davon abhält, ganz genau zu wissen, was zu tun ist. Weil es sich gemäß den eigenen Wünschen so gehört. Weil man das doch von den eigenen Eltern so auf den Weg mitbekommen hat. Weil man selbst leider die andere Alternative gewählt hat und jetzt hofft, einen anderen Menschen davon abhalten zu können, in einem vielleicht vollkommen anderen Umfeld die gar nicht drohenden eigenen Fehler zu wiederholen. Weil man sich dieses Ergebnis für das eigene Leben wünschen würde, übersehend, dass es ja gar nicht um das eigene Wohlergehen geht. Weil man damit für einen kurzen Moment eigene Erlebnisse, die man in die Frage hineinprojiziert, aufarbeiten zu können glaubt. Weil man anderen Beteiligten an der Diskussion mit der Kenntnis moralisch akzeptierter Regeln imponieren möchte – ganz losgelöst davon, wonach einem selbst in der Frage wäre. Viele mehr oder weniger gut gemeinte Gründe. Was übersehen wird sowohl von fragestellender als auch von beratschlagender Seite: Gut gemeint ist oft ein ganz verheerendes Motiv, das oftmals zu alles anderem als zu guten Resultaten führt.

Wenn dann die Inhaberin beziehungsweise der Inhaber des der Allgemeinheit zur Verfügung gestellten persönlichen Dilemmas mit dem Ergebnis der Abstimmung und der einen oder anderen Wortmeldung dazu konfrontiert wird, dann kann es auch schon einmal zu Tränen kommen. Weil man spürt, dass das Ergebnis einen so gar nicht weitergebracht hat. Im Gegenteil: Es kommt zu dem eigenen Gefühlschaos nun noch der Druck hinzu, das tun zu müssen, was doch die Allgemeinheit als „richtig" entschieden hat. Ganz allein, denn nach Verkündung des Ergebnisses ist das Interesse der Öffentlichkeit ja schon wieder beim nächsten Dilemma und steht nicht mehr zur Verfügung. Auch wenn man sich nun für die persönliche Umsetzung in einer Koalition mit einer gefundenen Mehrheit sehen könnte, so merkt man doch: Das Dilemma ist ein ganz persönliches geblieben und muss daher ganz persönlich auch gelöst werden, möchte man seine individuellen Vorstellungen von Glück realisieren. Und dieser Weg wurde nun wahrscheinlich nur noch viel schwieriger.

### Ausschnitt aus der Rückkehr zum Friedenspfad

Auch der Mediator gerät immer wieder in das Visier von Franz und Anita. Immer wieder buhlen sie darum, ihn auf die eigene Seite zu ziehen, ihn als Verbündeten zu gewinnen. Dabei bekommt er die geballte Erfahrung an Tricks und Strategien ab, welche die beiden in ihrem Leben schon sehr erfolgreich erprobt und eingesetzt haben. Es wird versucht, an ihn als moralische Schiedsinstanz zu appellieren; es wird versucht, ihn in seiner Geschlechterrolle zu adressieren; er wird als Helfer angerufen; und es wird um sein Verständnis für die selbst empfundene Alternativlosigkeit ersucht. Zur Überraschung der beiden bleibt er jedoch seiner Linie treu: Er ist Franz und Anita gleichermaßen verbunden, zeigt Verständnis für beide Seiten ihres Konfliktes und wird nicht müde, ihnen beiden dabei zu helfen, schon lange ausgeblendete Aspekte wieder zu erkennen. Seine Devise lautet zuhören, Fragen stellen und ergründen, was denn die jeweils empfundenen Umstände sind. Er verblüfft immer wieder damit, Verständnis zu haben für all die Geschichten, von denen Franz und Anita zu berichten wissen. Und statt mit einem Urteil rauszurücken, fragt er nur ständig nach: wie denn Franz und Anita Glück für sich definieren zum Beispiel; um welche selbst erkannten Bedürfnisse es ihnen da geht in dem geschilderten Dilemma. Franz und Anita sind erstaunt, was das mit ihnen macht: Denn auch wenn es ihnen eigentlich lieber gewesen wäre, da jetzt Ratschläge zu erhalten oder ein Urteil, wer nun im Recht ist, so spüren sie doch, dass das mehr und mehr aufkommende Gespräch viel besser tut. Es erleichtert, wieder das Gefühl zurückzubekommen, doch verstanden zu werden. Franz und Anita merken, wie ihr Selbstvertrauen wieder wächst. Und damit auch die Fähigkeit, zu erkennen, dass sie zu ihrem Konflikt auch die Lösung bereits in sich tragen.

Besonders brenzlig ist es ab dieser Konfliktphase nicht nur für die Beziehung der beiden Konfliktpartner: Hier reicht ja, wie schon aufgezeigt, ein nun bereits sehr wahrscheinlich kommender Funke von außen in Form der Thematisierung einer Trennung als Lösung für das Einläuten des Beginns vom Ende. Schlimm genug, wenn man die weitreichenden Folgen auf das Leben beider bedenkt, die noch verhältnismäßig leicht abzuwenden wären. Aber wenigstens handelt es sich dabei um erwachsene Menschen, denen man zutrauen kann, die Verantwortung dafür auch selbst übernehmen zu können. Noch viel verheerender ist es allerdings, wenn ein in solche Herausforderungen geschlittertes Paar so wie Franz und Anita Kinder hat. In diesen Fällen beginnt nun nämlich sehr wahrscheinlich – zunächst meist noch unbewusst – ein beinharter Kampf um die Gunst derselben. Zu naheliegend ist es etwa, dass Vater und Mutter in ihrer Elternrolle voraussetzen, dass ihre Kinder auf ihrer Seite zu stehen haben. Konnte sich ein Kind bislang noch mit etwas Geschick aus dem Konflikt zwischen seinen Eltern heraushalten, so wird das nun zunehmend unmöglich. Sehr wahrscheinlich werden die beiden spätestens jetzt damit beginnen, vom eigenen Kind mehr oder weniger versteckt Solidarität gegen den jeweils anderen Elternteil einzufordern. Vom Kind wird in einer Pervertierung des eigentlichen Schutzverhältnisses immer stärker Unterstützung und Verständnis für die eigene Sichtweise des Konfliktes und seiner Entstehung erwartet.

Es wird das eigene Kind dazu genötigt, das schon leicht ramponierte eigene Selbstwertgefühl wieder aufzumöbeln. Zu bestätigen, dass das eigene Verhalten gegen den Partner erforderlich ist, dass man trotz des bezogenen Schlachtfelds „okay" ist. Beide benötigen Bestätigung und Bestärkung, richtig zu liegen – und das sogar vom eigenen Kind. Und wenn es nur als Dankbarkeit heraus ist, als kleine Gegenleistung für alles, was für das Kind in Selbstaufopferung gemacht wurde. Es laufen also ab jetzt auch sämtliche Bande innerhalb des Familiensystems Gefahr, einer Zerreißprobe ausgesetzt zu werden, da sogar den eigenen Kindern oftmals mehr oder weniger deutlich zu verstehen gegeben wird: Bist du nicht für mich, so bist du gegen mich.

Nach außen hin wird dieser einsetzende Kampf um das gemeinsame Kind in diesem Konfliktstadium in den meisten Fällen noch vehement verleugnet. So weit hat die Vernunft noch das Sagen, dass zumindest verstandesmäßig realisiert wird: Es würde dem Wohlergehen eines Kindes schaden, in einen Konflikt der Erwachsenen hineingezogen zu werden. Es ist noch der feste Vorsatz vorhanden, den Kindern eine heile Welt zu bieten. Sie keinesfalls als Waffe gegen den anderen einzusetzen. Sich keinesfalls hinter ihnen zu verstecken. Noch wird ein Bestreben da sein, Kinder nicht in Geiselhaft für die bessere Durchsetzung eigener Bedürfnisse zu nehmen. Jetzt sind emotionale Ausrutscher in diese Richtung für Franz und Anita selbst noch so erschreckend, dass sie es sich selbst gar nicht zugestehen können und wollen, wenn aus der unbeteiligten Außenwelt Beobachtungen ihrer zunehmend emotionalen Handlungen in dieser Weise gedeutet werden. Geradezu skurril erscheint es ihnen beispielsweise noch, den Kindern ihren eigenen Ballast, an dem sie schwer tragen, umzuhängen; immerhin wollen sie den Kindern ja eine ohnehin auch so oft schwer genug zu bewerkstelligende behütete Kindheit und Jugend schenken.

---

**Ausschnitt aus der Rückkehr zum Friedenspfad**

In einem sind sich Franz und Anita vollkommen einig: Als die Kindergärtnerin sie schon vor einiger Zeit einmal um ein Gespräch gebeten hatte und darin dann mit sorgenvoller Stimme nachgefragt hatte, ob denn zu Hause alles in Ordnung sei, war das schlichtweg eine Frechheit gewesen. „Hat die doch tatsächlich empfohlen, wir sollten in eine Familientherapie gehen und sie wisse da auch jemanden, der gut sei. Was bildet sich diese Trulla eigentlich ein? Nur weil unser Sohn nicht mit ihr kann und sich dabei sogar so hineinsteigert, dass er jeden Tag erbricht, wenn er bei ihr ist, soll mit unserer Beziehung was nicht stimmen? Selbst wenn da was wäre, so hat das mit unserem Sohn gar nichts zu tun – und geht sie überhaupt nichts an."

„Ich sehe schon, in einem Punkt besteht zwischen Ihnen beiden Einigung: Ihren Kindern soll es gut gehen. Dazu gratuliere ich Ihnen!", bringt der Mediator nun das Gespräch auf die Fragen rund um den viel diskutierten und leider oft auch missverstandenen Begriff des Kindeswohls. „Wenn Ihr Sohn jetzt hier bei mir säße" – der Mediator holt einen leeren Sessel dazu, den er direkt neben seinen stellt, und klopft dann auf die leere Sitzfläche –, „was würde er mir da wohl für einen Auftrag geben, was ich mit Ihnen besprechen soll?" Es ist sehr deutlich eine Veränderung in der Körpersprache von Franz und Anita zu bemerken. Wo gerade noch Entschlossenheit zu erkennen war, wird nun Angst, Verzweiflung und Ohnmacht

Platz geboten. Die folgende Auseinandersetzung mit den Wünschen und Bedürfnissen ihres gemeinsamen Kindes erlaubt es Franz und Anita nun, sich selbst einzugestehen, da vielleicht auch schon mal die eigenen Interessen vor jene des Kindes gesetzt zu haben im Umgang mit diesem. Es fließen dabei auch Tränen – Tränen, die sehr viel aufbrechen und somit eine gerade noch schier unmöglich erscheinende Offenheit im Gespräch ermöglichen. In einem Gespräch über die Bedürfnisse der eigenen Kinder, auf die die Sicht durch die eigenen Probleme zunehmend verstellt war. Eine gute Basis dafür, Lösungen zu finden, wie das wieder besser laufen wird können – zunächst ganz ohne Beachtung der gesondert zu klärenden Fragen der Beziehungsarbeit auf Paarebene.

Ab diesem Stadium der Konflikteskalation wird leider viel zu oft übersehen, dass Kinder selbst mit einer unbeabsichtigten Instrumentalisierung im elterlichen Konflikt vor schier unlösbare Aufgaben gestellt werden. Die Fragen und Themen, um die es da geht, können von ihnen weder beeinflusst noch abschließend begriffen werden. Und doch stecken sie mittendrin. Zwar ist es menschlich, in einem Streit auch schon mal Aktionen zu setzen, die auf emotional gesteuerten Reflexen basieren. Dennoch ist es als elterliche Pflicht anzusehen, nun besonders auf das Kindeswohl ein Auge zu haben. Selbst erwachsene Kinder, die in einen beginnenden Rosenkrieg ihrer Eltern hineingezogen werden, fühlen sich da rasch an die Grenzen ihrer psychischen Belastbarkeit gebracht. Da kommt unheimliche Ohnmacht auf: Waren es doch die Eltern, die einem dabei tatkräftig geholfen haben,

mit Herausforderungen und bösen Konflikten zurechtzu-
kommen; die immer wieder, wenn kein Weg mehr zu erkennen schien, dabei geholfen haben, wieder den Kopf übers
Wasser zu bekommen; die immer wieder betonten, dass
alles wieder gut wird, selbst wenn es für einen gerade so aus-
sah, als ginge gar nichts mehr; die immer wieder daran er-
innerten, dass nicht alles so heiß gegessen wie gekocht wird.
Und diese Menschen, die die Basis für das eigene Leben zu
legen geholfen haben, auf der alles aufgebaut ist, was man
momentan für richtig hält, die beginnen einen Rosenkrieg?
Diese Menschen, die immer als sicherer Rückhalt gedient
haben für den Glauben daran, dass alles gut gehen kann,
legen gerade ihre Beziehung zueinander und damit die Basis
der eigenen Herkunft in Trümmer? Das zieht selbst manch
einem erwachsenen Kind den Boden unter den Füßen weg,
lässt den Atem kurz stocken angesichts der damit angezet-
telten Zweifel: Wenn sie selbst es doch anders leben, als
sie es gesagt haben, ja ist dann die Basis, auf der man sein
Leben aufgebaut hat, noch als stabil und vertrauenswürdig
anzusehen? Wenn plötzlich jene Menschen, die einen nicht
nur durch die Stationen des Erwachsenwerdens begleitet
haben, sondern dabei auch immer wieder das Bewusstsein
dafür schärften, dass alles wieder gut werden kann, plötzlich
selbst genau das Gegenteil praktizieren, ja ist dann nicht
auch die eigene, zu einem großen Teil von ihnen hergeleite-
te, Wertelandschaft infrage zu stellen? Es fällt selbst vielen
erwachsenen Kindern unheimlich schwer, das zu verarbeiten; sich mit der Tatsache abzufinden, dass jene Menschen,
die für einen – sicher manchmal auch bekämpftes – Idol
waren, nun damit beschäftigt sind, einander unnötig das
Leben schwer zu machen.

**Ausschnitt aus der Rückkehr zum Friedenspfad**

In einer Partnermediation geht es darum, dass ein Paar plötzlich die Hochzeit abgesagt hat und nun regeln möchte, wie es weitergehen kann. Behutsam tastet sich der Mediator durch gezieltes Nachfragen an die Hintergründe der Ereignisse heran und deckt auf: Die Braut hatte beim Erstellen des Sitzplanes für die Hochzeitstafel plötzlich Panik bekommen, dass ihre Eltern nicht kommen könnten, da sie sich gerade wieder einmal sehr heftig streiten. Oder noch schlimmer: dass sie zwar kämen, aber den ganzen Tag ruinieren könnten mit dem Verbreiten schlechter Stimmung. Es wird ein nächster Termin vereinbart, zu dem zunächst die Eltern der Braut mit einem aktuellen Foto ihrer Tochter kommen werden und im Anschluss das verhinderte Brautpaar hinzustößt.

Die Eltern der Braut erscheinen zum Termin und betonen gleich vorweg, eigentlich nur der Tochter zuliebe zu erscheinen. Eigentlich können sie überhaupt nicht verstehen, was denn da los ist und was das alles mit ihnen zu tun haben soll. Auf Wunsch des Mediators überreichen sie diesem das mitgebrachte Foto ihres Kindes. Es ist von Beginn an eine gewisse Spannung festzustellen: Die beiden rücken beim Niedersetzen die Stühle noch ein weiteres Stück auseinander, sprechen voneinander ohne jeden Blickkontakt nur in der dritten Person und scheinen es – gut erkennbar an der bis zum Verdrehen der Augen reichenden Mimik – kaum zu ertragen, wenn gerade einmal der andere das Wort hat. Der Mediator spricht offen an, dass er hier irgendwie eine Spannung im Raum fühlt und fragt nach, ob es den beiden denn auch so gehe. Das ist der Startschuss für eine Kanonade an Vorwürfen zu unterschiedlichsten Themen und unter

Anführung diverser Namen als Zeugen für die Richtigkeit der eigenen Darstellung, welche die beiden, sich an Lautstärke ständig überbietend und einander ins Wort fallend, austauschen. Alle Versuche des Mediators, das Gespräch in geordnete Bahnen zu bringen, scheinen zum Scheitern verurteilt zu sein. Die beiden lassen sich zunächst nicht einmal davon beirren, dass der Mediator sich erhebt – erst als er mitteilt, dass er sich einen Kaffee hole und sie sich bitte nur nicht davon stören lassen sollen, bekommt er wieder ihre erstaunte Aufmerksamkeit. „Hat der jetzt echt gesagt, er geht sich einen Kaffee holen, während wir hier erwarten, dass er was macht?", schießt es beiden durch den Kopf. „Na, die Kurve haben Sie jetzt aber gerade nochmal gekratzt!", antworten die beiden, als der Mediator nun doch nachfragt, ob sie denn auch etwas trinken wollen. Das Tempo aus dem soeben aufgebrausten Streitgespräch war jetzt jedenfalls weg. Wo waren sie nochmals stehengeblieben? Während alle drei darauf warten, dass die Assistentin die Getränke bringt, stellt der Mediator mit betont ruhiger und verständnisvoller Stimme fest, dass er sich nun ein ganz gutes Bild machen können, wie es denn gerade bei ihnen zugeht. Nachdem seine darauf folgende Nachfrage, ob sie sich denn vorstellen können, wie es ihrer Tochter damit ergehe, nur auf Unverständnis stößt, bittet er die beiden, an einer kleinen Übung mitzumachen. „Wenn Sie meinen, dass das was bringt …", sagen die beiden etwas verdattert aber doch zu.

Der Mediator bittet die beiden, sich zu erheben und sich Rücken an Rücken zu stellen. Dann legt er ein zusammengeknüpftes Gummiband um die beiden und ersucht sie, es gut festzuhalten, damit es nicht herunterrutscht. „Dieses Band steht stellvertretend für das Band der Ehe, welches Sie beide verbindet. Es umgibt Sie beide, ist aber zugleich bis zu einer Zerreißgrenze elastisch und erlaubt Ihnen dabei auch Bewegung, die der andere zu einem gewissen Grad nicht unbedingt mitmachen muss. Wollen Sie das einmal ausprobieren?" Die beiden beginnen aneinander zu ziehen beim Versuch, in verschiedene Richtungen loszugehen. „So, jetzt hätte ich fast etwas vergessen – bitte verzeihen Sie!", greift der Mediator wieder ordnend ein und nimmt ein weiteres Gummiband aus seinem Aktenkoffer. Er positioniert einen Sessel neben das Paar und legt darauf das mitgebrachte Foto der Tochter. Während er nun auch das zweite Gummiband um die beiden legt, jeweils wieder mit der Bitte, es ebenfalls festzuhalten, sodass es nicht herunterrutsche, und die beiden Enden am Sessel befestigt, erklärt er: „Sie sind ja nicht nur den Bund der Ehe eingegangen, Sie haben auch die gemeinsame Verantwortung als Eltern für ein Kind übernommen. Dieses zweite Band steht nun für diese auf Lebenszeit eingegangene Verbindung von Ihnen zu Ihrer Tochter, zu der wir annehmen, dass sie hier sitzt. So, jetzt dürfen Sie weiter ausprobieren, wie weit Sie Ihre Beziehung belasten wollen." Relativ rasch bemerken die beiden, dass es nicht nur unangenehm spannt, wenn sie zu sehr auseinanderdriften: Sie merken auch, dass der Sessel mit dem Bild der Tochter darauf ebenfalls hin und her gezogen wird und bei stärkeren Bewegungen sogar droht umzufallen.

„Ich glaube, ich weiß, was Sie uns damit sagen wollen", schluchzt der Vater los, nachdem er innegehalten, den Sessel erschrocken angeschaut und ein immer nachdenklicheres Gesicht bekommen hat. Ab nun ist der Weg dafür aufbereitet, daran zu arbeiten, dass doch noch eine Hochzeit der Tochter nach deren Wünschen in die Sphäre des Machbaren gelangt.

Es ist also sogar für so manch gestandenen Erwachsenen, der bereits gut abgenabelt ist von seinem Elternhaus und somit in keinem Abhängigkeitsverhältnis mehr steht, enorm herausfordernd, wenn die eigenen Eltern in heftigem Streit miteinander verharren. Um wie viel dramatischer wird das dann erst von einem minderjährigen Kind oder Jugendlichen erlebt. Einem Menschen, der für das eigene Wohlergehen direkt angewiesen ist auf die von den Eltern geschaffene Umgebung. Wie viel gravierender wird das von diesen empfunden, wenn in der noch kleinen Welt zunehmend die Sicherheit und Geborgenheit des Zuhauses in Gefahr gesehen wird: weil das, was sie beobachten an dem Hort, der ihnen Rückzug und Sicherheit vermitteln soll bei der Vorbereitung auf die unendlichen Möglichkeiten des Lebens, dem widerspricht, was ihnen als Erziehungsmaßnahme weißgemacht wird. Einerseits hören sie, dass es nicht in Ordnung ist, wenn sie frech sind oder sich mit körperlicher und verbaler Gewalt durchzusetzen versuchen, andererseits wird ihnen auf hohem Niveau vorgelebt, wie Konflikte ihre zerstörerische Wirkung entfalten können und dabei sogar noch von den Eltern angetrieben werden. Einerseits fühlen sie, wie Schmerz, Angst und Trauer die Liebe und Wärme im eigenen Zuhause immer mehr ablösen, andererseits müssen sie beobachten, wie dem zum Trotz Worte fallen und Handlungen gesetzt werden von Mama und Papa, welche die Situation nur noch verschlimmern. Und das in einer Zeit, in der sie mit der eigenen Entwicklung beschäftigt wären. Nicht genug, dass der reflexartige Versuch der Kinder, Begründungen zu finden für diese Entwicklung in der Paarbeziehung der Eltern bis hin zum oftmaligen Selbstvorwurf, daran Schuld zu tragen, sie dabei behindert, die eigene Persönlichkeit sicher zu formen. Nein, zusätzlich ist ab diesem Konfliktstadium der aufkommende Druck zu spüren, dass von ihnen erwartet wird, Partei zu ergreifen. Sich für Mama oder Papa zu entscheiden, zu denen eigentlich gleichermaßen ein alternierend wichtiger Bezug für die eigene Entwicklung durch kindliche Liebe geprägt ist. Partei zu ergreifen und damit zu urteilen in einer Sache, die sie gar nicht zu beurteilen imstande sind – und auch nicht müssen, da sie mit ihrer eigenen Kindheit und Jugend genug beschäftigt sein dürfen.

Spätestens jetzt gilt es für Eltern, ganz klar darauf zu achten, dass Elternschaft und Paarbeziehung zwei voneinander zu trennende Plattformen sein müssen. Bei denen es zwar im Optimalfall sehr viele deckungsgleich erlebte Bereiche gibt, bei denen aber im Fall von Komplikationen tunlichst mit Sorgfalt darauf geachtet werden muss, dass die Elternebene stabil gehalten wird. Wird das übersehen, so läuft nicht bloß die Beziehungsebene als Paar bei weiterem Voranschreiten der Eskalation Gefahr, zum Albtraum zu werden; auch die eigenen Kinder nehmen dann mit hoher Wahrscheinlichkeit Schaden. Schaden, der selbst Jahrzehnte später Auswirkungen auf das Lebensglück zu nehmen imstande ist.

Es haben sich auf diesem Eskalationsniveau des Konfliktes also bereits viele zusätzliche Felder aufgemacht. Gleichzeitig engt sich jedoch der Horizont der im eigentlichen Konflikt steckenden Personen, Franz und Anita in unserem Beispiel, immer stärker ein: Immer größer wird die Diskrepanz zwischen den jeweils erkannten Wahrheiten, immer verbissener wird das Beharren darauf, selbst im Recht zu sein. Es fällt sogar schon schwer, verschiedene Rollen, wie etwa jene des Ehepartners und die des Elternteils, auseinanderzuhalten und jeweils angemessen zu agieren. Ohne entsprechende Ermunterung von außen, ohne jemanden, der einen sicheren Gesprächstisch als Alternative zum bezogenen Schützengraben bietet, wird eine Lösung des Konfliktes bereits sehr schwer fallen. Zu sehr sind die beiden Akteure längst auf die Vorstellung fixiert, dass der jeweils andere als Verlierer aus dem Konflikt herausgehen muss, möchte man selbst Recht behalten. Man hat es dabei nicht zuletzt wegen der beginnenden Außenwirkung auch gar nicht mehr vollständig selbst in der Hand, dieses Konfliktes wieder Herr zu werden. Es stecken ja nunmehr auch andere Personen bereits im Konflikt, die mit zu berücksichtigen sind bei einer Lösung. Ein „Peace Now", also ein Waffenstillstand, ist ab jetzt nicht nur zwischen den Streitparteien zu vereinbaren und zu pflegen, es ist auch deutlich an das soziale Umfeld zu kommunizieren. Anderenfalls könnte der Konflikt ein dem Zauberlehrling gleiches Eigenleben entwickeln.

## Stufe 5: Wenn im Gegenüber nur noch das Grundübel gesehen wird

Nun wurde also schon viel Porzellan zerschlagen im Konflikt. Doch wer denkt, schlimmer könne es gar nicht mehr kommen, der irrt leider. Denn im Vergleich zu dem, was da noch droht bei unkontrollierter weiterer Eskalation, waren es bislang nur kleine Kieselsteine, die man sich da gegenseitig in den Weg geworfen hat. Die richtig großen Felsbrocken kommen erst, wenn man nicht rechtzeitig die Arbeit an einer Rückkehr zum Miteinander aufnimmt. Schon bei den auf den letzten Seiten dargestellten vorangegangenen Eskalationsstufen war deutlich erkennbar, dass es zunehmend arbeitsreicher wurde, die Rückkehr zum Friedenspfad aufzunehmen. Die jeweils beispielhaft gewählten Ausschnitte verdeutlichen, dass es umso herausfordernder wird, je später die Arbeit daran aufgenommen wird. Schauen wir uns daher an, wie es weitergeht, wenn die Energie von Franz und Anita weiter investiert wird in den Kriegspfad statt der noch immer jederzeit bestehenden Möglichkeit, die nächste Abfahrt in Richtung Versöhnung und Konsenssuche zu nehmen.

Konnte man mit den bislang eingesetzten Mitteln das Gegenüber noch nicht dazu bringen, seine Niederlage einzugestehen, so macht das natürlich zunächst auch wieder etwas mit einem selbst. Die ohnehin schon eingeschränkte Fähigkeit zu Achtsamkeit und Wertfreiheit beginnt sich dramatisch zu verringern und tendiert nun bereits gegen null, sobald auch nur der Gedanke an den Konfliktpartner aufkommt. Da dieser Gedanke gleichzeitig immer öfter auch in anderen Lebensbereichen präsent wird, ist das eine schlimme Sache, die nun auch bereits erste Auswirkungen auf die generelle Leistungsfähigkeit haben kann.

Man perfektioniert die Suche nach Bestätigung dafür, dass der andere das personifizierte Böse ist, so weit, dass sie bereits so gut wie automatisch abläuft. Alles, was dagegensprechen könnte, diesen Blickwinkel aufrechtzuerhalten, wird wie selbstverständlich konsequent ausgeblendet, wobei darauf nicht einmal mehr ein bewusster Gedanke verschwendet werden muss. Geprägt ist das mittlerweile nicht einmal mehr von reellen Eigenschaften des anderen, die hier als Rechtfertigung für die Verteufelung herangezogen werden. Statt der Person wird nämlich nur noch ein Repräsentant der moralischen Verwerflichkeit gesehen. Es wird hier ein Feindbild aufgebaut, welches nach objektiven Maßstäben eigentlich gar nichts mehr mit dem betroffenen Menschen zu tun hat: Alles, was man mit seiner persönlichen Werteordnung nicht in Einklang bringen kann und will, wird da hineingepackt und verbissen bekämpft. Bis zu diesem Zeitpunkt waren es noch Schwächen und Eigenschaften von Anita, die Franz überzeichnet herangezogen hat zur Begründung der Notwendigkeit, diese Person zu bekämpfen. Und umgekehrt. Es waren dies die Tendenz, alles besser wissen zu wollen, die aufdringliche Hilfsbereitschaft, der naive Zugang zu Ratschlägen vermeintlicher Fachleute, die Unbeholfenheit im Umgang mit der Technik, Ungeschick im Umgang mit finanziellen Angelegenheiten, und es waren Lücken im Allgemeinwissen und unzählige andere als Schwächen bezeichenbare Eigenschaften, zu denen, in richtiger kommunikativer und wertschätzender Verpackung, die betroffene Person bestätigen könnte, diese aufzuweisen. Bisher waren all diese also durchaus reell mit der Person in Verbindung zu bringenden Eigenschaften im Konfliktverlauf Basis des Bildes, das gezeichnet wurde. Zwar zunehmend alleinige Basis unter Ausblendung aller positiven Merkmale und in zunehmender Überzeichnung bei gleichzeitiger Reduktion der Persönlichkeit auf dieses Bild, aber immerhin wurde noch der Mensch gesehen. Nunmehr spricht man sich allerdings selbst dieses Bild gegenseitig ab: Franz entpersonifiziert quasi seine Frau und sieht in ihr nur noch das Grundübel aller Unwegsamkeiten im eigenen Leben, sieht in ihr nur noch den Hausdrachen, den Satan höchstpersönlich. Anita steht ihm da um nichts nach: Auch ihr Bild von ihm hat keine menschlichen Züge mehr. Verachtung und Hass steigen in einem Ausmaß, dass daneben keinerlei Raum für andersartige Wahrnehmungen zu bleiben scheint. Es beginnt die Daseinsfrage ins Zentrum aller Gedanken und Emotionen zu rücken: Das Gegenüber darf nicht gewinnen, zumal es als die personifizierte Unmoral gesehen wird. Alle bisherigen Handlungen des anderen werden als Lüge, Berechnung, Manipulation und Betrug qualifiziert, und es wird keine Gelegenheit versäumt, dies nicht auch zu beweisen. Jede Bewegung, jedes Wort, jede Mimik – alles wird in einem im Unbewusstsein ablaufenden automatisierten Prozess als Beweis dieser These so lange umgedeutet, bis es einfach gar nicht mehr anders gesehen werden kann. Im Rückblick auf Erinnerungen gemeinsam erlebter Situationen werden nun selbst diese ausnahmslos umgedeutet, um weitere Beweise für die zum Ritual erhobene Mystifizierung des anderen zu erhalten.

---

**Ausschnitt aus der Rückkehr zum Friedenspfad**

Franz und Anita schaffen es nicht einmal mehr, den anderen reden zu hören. Selbst die körperliche Anwesenheit des anderen im selben Raum löst Unbehagen aus. Der Mediator, den sie nun aufsuchen wollen, erkennt rasch, dass es ihnen einfach nicht mehr zumutbar ist, einander zuzuhören, wenn die jeweilige Sicht der Geschehnisse erzählt wird. Er hat daher mit den beiden Einzelgespräche vereinbart. Die beiden waren darüber sehr erleichtert: Im sogenannten Caucus haben beide genug Raum und auch die Sicherheit der Vertraulichkeit, ihr Herz zu erleichtern ohne direkte Konsequenzen. Franz und Anita werden sich so nicht ständig ins Wort fallen können, und es sind auch keine neuen Verletzungen zu befürchten.

Dem Mediator ist es dabei jeweils möglich, Hilfestellungen erfolgreich anzubieten, die den Blick auf die
eigenen Bedürfnisse wieder schärfen. Das Ablegen der
Frage nach dem „Warum?" und das Einstellen des blinden
Kampfes gegen das personifizierte Übel steht dabei natürlich auf der Agenda: Es gilt, stattdessen die Konzentration
auf die Wünsche für die eigene Zukunft zu legen. Franz
und Anita erkennen in ihren Einzelsitzungen in der Tat
rasch, dass sie über den Streit schon vollkommen vergessen
haben, an sich selbst zu denken. Außerdem kann sich der
Mediator einen guten Überblick verschaffen über die gemeinsame Konfliktgeschichte, nach der er die Ausrichtung
der weiteren Schritte in den gemeinsamen Gesprächen
grob vorbereiten kann. „Wenn Sie nun in einem Supermarkt wären, in dem Sie sich alles kaufen könnten – wirklich alles: Welche Zukunft würden Sie sich kaufen, und
wie würde es dann in Ihrem Leben heute in sechs Monaten
aussehen?", ist da eine Frage, die bei vielen die Kreativität anregt: Es wird ein Stück weit vorstellbarer, wieder ein
Leben in Ruhe führen zu können. Und es ergibt sich ein
besseres Ziel, in welches man seine Kraft investieren kann:
Statt in Vernichtungsschläge gegen den anderen lohnt es
sich vielleicht doch, die eigene Energie in ein Erreichen
dieses positiven Bildes von der eigenen Zukunft zu stecken.

Ein wichtiger Teil eines solchen Einzelgespräches, also
des Caucus, stellt dabei die Befähigung und Ermunterung
dar, in einer darauffolgenden gemeinsamen Sitzung wieder
mit dem Gegenüber in Kommunikation zu treten: Wie will
Franz seiner Frau mitteilen, worum es ihm geht? Wie kann
es ihm gelingen, das annehmbar und verständlich zu formulieren und dabei zu verhindern, einen Rechtfertigungsreflex
auszulösen? „Sie kennen Anita nun ja doch schon längere

Zeit. Sie wissen daher wahrscheinlich sehr gut, wie sie auf einzelne Themen reagiert. Stellen Sie sich doch bitte einmal zu allem, was Sie sagen wollen, vor, wie das auf Ihre Frau wirken wird. Was kann Ihnen dabei helfen, zu verhindern, dass sie ihre Arme vor dem Körper verschränkt, also in Abwehrhaltung geht?" Franz und Anita tun sich jeweils am Anfang schwer mit diesem Trockentraining. Doch bald schon genießen sie es, ohne Konsequenzen fürchten zu müssen, in Rollenspielen mit dem Mediator ausprobieren zu können, welche Möglichkeiten hier bestehen. Dabei steht im Vordergrund, auch ein Gespür für die Gefühle und die Bedürfnisse des Gegenübers wieder zu entdecken. In einem sicheren Übungsfeld, in dem auch gelacht werden darf. In dem vor allem nichts passieren kann außer dem Herausnehmen des mittlerweile unerträglich gewordenen Drucks, der schon verglichen werden kann mit einem Druckkochtopf, bei welchem das Ventil verstopft ist.

Nicht nur auf einen selbst hat die eingetretene Eskalation des Konfliktes bis hierher Auswirkungen. Auch das Gegenüber wird nun bereits massiv beeinträchtigt: Direkte Kommunikation besteht ja fast ausschließlich aus Vorwürfen, bei denen selbst augenscheinlich anderslautende Tatsachen in negative Attribuierungen umgedreht und ausgespielt werden: Dienstreisen und Überstunden werden als selbst zuwiderlaufenden Beweisen standhaltende untrügerische Zeichen für ein Fremdgehen gewertet; hinter jeder Tollpatschigkeit, die früher noch als besonders liebenswert bezeichnet wurde, wird Gehässigkeit gesehen; hinter jedem Friseurbesuch und jedem Kleidungskauf wird die Aufnahme einer Brautschau gewittert. Jeder Moment, den Franz damit verbringt, im Internet surfend zu entspannen, wird sofort als Bestätigung gesehen, dass er ohnehin wieder mit seiner Freundin, die er ja schon lange haben muss, über Anita herzieht.

Kennen Sie den? Ein Mann läuft, stets die Hände klatschend, durch die Straßen. Ein Passant, welcher das eine Weile beobachtet hat, fasst sich den Mut, nachzufragen, was denn das bedeute. „Das ist wichtig, um die Elefanten zu vertreiben!", lautet die Erklärung. „Aber hier gibt es doch gar keine Elefanten!", erwidert der Passant, am Verstand des klatschenden Menschen zweifelnd. „Sehen Sie, es wirkt.", lächelt dieser darauf. So ähnlich geht es auch Anita und Franz. Sie sind mittlerweile so überzeugt, dass all ihre Aktionen für das eigene Wohlergehen unerlässlich sind, dass sie gar nicht mehr merken, wie skurril dies aus einer außenstehenden Perspektive wirken muss. Und wie sehr sie da am Gegenüber vorbeisehen. Schlimmer noch: das Gegenüber in eine Realität treiben, die nie so geplant war. Das zermürbt bekanntlich. Und die aus der Luft gegriffenen Vorhalte werden solchermaßen irgendwann zu selbsterfüllenden Prophezeiungen: Irgendwann ist es so weit, dass sich das ununterbrochen verkannte Gegenüber die Frage stellt, ob es denn nicht tatsächlich einen Lustgewinn darstellen könnte, das, was einem da angedichtet wird, auch tatsächlich zu machen. Anita beginnt, ganz gezielt die Krawatten von Franz mit seinen weißen Hemden zu waschen. Franz beginnt, nun einmal wirklich einen Seitensprung zu wagen mit der Kollegin, die ihm bislang immer beigestanden ist durch geduldiges Zuhören, wenn er sich ausweinen wollte. In den seltensten Fällen beschert dies dann zwar tatsächlich ein Glücksgefühl – aber man hat

sich förmlich dazu gezwungen gesehen, das einmal auszuprobieren. Das, wovon man ohnehin ständig hören muss,
dass man dafür stehe. In schlimmen Fällen kann das sogar
zu tatsächlichen Persönlichkeitsveränderungen führen, bei
denen der irrationale Zwang entsteht, dem gezeichneten
Bild zu entsprechen und dabei Vergnügen zu finden. Wenn
also im Freundeskreis festgestellt wird, dass man sich so ver-
ändert habe, sollten die Alarmglocken schrillen: Wenn aus
der für ihre Besonnenheit bekannten Anita plötzlich eine
männerhassende und gewaltbereite Cholerikerin wird und
der Familienmensch Franz auf wundersame Weise zum no-
torischen Rockzipfeljäger mutiert, dann ist es höchste Zeit
für alle Beteiligten, einen Ausweg aus dem im Hintergrund
tobenden Konflikt zu suchen. Denn Franz und Anita haben
nun keinen Konflikt mehr, es ist mittlerweile der Konflikt,
der sie fest im Griff und zu seinen Marionetten degradiert
hat. Die Fäden, an denen sie hängen, stehen dabei mittlerweile auch zunehmend dem eigenen Glück im Weg.

---

**Ausschnitt aus der Rückkehr zum Friedenspfad**

„Ja, ich habe es ausprobiert", erzählt Franz im Vier-Augen-
Gespräch mit dem Mediator. Sein Blick ist dabei zu Boden
gerichtet. Seine Stimme zittert, und er hält mit der rechten
Hand die Finger der linken fest umschlungen. „Eigentlich wollte ich mich nur bei ihr bei einem Glas Wein ausweinen, meinen Kummer loswerden. Ich weiß gar nicht
mehr so genau, wie es dann passiert ist, aber wir sind dann
tatsächlich bei ihr zu Hause gelandet. Und ich hab mir
noch gedacht: Wenn Anita eh so fest davon überzeugt
ist, ja warum denn nicht." Er steht auf, geht zum Fenster
und schaut hinaus. Verstohlen wischt er sich eine Träne

weg. „Es war grauenhaft. Ich wusste dann gar nicht, wie ich damit umgehen sollte. Am liebsten hätte ich es ungeschehen gemacht. Ich liebe Anita doch. Doch ich erreiche sie nicht mehr. Sie macht mir das Leben zur Hölle, will mich nur noch weghaben aus ihrem Leben und dem der Kinder." Nun wird seine Stimme fester. „Ich werde ihr schon noch zeigen, was sie davon hat, dass sie das aus mir gemacht hat."

Der Mediator hilft im darauffolgenden Gespräch Franz dabei, sich nach vorne zu orientieren. Ungeschehen machen wird man nichts mehr können. Hier kann man nur noch Akzeptanz entwickeln, was auch schon einmal Zeit brauchen darf. Er stellt Franz einerseits Möglichkeiten auf, welche Unterstützung er bei der Verarbeitung der Vergangenheit in Anspruch nehmen kann, andererseits greift er ihm dabei unter die Arme, den Blick nach vorne zu richten. Schritt für Schritt gehen sie durch, wie denn momentan der Alltag aussieht, welche Bedürfnisse da bei ihm, den Kindern und auch Anita zu kurz kommen und was denn der gewünschte Zustand ist, den es anzupeilen gilt. Dabei greift der Mediator immer wieder Möglichkeiten auf, die Kreativität und die Zuversicht von Franz anzusprechen: Auch in der Vergangenheit hat er ja schon Probleme meistern können – was waren dabei jeweils die Ressourcen in sich, auf die er zugreifen konnte? Was konnte er immer wieder dazu beitragen, dass ausweglose Situationen doch noch gemeistert werden konnten? Wie kann das in der Gegenwart helfen? Was braucht er, um für die Zukunft die Chancen aufzugreifen? Chancen, zumindest für sich, seine Kinder und die Elternbeziehung mit Anita wieder konstruktiv an der Zukunft zu arbeiten statt der weiteren Investition all seiner Energie in den Rosenkrieg …

Neben den zunehmend problematischen Auswirkungen auf die eigenen Fähigkeiten und das eigene Wohlempfinden sowie den Konfliktpartner verdient auch ein weiterer Aspekt Beachtung: War bislang in der Koalitionssuche noch Hauptziel, sich selbst Bestätigung abzuholen und sich selbst als die gute Person im Streit zu präsentieren, so wird nun in erster Linie alles daran gesetzt, den anderen als das generelle Grundübel hinzustellen. Im nun bereits bedenklich hochgekochten Streit wird das soziale Umfeld nun so weit manipuliert, dass dem Gegenüber quasi der Versorgungsweg zu sozialer Anerkennung abgeschnitten wird. Es wird alles daran gesetzt, sämtliche Chancen des Konfliktpartners zunichte zu machen, noch Sympathien für seine Person empfangen zu können. Im Vordergrund stehen nur noch seine Verfehlungen, welche raumfüllend ausgeweitet werden und beweisen sollen, dass ein Miteinander mit ihm schier unmöglich ist. Wer halbwegs moralischen Ansprüchen genügen will, muss einfach einstimmen in die Vernichtung des Bösen – so lautet die zentrale Botschaft, die unentwegt ausgesendet und selbst an Banalitäten veranschaulicht wird. Kein Blick, kein Wort, keine Bewegung und keine Handlung ist davor verschont, als Aufhänger für die nächste Tirade herhalten zu müssen: „Allein wie er schon wieder dreinschaut. Das macht er doch immer, wenn man von ihm einmal was will. Ist dir das noch gar nicht aufgefallen?", setzt Anita etwa selbst in der eigenen Familie ihres Mannes die Saat, um Franz vorsorglich jeder Möglichkeit von Unterstützung zu berauben.

Symptomatisch und zugleich leider auch oftmals eskalationsfördernd ist in diesem Zusammenhang, dass nun auch zunehmend professionelle Beraterinnen und Berater auf den Plan gerufen werden. Dagegen wäre ja nichts einzuwenden, wenn dies mit der Zielsetzung geschehen würde, wieder zu einem Miteinander zurückzufinden und das Kriegsbeil einzugraben. Im Gegenteil: Das würde dann ja von Weitsicht und Verantwortungsbereitschaft zeugen. Allerdings werden nun zu allem Überdruss fast ausschließlich Mandate zur Aufrüstung der Worte und Taten erteilt. Bislang fanden nur vereinzelte und eher zögerliche Kontaktaufnahmen zu Rechtsanwaltschaft, Beratungsstellen und diversen Selbsthilfegruppen, wie es sie in den Social Media zuhauf gibt, statt. Nun wird von diesen Profis bereits bewusst in Erfahrung gebracht, welche Munition es denn da noch gäbe gegen das Gegenüber, die bislang noch nicht in Erwägung gezogen oder eingesetzt wurde. Es geht darum, jenen Teil der Wirklichkeit, der eine Versöhnung ermöglichen würde, noch perfekter auszugrenzen; man sucht gezielt jenes Wissen und jene Tipps, die geeignet erscheinen, das Bild der sich nun verhärtenden eigenen Wahrheit noch weiter auszubauen und weiter zu festigen.

---

**Ausschnitt aus der Rückkehr zum Friedenspfad**

„Ich bin da auf eine wunderbare Gruppe auf Facebook gestoßen.", beschreibt Anita dem Mediator in ihrem Einzelgespräch. „Da haben sie mir die Augen geöffnet, wie gefährlich es nun für mich wird und wie wichtig es ist, dass ich da für klare Verhältnisse sorge." Sie berichtet, dass sie da viel gelesen hat von Frauen, die prophezeiten, dass da bald Gewalt aufkommen werde in der Beziehung. Bei denen habe ja auch alles so angefangen. Da wurde sie verstanden, und zugleich wurden ihr die Augen geöffnet. Eigentlich wäre sie ja nie auf die Idee gekommen, dass Franz zu so etwas in der

Lage sein könnte, sie zu schlagen oder die Kinder. Nein, Franz doch nicht. Doch genau davor wurde sie ja auch gewarnt in diesen Gruppen. Vor dieser Fehleinschätzung zur Gefahr, in welcher sie sich mit den Kindern befand. „Ich bin es ja nicht nur mir, sondern auch den Kindern schuldig, dass ich da Einhalt gebiete. Was bleibt mir anderes übrig, als mich zu wehren? Und zu schauen, dass ich auf keinen Fall den Kürzeren ziehe. Es geht doch gar nicht anders!"

Der Mediator hört ihr zu. Er fasst das Gehörte zusammen. „Ich höre da heraus, dass es Ihnen wohl auch sehr stark darum geht, dass es den Kindern gut geht. Und dass Sie auf der Suche nach einem Weg sind, der hier vielversprechend ist.", schließt er dazu ab. „Ja, genau." „Wissen Sie, mir fällt hierzu eine Geschichte ein. Ich habe zwar keine Ahnung, ob sie mit Ihrer Situation etwas zu tun hat, aber ich muss sie Ihnen einfach erzählen: Ein alter Cherokee-Indianer erzählte seinen Enkelkindern etwas über die Lebensprinzipien. Er sagte: ‚Meine lieben Kinder, jeder Mensch hat in seinem Innern zwei Wölfe, die gegeneinander kämpfen. Ein Wolf ist ärgerlich, neidisch, gierig, traurig und hochmütig. Der andere Wolf ist fröhlich, friedfertig, hoffnungsvoll, demütig, freundlich, barmherzig und wahrhaftig. Diese beiden Wölfe kämpfen in einem Menschen gegeneinander.'. Da fragte eines der Enkelkinder: ‚Opa, wer ist denn der Sieger?'. Dieser antwortete: ‚Der Wolf, den du mit Essen ernährst!'."

Die Geschichte verfehlte ihre Wirkung nicht und Anita konnte beginnen darüber nachzudenken, in welche Richtung sie ihre Energie investieren will: in eine Fortsetzung des Kriegspfades oder doch lieber in kleine Schritte auf dem Weg, zumindest für die Kinder eine Gesprächsebene zu Franz zu ermöglichen, auf der sie einander mit Wertschätzung als liebende Eltern begegnen konnten.

Auch eigene Kinder werden nun immer zentraler ins Geschehen gerückt. Unbarmherzig eine Zerrissenheit des Kindes riskierend wird dieses nun bereits immer öfter aufgefordert, Farbe zu bekennen: „Siehst du, dem Papa ist vollkommen egal, wie es uns geht.", spricht Anita ihren Jüngsten an, der gerade Zeuge einer lautstarken Auseinandersetzung werden musste. „Der Mama sind die Freundinnen halt wichtiger", findet Franz als Worte vermeintlichen Trostes an seinen Sohn, als dieser beim Zubettbringen traurig bemerkt, dass Mama noch gar nicht nach Hause gekommen war. Selbst in direkten Auseinandersetzungen zwischen Franz und Anita wird das Verhalten der Kinder so umgedeutet, dass es als Vorwurf gegen den anderen herhalten kann: Nachdem Franz und die Jungen beispielsweise wieder einmal einen lustigen Nachmittag im Kino hatten, zeigte sich der Nachwuchs beim Nachhausekommen aufgekratzt und weinerlich. Statt dieser Stimmung auf den Grund zu gehen, war dies für Anita willkommener Anlass, ihrem Mann vor den Kindern an den Kopf zu werfen, dass das ja wieder einmal typisch sei. Er schaffe es nicht einmal, für ein paar Stunden ein Vater zu sein, alles bleibe an ihr hängen, denn bei ihr würden sich die Kinder nie so aufführen.

Die eigenen Kinder geraten nun also ebenfalls zunehmend in massive Bedrängnis. Zumal man im eigenen Partner nur noch den personifizierten Teufel zu sehen vermag, sieht man es als die elterliche Pflicht, die eigenen Kinder zu retten; sie müssen aus den unmoralischen Fängen dieser Unperson befreit werden. Und dafür ist ein jedes Mittel Recht und wird auch zur Überzeugungsarbeit eingesetzt. Die eigenen Kinder werden zu Informanten, um an Schwachstellen und verwendbare Wortfetzen heranzukommen, die für die

Stärkung der eigenen Position wichtige Munition darstellen können. Damit nicht genug, haben sie auch als Schutzschild und Waffe zugleich herzuhalten im zur Höchstform auflaufenden Rosenkrieg. Zunehmend wird ihnen unter Ausnutzung der Kenntnisse über die Persönlichkeit und die anerzogenen Verhaltensmuster sogar direkt abverlangt, dem anderen Elternteil abzusagen: Es werden Ängste geschürt mit aus der Luft gegriffenen Fantasien der Kinder, es wird die Mitleidsmasche gestrickt mit dem Appell an die kindliche Verpflichtung des Zusammenhaltes. Dabei riskierte Kollateralschäden an den Bedürfnissen des eigenen Kindes werden als Blödsinn abgetan, zumal all dies als unumgänglich notwendig im Namen der alleinig moralischen Instanz in diesem Konflikt erscheint.

---

**Ausschnitt aus der Rückkehr zum Friedenspfad**

Der Mediator gibt beiden nach Abschluss der Einzelgespräche bis zum nächsten gemeinsamen Termin eine Aufgabe mit. Beiden wird aufgetragen, vollkommen ohne jeden Anlass und ohne nach einem Grund dafür suchen zu müssen, dem anderen jeden Tag eine Freude zu bereiten. Damit will er das Spiel durchbrechen helfen, in dem beide gefangen sind: Derzeit sind die beiden ja von einer permanenten unbewussten Angst getrieben, durch einen Moment der Schwäche der eigenen Position zu schaden. Es wird daher vorgezogen, ständige Angriffe zu fahren. Damit soll das Gegenüber einerseits daran gehindert werden, seinerseits zu einem ernsthaften Schlag auszuholen, andererseits dienen die provozierten Reaktionen des Gegenangriffs wunderbar der Rechtfertigung dafür, alle Schotten der Empathie zu verschließen. Durch die

Aufgabe des Mediators soll dies nun umgekehrt werden. Statt neuer Angriffe soll gezielt Freude bereitet werden. Das verblüfft. Und das kann in diesem Konfliktstadium noch sehr gut helfen, die Dynamik umzukehren. So wie es einen Funken Wahrheit hat, dass der Beste nicht in Frieden leben kann, wenn es dem Nachbarn nicht gefällt, so wird es auch sehr schwer gemacht, einem freundlich gesinnten Menschen auf Dauer Schaden zufügen zu wollen. Jede Freude, die bereitet wird, wo sie auch wirklich als solche verspürt werden kann, erzeugt ihrerseits den Drang, das Empfangene zu vergelten. Die Kettenreaktion der Konflikteskalation kann damit umgekehrt, jedenfalls aber deutlich entschleunigt werden.

Als weitere Aufgabe erhalten beide den Auftrag, sich aus den Familienfotos Erinnerungen an Momente, in welchen die Kinder besonders glücklich mit dem anderen Elternteil waren, herauszusuchen. Diese Bilder sollen sie sich in die Brieftasche stecken, sodass sie sie jedes Mal sehen, wenn sie diese zücken. Sie sollen sich in den Moment der Aufnahme des Fotos zurückversetzen, sich mit all ihren Sinnen hineinfühlen: Wie hat sich das damals angefühlt, als der Auslöser gedrückt wurde? War das vielleicht am Strand und in wohlig warmer Luft, konnte das Salz des Meeres gerochen werden? Dadurch wird ins Bewusstsein zurückgerufen, dass es der sicher aus gutem Grund verteufelte Partner ist, dem es ebenso gut gelingt, ein glückliches Lächeln in die Augen der geliebten Kinder zu zaubern.

## Stufe 6: Drohungen werden ausgesprochen

Sofern noch keiner der beiden einst in Liebe verbundenen Menschen Reißaus genommen hat beziehungsweise die beiden noch keine Möglichkeit wahrgenommen haben, ihre Kraftanstrengungen lieber in einen versöhnlichen Weg zu einem Miteinander statt in die weitere Bekämpfung des anderen zu investieren, werden nunmehr offene Drohungen ausgesprochen. Nachdem man sich ja gut kennt, sollte man meinen, dass es dabei auch meist gelingt, treffsicher möglichst grundlegende Bedürfnisse zur Zielscheibe zu erwählen, sodass das auch wirklich sitzt. Die Androhung der Befassung der Polizei, von Gerichten und Behörden sowie des Dienstgebers des Partners mit zum Teil abstrusen Verdrehungen von Tatsachen samt allenfalls auch erfolgender Umsetzung dieser Drohungen stehen nun auf der Tagesordnung.

Das Gefährliche an Drohungen ist, dass, einmal ausgesprochen, eine Selbstbindung eintritt. Das liegt daran, dass eine Drohung gewissen Grundparametern entsprechen muss, um überhaupt erfolgreich sein zu können. Dazu gehört neben der zumindest theoretischen Erfüllbarkeit des bezweckten Verhaltens und der Betroffenheit des Bedrohten auch die Glaubhaftigkeit: Damit eine Drohung ernst genommen werden kann, muss es glaubhaft erscheinen, dass den Worten Taten folgen. Thomas Schelling beschreibt das in „The Strategy of Conflict" mit folgenden Worten: „In der Regel muss man damit drohen, bestimmt und nicht bloß vielleicht zu handeln, wenn der Forderung nicht stattgegeben wird. Denn: Vielleicht zu handeln bedeutet, dass man vielleicht nicht handeln wird – dass man sich nicht festgelegt hat."

Wer eine Drohung ausspricht, nimmt sich daher in erster Linie selbst Handlungsspielraum, möchte er nicht in diesem mittlerweile sehr hoheskalierten Konflikt selbst einen weiteren Beweis gegen die eigene Glaubwürdigkeit liefern. Ein Dilemma, aus dem man kaum mehr alleine rausfindet, ohne der Drohung für den sehr wahrscheinlichen Fall der Nichtbefolgung Taten folgen zu lassen. Taten, die einen weiteren zwischenmenschlichen Schaden bewirken.

---

**Ausschnitt aus der Rückkehr zum Friedenspfad**

Während des Erstgespräches beim Mediator kommen Anita und Franz bei der Schilderung des aktuellen Standes ihrer Beziehung zueinander sehr rasch auf die polizeiliche Wegweisung von Franz zu sprechen. Nach einer der bereits auf der Tagesordnung stehenden Auseinandersetzungen war Anita zum nahegelegenen Polizeiwachzimmer gefahren und wenig später hatten zwei Polizisten Franz dazu aufgefordert, seine wichtigsten Sachen zu packen und das Haus für zwei Wochen zu verlassen. Anita hatte ihm ja angedroht, sie werde ihm schon zeigen, wer da am längeren Hebel sitzt. Und hat nun Taten folgen lassen.

Der Mediator ersuchte Franz, dazu seine Sicht der Dinge zu schildern. Er war aufgebracht. Beteuerte seine Unschuld. Schimpfte Anita und machte seinem Unmut darüber Luft, dass es Wahnsinn sei, wie hilflos man in solch einem Fall dem Gesetz gegenüberstehe. Nachdem der Mediator merkte, dass Anita während der Darstellung von Franz keinerlei Anzeichen von Angst zeigte und stattdessen nur betont um Teilnahmslosigkeit bemüht abwechselnd aus dem Fenster und auf den Boden schaute, die Hände vollkommen entspannt auf ihrem Schoß liegend, beschloss er, bei Franz ein wenig nachzufragen. Insbesondere interessierte ihn, was er dann denn gemacht habe. Wie er sich gefühlt habe dabei. Der Tonfall von Franz wurde immer ruhiger. Die Wut, die Empörung und die Ohnmacht verschwanden immer mehr aus seiner Erzählung. Stattdessen wurde seine Verzweiflung spürbar. Zu viel für Anita. Plötzlich schoss aus ihr heraus: „Ja, ich weiß ja, dass du meinen Kindern und mir nie etwas tun würdest. Ich musste aber irgendwas machen. Und von einer Freundin habe ich gehört, wie leicht das mit der polizeilichen Wegweisung geht. Es tut mir ja leid."

Damit war ein wichtiger Schritt getan. Zu einer ganz zentralen Frage konnte nun eine gemeinsame Kommunikation stattfinden, konnte eine gemeinsame Sicht auf die erlebten Dinge begonnen werden. Es wurde nun besprochen, welche Schritte der Rehabilitation vor den Behörden erforderlich sind, aber auch, wie das Vorgefallene zwischenmenschlich begreifbar gemacht und miteinander verarbeitet werden kann.

Bei den Drohungen, die nun ausgesprochen werden, wird gezielt danach getrachtet, eine soziale Ächtung des anderen zu erreichen, um diesen weiter zu schwächen. Es werden vermeintliche Regelverstöße an Behörden gemeldet, selbst Handgreiflichkeiten sind ab nun nicht mehr auszuschließen. Durch die mittlerweile bereits länger eingetretene Unmöglichkeit der Konfliktpartner, einander empathisch zu begegnen, kann es auf dieser Eskalationsstufe auch durchaus zu skurril anmutenden Drohstrategien kommen. Und zu solchen, die sich sehr rasch als Bumerang erweisen. Denn Franz und Anita haben durch die in der Begegnung zueinander schon stark eingeschränkten Wahrnehmungs-möglichkeiten sogar bei der Definition einer Drohung ein Problem: Eigentlich können sie nur noch erahnen, welche aktuell die zentralen Bedürfnisse des Gegenübers sind. Auch wenn sie sich eigentlich ja sehr gut kennen, so ist ihnen doch die persönliche Weiterentwicklung des Partners während der letzten Zeit entgangen. Dass da vielleicht andere Bedürfnisse in den Vordergrund gerückt sind. Etwas, das früher als besonders wichtig empfunden wurde, gar nicht mehr aktuell ist. Außerdem wird hier zum Problem, dass es ja schon lange nicht mehr die reale Person des anderen ist, die hier bekämpft wird. Die inszenierte Demaskierung als die Verkörperung des Bösen hat dazu geführt, dass man mittlerweile selbst bereits zweifelsfrei davon überzeugt ist, dass es hier darum geht, alle in den eigenen Wertevorstellungen unvereinbaren Eigenschaften in der Person des anderen wiederzufinden und niederringen zu müssen. Und übersieht dabei, dass man daher mit den ausgesprochenen Drohungen immer mehr von sich selbst preisgibt. Offenbart, was einem selbst besonders zuwider ist und was einem im Umkehrschluss besonders wichtig erscheint. Gibt es in den Reihen des anderen einen aufmerksamen Freund, so stellt sich das rasch als eine folgenschwere Preisgabe der eigenen besonders verwundbaren Stellen heraus.

Wer jemand anderen mit heißer Kohle bewerfen will, kann sich nur eines Erfolges gewiss sein: dass er sich nämlich selbst die Finger verbrennen wird. Diese Weisheit bekommt in dieser Phase der Konflikteskalation viele praktische Beispiele. Denn die Wahrscheinlichkeit, dass einmal ausgestoßene Drohungen in Frustration enden, da sie vollkommen wirkungslos abzuprallen scheinen am Konfliktpartner, ist nicht zu unterschätzen. Die sich dann einstellende Wut über einen solchermaßen erzielten Nulltreffer – mit der Erkenntnis, dass man als Drohender selbst Leidtragender der Umsetzung werden kann, zu der man sich auch noch selbst gezwungen hat – ist enormer Antrieb für die weitere Ausweitung des Konfliktes. Es fallen nun zunehmend auch die letzten Hemmungen. Die Drohungen nehmen an Zahl und Intensität zu – frei nach dem Motto, irgendwann schon noch zu treffen und den anderen in die Knie zu zwingen. Wird dann tatsächlich mal getroffen, so erzeugt dies mit großer Wahrscheinlichkeit einen Druck auf den Konfliktpartner, spätestens jetzt seinerseits Gegendrohungen zu platzieren. Wut und Ohnmacht sind nun die vorrangigen Gefühle, die intensiver als bislang einander abwechselnd die Spirale immer schneller antreiben. In dieser Phase des Konfliktes nimmt aber auch die Überzeugung, noch als Gewinner aus dem Konflikt herausgehen zu können, stetig ab.

Bedauerlicherweise findet auch das Schicksal von Kindern hier einen weiteren unrühmlichen Tiefpunkt. Mussten sie bereits bislang herhalten als Schutzschild oder Waffe im Konflikt ihrer Eltern, so sind sie es jetzt auch oftmals, mit welchen gedroht wird: Die Trennung als Paar ist spätestens jetzt ja ein Gedanke, mit dem sich beide zunehmend anfreunden. Und da wird rasch realisiert, dass es dann ja auch gilt, hinsichtlich der Kinderbetreuung Regelungen zu finden: Schnell wird darin eine Gelegenheit erkannt, den anderen dort zu verletzen, wo es wirklich weh tut. Da reichen die Drohungen von männlicher Seite von Leugnung der Vaterschaft bis hin zur Ankündigung, alles daran zu setzen, die Kinder zugesprochen zu bekommen, während Frauen hier am ehesten die Tendenz dazu zeigen, eine gemeinsame

Flucht mit den Kindern an einen weit entfernten Ort in
Aussicht zu stellen oder auf andere Weise dafür zu sorgen,
dass der Vater seine Kinder nicht mehr zu Gesicht bekommen wird.

Neben Rachegelüsten ist es aber auch oft simple Ohnmacht, die es verhindert, aus den Augen der betroffenen
Kinder nach geeigneten Lösungen zu suchen. In vielen Fällen ist der Vorsatz, die Kinder als Druckmittel einzusetzen,
nämlich gar nicht vorhanden: Da geht es beiden tatsächlich
lediglich darum, das Beste für die Kinder zu wollen. Wobei
ihnen dann allerdings im Wege steht, dass sie mittlerweile
dermaßen davon überzeugt sind, dass der andere Elternteil
ein so verabscheuenswürdiger Mensch ist, dass es mit den
eigenen Vorstellungen und Wünschen für das Kind schier
unvereinbar erscheint, dem Kind auch nur den geringsten
Kontakt zuzumuten. Die Drohungen des Kindesentzugs
werden in diesen Fällen mit der absoluten Überzeugung der
Unvermeidbarkeit im Sinne des Kindeswohls gesetzt.

---

**Ausschnitt aus der Rückkehr zum Friedenspfad**

Oftmals ist bereits die Ankündigung im Raum gestanden,
dass Franz es nicht mehr hinnehmen werde, wie Anita ihn
behandelt. Anita werde schon sehen, was sie davon habe.
Sie werde dann schon darauf kommen, wie abhängig sie
doch für den Erhalt ihres Lebensstils von ihm sei. Als es
dann wieder mal gekracht hat, weil er erneut stockbesoffen
nach Hause gekommen ist und es wieder laut wurde,
packte sie ein paar Sachen zusammen, weckte die Kinder
auf und verschwand. Sie zog zur Mutter. Anita hatte ja
schon länger das Angebot ihrer Mutter, doch wieder zu ihr

zu ziehen mit den Kindern. Sie solle sich das doch nicht gefallen lassen, solle nicht riskieren, dass Franz auch noch gewalttätig werde so wie es ihr eigener Mann war, unter dem sie viel zu lange gelitten habe. Anita kam also Franz mit der Umsetzung seiner Drohung zuvor. Nicht er war es, der sie verließ, nein: Sie zeigte ihm jetzt, wie das denn ist, so ganz ohne sie und die Kinder. Und fühlte sich befreit. Jedoch nicht lange. Wenige Tage später kam Post vom Rechtsanwalt. Post, mit welcher das erleichterte Gefühl schlagartig beendet war: Sie habe Franz böswillig verlassen, was einen Verschuldensgrund darstelle und damit nach gängiger Rechtsprechung Auswirkungen habe auf ihre Ansprüche anlässlich der nun vorbereiteten Scheidung. Es werde der Güte halber allerdings eine Mediation vorgeschlagen, bei welcher es auch gelte, Lösungen zum vorgenommenen Kindesentzug zu stellen, widrigenfalls das Jugendamt eingeschalten und eine gerichtliche Verfügung erwirkt werde.

Als Franz und Anita beim Mediator zum ersten Gespräch ankommen, ist die Stimmung natürlich unterhalb des Gefrierpunktes. Es waren weitere drei Wochen vergangen. Eine Ewigkeit. Franz hatte sich zwar mehrmals gerührt, allerdings nur um die Forderung zu stellen, dass ihm sofort die Kinder zurückzubringen sind. Anita war jedoch paralysiert. Unfähig, auch nur einen klaren Gedanken zu formulieren. Ihre Mutter schottete sie und auch die Kinder daher konsequent ab und organisierte ebenfalls einen Beratungstermin in einer Rechtsanwaltskanzlei, der auch bereits wahrgenommen wurde.

Franz und Anita machen es dem Mediator nicht leicht dabei, als dieser zunächst einmal ergründen möchte, was denn die Zielvorstellung der beiden ist. Was die beiden sich von der Mediation erwarten. Franz besteht darauf, sofort die Kinder zurückzubekommen. Er wiederholt seine Drohgebärden, ansonsten die längst vorbereiteten Sanktionen Realität werden lassen zu müssen. Währenddessen sitzt Anita nur da, immer wieder von Weinkrämpfen gebeutelt, und betont, dass sie einfach nicht mehr könne und nicht wisse, wie das jetzt weitergehen soll. Sie wolle doch nur, dass das alles aufhört und sei dafür ja auch zu allem bereit. Sie habe aber auch Angst, die Unterstützung ihrer Mutter zu verlieren, wenn sie jetzt eine Lösung mit Franz findet.

Der Mediator fasst kurz das Gehörte zusammen und zeigt Verständnis für die herausfordernde Situation, in welcher sich beide befinden. „Also den Karren haben Sie ja gründlich in tiefen Schlamm manövriert. Das muss sich ganz schlimm anfühlen. Nun sind Sie also zu mir gekommen. Das verstehe ich so, dass Sie erkannt haben, dass mit ein wenig Hilfe da noch was zu machen ist. Dazu gratuliere ich Ihnen. So viel Eigenverantwortung sollte es öfter geben. Vor allem, wenn man bedenkt, dass es hier gilt, Kindern rasch wieder die Sicherheit zu geben, die sie brauchen. Mal sehen, in welche Richtung Sie sich da jetzt von mir begleiten lassen wollen. Andere würden ja gleich alles hinschmeißen und den altgedienten Karren vollends in Trümmer schlagen. Ich kann Sie, wenn Sie sich dafür entscheiden, stattdessen dabei begleiten, weniger brutale Wege zu finden." Er schildert nun, welche Möglichkeiten er anbieten könne: Es könne der Reihe nach daran gearbeitet werden, zum Recht der Kinder auf einen wertschätzenden und sicheren Umgang mit beiden Elternteilen eine Lösung zu finden und danach auch die Frage zu klären, wie denn die Zukunft als Paar aussehen kann. „Sie werden ja Roulette kennen, oder?", fragt der Mediator die beiden. Nachdem diese nicken, fährt er fort: „Bei Roulette wird auch gerne alles auf eine Farbe gesetzt in der Überzeugung, dass diese kommen könne mit einer relativ hohen Wahrscheinlichkeit. Und damit einer hohen Chance, als Gewinner vom Tisch zu gehen. Bei Kindern ist es leider in vielen Fällen sehr ähnlich: Mama und Papa wollen nur das Beste und sind bereit, auch alles dafür einzusetzen, nach einer Trennung für das Wohl der Kinder zu sorgen. Und dabei zu gewinnen gegen den anderen. Da wie dort wird allerdings etwas übersehen: Sind es beim Roulette die Zahl Null und das Tischlimit, welche dafür sorgen, dass unter dem Strich gesehen die Gewinnaussichten doch weit unter den Wünschen bleiben, so wird bei Betreuungsstreitigkeiten das Kind selbst gerne übersehen: Es hat Anspruch auf zwei liebevolle Elternteile, die es brauchen darf und wird daher bei so einem Spiel, in dem es Vater und Mutter um das Gewinnen geht, immer verlieren."

„Aber wann sehe ich dann meine Kinder wieder?", zeigt sich Franz unbeirrt kampfbetont, während Anita gerade noch etwas mehr Zuversicht ausgestrahlt hat. Nun erkennt der Mediator in Anitas Gesicht, wie sich hier wieder Panik breitmacht. Sie sackt wieder in sich zusammen, bringt keinen Ton heraus. Nachdem die vereinbarte Zeit für das Erstgespräch bereits nahezu um ist, schätzt der Mediator es als wenig hilfreich ein, dieses Thema sofort weiter zu vertiefen. Auch erscheint ihm fraglich, ob Anita in der aktuellen Verfassung in der Lage ist, eigenverantwortlich an der Lösungssuche teilzunehmen. Er greift daher stattdessen den Wunsch von Franz auf, um anzubieten, gleich mit diesem Thema die Arbeit mit den beiden zu beginnen. „Wenn ich das richtig verstanden habe, dann ist es vorrangiges Ziel von Ihnen, möglichst rasch einmal zumindest eine Lösung für Ihre Kinder zu finden. Eine Lösung, mit der nicht nur Sie beide, sondern vor allem auch die Kinder gut leben können." Dann wendet er sich Anita zu und spricht ihre Sorge, die nun förmlich spürbar wurde im Raum, an: „Ich bin mir sicher, dass Ihnen beiden ein Weg einfallen wird, der so gut ist, dass Sie auch eine besorgte Oma davon überzeugen können, das Richtige zu tun." Dann richtet er sich wieder an beide und zückt dabei seinen Kalender. „Schaffen Sie es, bis morgen Fotos von sich und Ihren Kindern herauszusuchen und zu einem Termin mitzunehmen? Oder geht Ihnen das zu schnell?"

Es können tatsächlich für den darauffolgenden Tag drei Termine vereinbart werden: je ein Einzelgespräch, wobei Anita auf ihren Wunsch auch ihre Mutter mitnehmen kann, daran anschließend eine neue Runde zwischen Franz und Anita gemeinsam mit dem Mediator. Der erste Schritt ist getan. Der erste Schritt auf einem Weg, der auch durch die begleitende Unterstützung von therapeutischen Angeboten wertvolle Absicherung erhalten kann. Letzteres ist etwa angezeigt, wenn im sozialen Umfeld die Dynamik ein so starkes Eigenleben entwickelt hat, dass dies aus eigener Kraft nicht mehr bewältigt werden kann und die Selbstbestimmung darunter leidet. Im konkreten Beispiel sind hinsichtlich der Beziehung zwischen Anita und ihrer Mutter Anzeichen dafür vorhanden, die auf jeden Fall weiter beobachtet werden müssen. Notfalls ist für entsprechende Unterstützung zu sorgen etwa durch das Hinzuziehen eines therapeutischen Beistands zwischen oder auch während der Sitzungen beziehungsweise auch die Mediation zu unterbrechen, wenn dies abgelehnt wird.

Ist der Konflikt einmal bis hierher eskaliert, so steht man vor einer entscheidenden Schwelle: Nimmt man eine der bereits sehr rar gewordene Möglichkeiten wahr, das Steuer des stark ins Schleudern geratenen Wagens namens Beziehung wieder herumzureißen oder steigt man stattdessen noch zusätzlich aufs Gas; wissend, dass sich dann eine Katastrophe nicht mehr aufhalten wird lassen. Bei vielen ist der Glaube an das Bestehen einer Chance zur friedlichen Beilegung der Auseinandersetzungen an dieser Stelle längst geschwunden. Viele sehen nur noch die Möglichkeit, sich gemeinsam mit dem ehemals geliebten Menschen endgültig in den Abgrund menschlicher Gehässigkeiten zu stürzen. Diesen Menschen sei gesagt, dass es, den entsprechenden Willen vorausgesetzt, so gut wie immer Chancen gibt. Denken Sie etwa an die Hummel: Nach den bekannten Gesetzen der Aerodynamik wurde es lange Zeit als unmöglich angesehen, dass sie sich bei ihrem Körpergewicht und den in Relation zu kleinen Flügeln auch nur eine kurze Wegstrecke in der Luft hält. Hummeln wussten das zum Glück aber nicht, dass sie nicht fliegen können dürften – sie machten es einfach. Genauso kann es in dem so hocheskalierten Konflikt noch funktionieren: Man muss die Zweifel wegwischen, einfach loslegen. Dann klappt es auch wieder mit dem Miteinander – selbst wenn das bereits utopisch erscheint.

## Stufe 7: Bereitschaft, auch selbst Schaden zu nehmen, setzt ein

Haben Franz und Anita bislang noch danach getrachtet, den eigenen Standpunkt in diversen Fragen durchzusetzen, so geht es mittlerweile nur noch darum, den anderen zu besiegen. Selbst auf die Gefahr hin, sich auch dann nicht durchsetzen zu können. Fragt man die Konfliktparteien, um was es denn überhaupt in ihrer Auseinandersetzung geht, so erhält man von ihnen auf dieser Ebene lediglich Antworten wie „das tut nichts zur Sache". Möchte man vermittelnd fragen, was denn der andere tun könne, um die Beziehung von Spannung zu befreien, lautet die Antwort im besten Fall „gar nichts, das kann gar nicht mehr besser werden". Ab nun wird außerdem zumindest auch in Kauf genommen, selbst Schaden zu nehmen. Es werden kaum mehr Gedanken darauf verschwendet, welches menschliche Leid sogar vom Konflikt unbeteiligten Personen hier angetan wird – Kollateralschäden im gesamten System sind zunehmend die Folge.

Spätestens jetzt wird auch auf die eigenen Kinder keinerlei Rücksicht mehr genommen. Schließlich sind diese Personen der Schlüssel zu den Punkten, die den Konfliktgegner am meisten verletzen. Und der Konfliktgegner hat seine Lektionen zu lernen, so viel steht fest.

---

### Ausschnitt aus der Rückkehr zum Friedenspfad

Anita und Franz wurde seitens des Familiengerichts aufgetragen, sich über eine Mediation zu informieren. Es waren mittlerweile bereits mehrere Gerichtsverfahren zwischen den beiden anhängig: die Scheidungsklage, zu welcher in wechselseitigen Anschuldigungen mit wortgewaltigen Schriftsätzen und zahlreichen Zeugenaussagen jeweils kein gutes Haar aneinander gelassen wird. Daneben lief der Sorgerechtsstreit, an dessen Rande auch ein Vaterschaftsverfahren angestrengt worden war: Franz hatte plötzlich Zweifel daran angemeldet, der Vater der beiden Jungen zu sein. Weiterhin gab es auch noch einige Strafanzeigen: Gegenseitig erhobene Vorwürfe von häuslicher Gewalt, Stalking und gefährlicher Drohung standen da im Raum, wobei gegen Franz auch schon ein Annäherungsverbot an Anita und die Kinder verhängt worden war.

Der Mediator hat mit den beiden vor diesem Hintergrund schon für das Erstgespräch gesonderte Termine vereinbart und eingewilligt, dass jeweils die rechtsfreundliche Vertretung als Begleitung mitkommt. Das erste Aufeinandertreffen mit dem Mediator war dabei jeweils geprägt von hasserfüllten Beschreibungen der Schuld des anderen an der aktuellen Situation. „Sie können sich ja gar nicht vorstellen, was es bedeutet, nicht nur seine eigenen Kinder nicht mehr sehen zu dürfen, sondern vor denen als Monster hingestellt zu werden.", beginnt Franz etwa, als der Mediator die Sprache auf die Kinder bringt. „Gleichzeitig interessiert es niemanden, wie ich finanziell über die Runden kommen soll: Einerseits vernichtet mir dieser Trampel die ganze Existenz, andererseits hat sie mich zu Unterhaltszahlungen verdonnern lassen, die utopisch sind. Was wollen Sie da jetzt eigentlich noch machen? Das hat doch eh alles keinen Sinn, und die Gespräche hier kosten wieder nur Geld und bringen genau nichts." „Ja, das ist natürlich möglich, dass da nichts herauskommt. Spielen Sie eigentlich Lotto?", verblüfft der Mediator Franz. Dieser hat mit allem gerechnet, vor allem mit einem jener Beschwichtigungsversuche, die er bereits zu oft gehört hat und die er leid ist. Darauf hätte er sofort einige Antworten parat gehabt. Doch was war das jetzt? „Hm, nein.", antwortet er daher, gespannt darauf, was nun Lotto mit seiner Situation zu tun haben soll. „Nun, dann würde ich es Ihnen dringend empfehlen: Wenn Sie so genau wissen, was hier passieren kann in einer Mediation, dann sind Sie offenbar Experte für das, was die Zukunft bringt. Vielleicht können Sie dann ja auch voraussagen, welche Zahlen kommen?". Franz schaut den Mediator mit offenem Mund an. Er ist gerade nicht ganz sicher, ob er nun aufstehen und ihm eine knallen soll oder einfach hinausgehen oder doch zuhören soll, was da als Nächstes kommt. Der Mediator lächelt ihm sachte zu, beugt sich nach vorne und setzt mit betont ruhiger Stimme fort: „Aber jetzt Scherz beiseite: Sie haben da einen sehr schmerzhaften Weg hinter sich, der viele Verletzungen eingebracht und enorme Kraft gekostet hat. Vieles haben Sie probiert, und es wurde dennoch nur noch schlimmer. Was kann passieren, wenn Sie jetzt einen vollkommen anderen Weg ausprobieren, bei welchem ich Sie gerne begleite? Natürlich ohne dass Sie da auf Ihren Anwalt verzichten müssen, der Ihnen bis jetzt sehr gute Dienste geleistet hat." Im darauffolgenden Gespräch, das schon wesentlich ruhiger war, geht der Mediator Franz dabei zur Hand, für sich eine Übersicht zu schaffen: was es noch zu verlieren gäbe, wenn der bisherige Weg wie alles bisher schieflaufen sollte – und was es zu gewinnen gäbe, wenn mithilfe einer Mediation doch noch eine Trendumkehr bewirkt werden könnte. Nach einer kurzen Beratschlagung mit seinem Rechtsanwalt beschließt Franz schließlich, der Mediation eine Chance zu geben und nicht bloß die Bestätigung, das aufgetragene Informationsgespräch absolviert zu haben, mitzunehmen.

Auch das einige Stunden später stattfindende Erstgespräch mit Anita endet mit der Entscheidung, einen außergerichtlichen Weg zu probieren. Zwar ist Anita immer noch von der Überzeugung beseelt, Franz eine Lektion erteilen zu wollen, da er ansonsten einfach nicht begreifen könne, was er ihr angetan habe, doch auch sie erkennt die Chance, auf andere Art und Weise als bisher vielleicht eher in einem ersten Schritt zumindest weiteren Schaden verhindern zu können. Der erste Schritt ist getan, und es kann nun in weiteren getrennten Gesprächen begonnen werden, zu jedem einzelnen Thema Lösungen zu finden. Lösungen, die nicht von außen diktiert werden, sondern solche, die selbst verantwortet werden können. Für sich selbst, für die Kinder, für die Zukunft.

Mittlerweile hätte es keinen Sinn mehr, selbst einfach einzulenken bei den konfliktauslösenden und im Laufe des Prozesses hinzugekommenen konfliktbegleitenden Themen. Um die geht es nicht mehr. Es geht um das gesamthafte Besiegen des Konfliktgegners, losgelöst von jeder Sach- oder Situationsbezogenheit. Das Gegenüber hat seine Lektion zu lernen, koste es, was es wolle. Es ist nun vielleicht die letzte Chance, mittels Inanspruchnahme einer externen Hilfestellung Katastrophen abzuwenden.

## Stufe 8: Zerstörung wird zum alleinigen Ziel

Hass und Verachtung haben mittlerweile ein solches Ausmaß angenommen, dass nur noch ein Ziel gesehen werden kann: die Vernichtung des Konfliktgegners auf der wirtschaftlichen, seelischen oder schlussendlich auch der körperlichen Ebene. Es werden ab nun durchaus ernst zu nehmende Morddrohungen ausgesprochen, die keinesfalls abgetan werden sollten.

Der Konfliktgegner soll nicht nur besiegt werden, er soll an der weiteren Existenz in seinem Fühlen, Denken und Wahrnehmen gehindert werden. Er soll ein für alle Mal stellvertretend für alles Übel, das einem im Leben widerfahren ist und noch widerfahren könnte, ausgelöscht werden.

---

**Ausschnitt aus der Rückkehr zum Friedenspfad**

Franz hat alles verloren. Er wurde schuldig geschieden, hat sein Haus verloren, seine Kinder wollen ihn nicht mehr sehen, er wurde zu Unterhaltszahlungen verurteilt, die ihm nicht einmal genug Geld lassen, sein Auto zu behalten, welches er allerdings für die Arbeit braucht. Und vorbestraft ist er nun auch: Er habe Anita misshandelt. Er ist am Boden zerstört. Er sieht absolut keinen Ausweg mehr aus dem Loch, in das er da gefallen ist. Und wenn er jetzt daran denkt, dass Anita wohl immer noch nicht genug hat, kochen in ihm ohnmächtige Fantasien von Rache und Zerstörung auf. Er muss sie vernichten, will er nur irgendwie eine Chance haben, wieder glücklich zu werden in seinem Leben.

Umgekehrt ist Anita noch lange nicht fertig mit Franz. Ja, sie hat alles gewonnen mit Unterstützung ihrer Rechtsanwältin. „Ein Sieg auf voller Länge.", hatte ihre rechtsfreundliche Vertreterin über die Entscheidung der Berufungsinstanz gejubelt und versucht, in ihr ebenfalls Freude darüber zu wecken. Doch es stellte sich keine Freude ein. Im Gegenteil: Ihr Leben war ruiniert. Die haben ja alle keine Ahnung, wie es ist als alleinerziehende Mutter. Und er ist jetzt frei von allen Verpflichtungen, kann sich ein vollkommen neues Leben aufbauen. Als Dank dafür, dass sie ihm einmal vertraut hat. Ihm all die

Jahre den Rücken gestärkt hat. Das kann es doch nicht sein. Er muss weg, damit sie auch nur irgendeine Chance hat, wieder ein Lachen in ihr Leben zu lassen.

In New York wird man bemitleidet, wenn es nur ein Therapeut ist, den man regelmäßig aufsucht. In Mitteleuropa wird man hingegen schon schief angeschaut, wenn man das Wort auch nur in den Mund nimmt. Erst wenn ein Drama wieder in die Schlagzeilen der Tageszeitungen findet, Anita wirklich zum Revolver greift und Franz erschießt oder Franz seinerseits Anita niedermetzelt, flackert zu diesem Einzelfall kurz die Diskussion darüber auf, ob die US-Amerikaner da nicht vielleicht doch den besseren Zugang haben. Konflikte gerade im Familienverband, also in einem der intimsten Bereiche des Menschen, sollten eine Gelegenheit darstellen, darüber wieder einmal laut nachzudenken, ob es denn nicht sinnvoll wäre, dass sich Menschen nicht nur bei Ärzten, Installateuren und Mechanikern Hilfe holen, wenn sie Unterstützung brauchen, sondern auch zum Psychotherapeuten gehen, wenn etwa ein Schmerz, eine Trauer oder ein Verlust kaum mehr zu ertragen erscheint. Eigenverantwortung auch für psychische Symptome wie für die körperlichen einer Verkühlung – ganz ohne Gefahr einer sozialen Ächtung – wäre hier sehr hilfreich.

Anita und Franz haben zum Glück jeweils den Weg zu einem Psychotherapeuten gefunden. Und Anita hat zum Glück dabei auch an ihre Söhne gedacht: Auch diese bekommen Unterstützung. Spät, aber doch kann das der Grundstein dafür sein, den erlittenen Schmerz zu verarbeiten und damit wieder die Fähigkeit zu erlangen, Lösungen für die Zukunft zu suchen.

## Stufe 9: Sturz in den Abgrund

Am Abgrund stehend enden diese hocheskalierten Konflikte größtenteils in Mord- und Selbstmordschlagzeilen. Es geht um die absolute Vernichtung, es gibt keinerlei Hemmschwellen mehr. Viel zu häufig liest man über diese familiäre Eskalationsspirale in Artikeln in den Chronikseiten der Tageszeitungen. Hilfe kommt dann zu spät.

# Der Kampf um die Kinder

Es gibt unzählige Beispiele dafür, wie in der veranschaulichten Eskalation eines Partnerschaftskonfliktes die Bedürfnisse der Kinder auf der Strecke bleiben. Bereits in intakten Beziehungen zeigt es Auswirkungen, wenn Eltern es versäumen, mit Streit konstruktiv umzugehen.

Das liegt nicht daran, dass Kinder nicht wüssten, was Streit bedeutet. Oder dass sie allesamt Angst davor hätten. Wie denn auch: Es liegt vollkommen in der Natur auch der kindlichen Entwicklung, verschiedene Methoden zu entdecken und anzuwenden, im Konfliktfall den eigenen Wünschen zum Durchbruch zu verhelfen: im Kindergarten, in der Schule, auf dem Spielplatz, zu Hause mit den Geschwistern – scheinbar keine Gelegenheit wird ausgelassen, entsprechende Erfahrungen zu machen. Und Kinder durchlaufen hier in aller Regel einen der Evolution der Menschheit nachgebildeten Entwicklungsprozess: Der Kampf um die Sandschaufel in der Sandkiste ist meist noch geprägt von Flucht, die sich mangels schon ausreichend entwickelter Mobilität in einem von lautem Geschrei begleiteten Erstarren zeigt. Dem steht die unmissverständliche Bereitschaft gegenüber, dem Wunsch nach dem Spielzeug auch mit Handgreiflichkeiten zum Durchbruch zu verhelfen: Der Widersacher wird mit dem Objekt der Begierde geschlagen, erhält eine Portion Sand auf den Kopf oder wird einfach umgestoßen. Im Kindergartenalter kommen dann schon neue Fähigkeiten hinzu: Da wird die Kunst der Manipulation erprobt, indem etwa anderen Kindern im Wettstreit um einen Legostein suggeriert wird, sie wollten sich an dem eigenen Spiel in Form von Hilfsdiensten beteiligen. Und natürlich wird in Reinkultur die Anrufung einer unstrittigen Instanz geübt: Anwesende Erwachsene werden bei jeder aussichtslos erscheinenden Gelegenheit dazu aufgefordert, einzuschreiten. Nach und nach werden dann mit zunehmendem Alter auch die Fertigkeiten der Verhandlungsführung erprobt und weiterentwickelt: Mit dem Feilschen eröffnen sich die Möglichkeiten zu Kompromissen und, als Krönung der Entwicklung, auch zur Erreichung von Konsens.

Dass Streit zwischen den Eltern Kinder erschreckt, liegt also nicht daran, dass es den jungen heranwachsenden Menschen fremd wäre, dass auch schon einmal unterschiedliche Meinungen und Wünsche aufeinanderstoßen dürfen. Im Gegenteil hat das unter Umständen sogar etwas Beruhigendes für sie: Okay, auch Erwachsene zanken sich einmal. Was allerdings die verdutzten großen Augen hervorruft, mit denen ein Kleinkind es verfolgt, dass zwischen Mama und Papa so richtig die Fetzen fliegen, ist die Spannung, welche da schnell einmal im Raum entsteht. Kinder leben ja sehr stark im Moment, weshalb Konflikte da in den seltensten Fällen länger andauern. Deswegen ist es für sie dann schwer zu verarbeiten, wenn auch noch lange nach der vom Thema her meist unbegreiflichen Auseinandersetzung der Eltern eine Stimmung herrscht, die alles andere als Wohlbehagen auslöst. Das Kind empfindet diese Atmosphäre noch als viel bedrohlicher als Erwachsene. Was klar ist: Wer von Moment zu Moment lebt ohne ausgeprägtes Zeitgefühl und die Zuversicht, notfalls an einem anderen Ort Sicherheit und Wohlbehagen tanken zu können, für den wird dies rasch zu einer dunklen Wolke, welche den gesamten Horizont zu verdecken droht.

Gesteigert wird dieses Bedrohungsgefühl dann dadurch, dass Kinder häufig ins Zentrum elterlicher Zankerei geraten: Meinungsverschiedenheiten über Erziehungsmethoden und unterschiedliche Reaktionen auf die für die kindlichen Entwicklungsphasen typischen Symptome wie etwa Respektlosigkeit und Experimente der Verschleierung der Wahrheit sind da ja noch ganz gut verkraftbar. Das Kind kann die Reaktionen auf sein eigenes Verhalten erkennen und damit eine Zuordnung der Emotionen friktionsfrei vornehmen. Es ist zwar nicht angenehm, dass Mama und Papa sich darüber in die Haare bekommen, dass Papa eher strenge Worte und Mama eher tröstende findet, wenn einmal wieder nicht gehört wurde auf die ausgesprochenen Mahnungen und das Lieblingsspielzeug nun tatsächlich kaputtgegangen ist. Aber immerhin spiegelt das ja auch ein Stück weit die eigenen Gefühle dazu. Kinder neigen allerdings auch dazu, Streit der Eltern zu anderen Themen rasch auf sich zu beziehen: Auch der Streit um Geld, die Aufteilung der Aufgaben im Haushalt oder die Gestaltung der Freizeit, also um für ein Kind sehr abstrakte Angelegenheiten, führt dazu, dass das Kind spürt, dass jeder Mucks eine Explosion herbeiführen könnte. Was eine Suche des

Nachwuchses in sich selbst auslöst nach entsprechenden Anteilen daran, die ein Verstehen und damit ein Verarbeiten erleichtern würden. Ohne Erfolg. Was es dann schwierig macht. Was Ohnmacht auslöst. Eine Ohnmacht, die sich bei großer Häufung und Regelmäßigkeit ein Ventil sucht und in diversen Auffälligkeiten zutage tritt: Es wird das Konfliktverhalten der Eltern imitiert im Kindergarten, es kommt zu Verhaltensauffälligkeiten zwecks Erlangung der Aufmerksamkeit. In besonders schlimmen Fällen können auch Entwicklungsverzögerungen auftreten.

Besonders heftig wird es für Kinder, wenn regelrechter Krieg um seine Person tobt. Kurzfristig mag es ja angenehm sein, wenn die Elternteile in einen Wettstreit darüber eintreten, wer der nettere ist. Plötzlich gehen dann Sachen durch, die vorher unvorstellbar waren: Man darf länger aufbleiben, mehr naschen, coole Ausflüge machen. Plötzlich ist alles möglich. Selbst Regeln werden gegenseitig relativiert: Was Mama verbietet, geht bei Papa durch und umgekehrt. Alles nur, weil sich die beiden gegenseitig beweisen wollen, besser um einen zu sorgen. Was sich anhört wie ein kindliches Schlaraffenland, ist allerdings genau das Gegenteil: Einerseits bedarf es für die kindliche Entwicklung eines gewissen Rahmens, eines Zaunes aus Regeln, welcher nicht nur Einschränkungen darstellt, sondern auch Sicherheit gibt. Andererseits hat der zwischen den Eltern darüber regelmäßig ausgefochtene Streit tiefe Auswirkungen auf die Persönlichkeit: Da werden ja in den Worten, welche Mama und Papa sich an den Kopf knallen, im Grunde die Wünsche des Kindes, die von einer Seite erfüllt wurden, verteufelt und als unmöglich dargestellt in den drastischsten Ausschmückungen. Sind also die eigenen Wünsche schuld daran, dass die Eltern sich bekriegen? Ist man mit seinen Bedürfnissen selbst dafür verantwortlich, dass die kleine heile Welt der eigenen Familie zusammenbricht? Ist man der Auslöser dafür, dass bei weiterer Eskalation nur noch einer von den beiden bei einem zu Hause greifbar ist? In den meisten aus einem Rosenkrieg heraus zu Scheidungswaisen gemachten Kindern sind Angst und Selbstvorwürfe ständige Begleiter. Begleiter, die tiefe Spuren in der noch jungen Seele hinterlassen. Mit starker Tendenz dazu, es wieder gutmachen zu wollen, was sie doch gar nicht zu verantworten haben. Und einer Bereitschaft, alles dafür zu unternehmen, dass nicht auch noch der im eigenen Haushalt für Alltagsaufgaben verbleibende Elternteil Reißaus vor einem nimmt.

Die nachfolgenden beispielhaften Geschichten sollen dabei helfen, sich ein wenig in die verschiedenen Situationen hineinzuversetzen. Es wird dabei offensichtlich, dass aus der Perspektive der heranwachsenden jungen Menschen die Gesellschaft gefordert ist, den betroffenen zerrütteten Familien Unterstützung zu geben. Ihnen dabei zu helfen, das Kindeswohl nicht weiterhin zum politischen Schlagwort verkommen zu lassen. Auch wenn es in einer Paarbeziehung kriselt, auch wenn eine Trennung unausweichlich scheint: Den Kindern hat man weiter den elterlichen Schutz zu gewähren. Es muss ins Bewusstsein zurückgeholt werden, dass trotz all der einander zugefügten Verletzungen ein wohl auch weiterhin unverändert bestehendes gemeinsames Interesse besteht, welches das Paar in einem gemeinsamen Boot sitzen lässt: Es wird von keinem der beiden ernsthaft bestritten werden können, dass es ein Anliegen bleibt, dass es den eigenen Kindern gut geht. Es ist dabei zu veranschaulichen, dass jeder Versuch, auf der Seite des anderen das Boot Leck zu schlagen, zwangsläufig zum Sinken auch der eigenen Seite führen wird, und es damit erheblich erschwert, den Wünschen für das Kind gerecht zu werden. Ohne Druck von außen, entsprechende Hilfestellungen anzunehmen, wird dies allerdings vor allem bei bereits aufkochenden Konflikten nur schwer gelingen. Dieser Druck hat bei aller Wertschätzung für die Selbstbestimmtheit auch von Eltern aus der Gesellschaft zu kommen. Einer Gesellschaft, die im mitteleuropäischen Raum leider noch fixiert darauf zu sein scheint, die Bedürfnisse von Kindern übersehend in den Paarkonflikt eingreifen zu wollen in Form eines Retters: auf diese Weise wird allerdings – aus falsch verstandenem Gerechtigkeitssinn und daher ohne böse Absicht – lediglich das zerstrittene Paar durch die Zuschreibung einer Opfer- und einer Täterrolle noch weiter auseinandergetrieben. Und die Kinder bleiben ebenso wie Väter und Mütter, die ihren Aufgaben eigentlich gerecht werden wollen und dazu keinen Weg mehr sehen, auf der Strecke. Um sie tobt der Kampf mit unverminderter Härte.

## Wenn ein vermeintlicher Sieg im Rosenkrieg zum Verlust für alle wird

Kurt sitzt in seinem Stammlokal an einem Tisch im hintersten Winkel. In der Luft liegt diese einzigartige Mischung aus dem Geruch frischgemahlener Kaffeebohnen, erkaltetem Fett, welches im Laufe des Tages offenbar gute Dienste geleistet hat zum Herausbraten der als Mittagsmenü angebotenen Wiener Schnitzel, und der unvergleichlichen Note, die von der mittlerweile in die Tage gekommenen Einrichtung herrührt. Es ist still. Die letzten anderen Gäste haben bereits ihre Zeche bezahlt, sodass deren angeregte Gespräche nicht mehr dafür herhalten können, ein wenig Ablenkung zu bieten. Ablenkung von dem Wirrwarr an Gedanken und Gefühlen, vor denen Kurt eigentlich flüchten wollte. So sitzt er nun da. Das dunkle Sakko auf den Sessel neben sich geworfen, die Krawatte zusammengerollt auf dem Tisch deponiert und die obersten Knöpfe des ungewohnten weißen Hemdes geöffnet. Vor Kurt steht seit einer halben Stunde das Bier, das er sich bestellt hat. Unberührt. Die Schaumkrone ist schon lange zusammengefallen. Aus verquollenen Augen ist Kurts Blick ins Leere gerichtet. Nun, es sieht nur so aus, als würde er ins Leere starren: eigentlich hat er viele Bilder vor sich; Bilder aus der Vergangenheit und jene, die für die Zukunft von seinen Träumen, aber auch von seinen Ängsten geformt werden. Die mit den Farben der Hoffnung gemalten Bilder sind dabei jedoch sehr blass, und Kurt muss seine letzte Kraft zusammenkratzen, wenn er sie noch erkennen möchte.

Es sind zwei Frauen, die er da vor seinem geistigen Auge sieht: seine zwölfjährige Prinzessin Anna, die er von Herzen liebt und mit der er so viele tolle Erlebnisse haben durfte – das erste Mal baden gleich im Kreißsaal, die ersten Löffeln Brei, die ersten Schritte an seiner Hand, das erste Mal „Papa" aus ihrem Mund, die ersten Schwimmstunden, der erste Tag im Kindergarten … Und Sonja, jene Frau, von der er einst glaubte, mit ihr alt werden zu können. Eigentlich dachte er, er würde eines fernen Tages mit ihr weißhaarig auf einer Parkbank sitzen, händchenhaltend und über die gemeinsamen Erlebnisse lachend.

Doch dann kam dieser Tag, an dem er wusste, dass sie es auch so gemeint hat, als sie immer wieder sagte, es gehe so nicht weiter. Er fühlt immer noch, wie er gleichsam ins Bodenlose stürzt, wenn er daran denkt, wie schlimm diese Stille war, als er an jenem Freitagabend von der Arbeit kommend den Wohnungsschlüssel umdrehte und ihm weder der Geruch frisch zubereiteten Essens entgegen kam, noch das freudige Trippeln der ihm entgegenlaufenden Anna zu hören war. Sie war weg und hatte Anna mitgenommen. Auch alle Schränke waren leer, und im Kinderzimmer konnte er nur noch auf die kahlen Wände sehen.

Kurt schreckt hoch. Eine mahnende Stimme drängt sich, in strenger werdendem Tonfall in seine Gedanken. Eine Stimme, die ihm bekannt vorkommt, aber irgendwie nichts zu tun haben dürfte mit dem Bild, das er da gerade vor sich hat. „Könnten Sie bitte austrinken und zahlen?".

Was war nur passiert? Hatte er nicht immer alles gegeben? Wieso durfte er nun nicht einmal mehr seine Tochter sehen? „Es bricht mir beim Gedanken daran, dass Anna alleine bei dir sein muss, vor Sorge das Herz", hört er ihre Stimme noch sagen, als der Richter fragte, ob es denn eine einvernehmliche Regelung des Umgangs geben könne. „Außerdem will Anna eh auch nicht zu ihm, ich kann sie ja nicht zwingen." Anna will nicht mehr zu ihm? Zu ihrem Papa? Aber er war doch immer ihr Idol, sie braucht ihn doch! Und dann hat der Richter etwas erzählt von Gutachten, Anhörung seiner Kleinen und verschiedenen Paragrafen. Vielleicht waren es ja auch die Paragrafen, die alles schlimmer gemacht haben: seit er damals im Scheidungsprozess auf seinen Anwalt gehört hatte, der ihm mit einigen ihm unverständlichen Präzedenzfällen zum vermeintlichen Sieg verholfen hat wegen „böswilligen Verlassens der ehelichen Gemeinschaft" oder so, ist ja alles erst so richtig losgegangen.

Weiterführende Gedanken

So wie Kurt geht es in diesem Moment, in dem Sie diese Zeilen lesen, allein im deutschsprachigen Raum Abertausenden von Männern. Vätern, die sich rechtlos sehen, absolut ohnmächtig und irgendwo zwischen Resignation und Kampfeslust taumeln. Gleichzeitig sitzen ebenso viele Frauen bei ihren Kindern: mit der ab und an durchbrechenden unbewussten Gewissheit, dass die Kinder doch auch den Papa brauchen; gleichzeitig aber vom Umfeld darin bestärkt, dass es die mütterliche Pflicht sei, für das gemeinsame Kind einen Abwehrkampf gegen den Mann zu führen, mit dem der eigene Traum vom Familienglück unmöglich geworden war. Frei nach dem Motto: Wie soll er für das Kind gut sein, wenn er für sie nicht gut ist? Und schließlich darf nicht vergessen werden, auf die vielen, vielen Tausend Kinder hinzuweisen, die statt der Sicherheit und Geborgenheit, die sie dringend brauchen, um all ihre Talente im Heranwachsen entfalten zu können, die für ein Kinderherz unlösbare Fragestellung in das Zentrum ihres Lebens geworfen bekommen, ob sie denn Mama und Papa weiterhin brauchen und lieben dürfen, so wie sie es eigentlich wollen – oder ob es Mama vielleicht weh tut, wenn sie Papa weiterhin lieben und das auch zugeben.

## Die verstoßenen Kinder

Thomas und Anja kommen von einem erholsamen Urlaub zurück. Sie haben noch den salzigen Geruch der Meeresbrise in der Nase, und auf ihrer dunkelgebräunten Haut schimmert der ölige Film der Pflegelotion. Dass dennoch eine Spannung in der Luft liegt, als sie das Haus wieder betreten, schreiben sie dem Umstand zu, dass nun wieder die Strapazen des Alltages vor ihnen liegen. Auch die Kinder sind aufgekratzt. Wahrscheinlich weil die Heimreise doch etwas strapaziös war. Es ist schon spät. Die Koffer werden daher im Vorraum stehengelassen, auch auf das Durchsehen der Post wird verzichtet. Einfach nur noch ins Bad und danach ins Bett. Ohne viele Worte zu wechseln, schlafen alle bald ein. Nur Anja braucht heute länger mit dem Einschlafen. Sie ist aufgekratzt.

Am nächsten Morgen beschließt Anja, dass ein ausgiebiges Frühstück der Familie gut täte. Sie packt daher die Kinder zusammen, um vom Bäcker frische Backwaren und Milch für den Kaffee zu holen. Als sie eine halbe Stunde später gutgelaunt nach Hause kommt, soll jedoch mit einem Schlag alles anders sein: Thomas fordert sie auf, umgehend das Haus zu verlassen. Er will sie nicht mehr sehen. Und auch die Kinder solle sie mitnehmen. Tränen fließen, die Kinder sind vollkommen verschreckt, und Anja versteht die Welt nicht mehr. Auch wenn Thomas in einer Lautstärke brüllt, die wahrscheinlich der gesamten Ortschaft erlaubt, mitzuhören, hat Anja Probleme damit, zu verstehen, was Thomas da sagt. Es ist für sie geradezu surreal, was da gerade passiert. Und sie hat Angst. Die Kinder sind inzwischen auf ihre Zimmer gelaufen. Eine gefühlte Ewigkeit dauert es, bevor Anja aus ihrer Schockstarre heraus nachfragen kann, was denn los sei. Doch jede Frage, jeder Versuch, die Situation zu beruhigen, lässt Thomas nur noch entschiedener werden. Schließlich knallt er mit hochrotem Kopf die Haustür hinter sich zu und verschwindet; nicht ohne ein Ultimatum zu hinterlassen: Wenn er wiederkommt, möchte er sie und die Kinder nicht mehr sehen.

Was passiert war, erfährt Anja erst einige Tage später. Sie ist mit den Kindern vorläufig bei ihren Eltern untergekommen. Die waren ja nicht wirklich begeistert und redeten ununterbrochen auf sie ein, sie solle doch an die Kinder denken und das wieder in Ordnung bringen. Aber wie? Und was überhaupt? Thomas verweigerte jede Kommunikation, und auch die gemeinsamen Freunde wollten plötzlich nichts mehr von ihr wissen. Selbst Andreas, mit dem und dessen Familie sie wie jedes Jahr den Urlaub gemeinsam verbracht hatten, war nicht erreichbar. Und nun kommt der Brief eines Rechtsanwaltes: Da ist von Ehenichtigkeitsklage die Rede, vom Haus, vom Auto, von Bestreitung der Vaterschaft und, ja, endlich bekommt Anja die Begründung. Und sie bricht zusammen, als sie diese liest: Thomas hatte ihr eine Freude bereiten wollen. Er wollte, während sie mit den Kindern zum Bäcker gefahren ist, entgegen seinen Gewohnheiten die Urlaubswäsche erledigen. Und ist dabei in ihrem Koffer auf ein ihm bislang unbekanntes Handy gestoßen. Nachdem er dachte, dies könnte vielleicht das Handy von ihrem gemeinsamen Freund Andreas sein, der ja öfters bei ihnen im Hotelzimmer war, stöberte er in den Inhalten, um zu eruieren, ob er mit seiner Vermutung richtig liegt. Dabei war er aber auf eine Wahrheit gestoßen, welche alles infrage stellte: Da waren Fotos von seiner Frau mit Andreas; da waren Chatverläufe, die ein bereits viele Jahre andauerndes Verhältnis der beiden belegten. Anjas geheimes Zweithandy.

Anja ist verzweifelt. Alles würde sie geben dafür, dieses Verhältnis ungeschehen zu machen. Es war eigentlich nie geplant, das mit Andreas. Es ist passiert. Auch wenn es irgendwie gut getan hat, da sie dort Anerkennung und

Aufmerksamkeit bekam, zu welcher Thomas nie wirklich bereit war – ihr Herz hat immer Thomas gehört. Andreas kann doch gar kein Ersatz sein für Thomas, das war für sie immer klar. Bereits unzählige Male hat sie versucht, diese Doppelgleisigkeit einzustellen. Doch immer genau in diesen Momenten war Thomas dann wieder so kalt zu ihr. Wieso nur hat sie das nicht durchgezogen? Und was soll jetzt mit ihr und den Kindern weiter geschehen? Dass er auf sie sauer ist, kann sie ja noch verstehen. Aber wie kann er das nur den Kindern antun? Und wie soll sie es schaffen, den Kindern all das zu bieten, was für sie Selbstverständlichkeit war; wie ihnen den Vater ersetzen?

---

**Weiterführende Gedanken**

Es sind oft Zufälle wie in diesem Fall, die einen meist bereits seit Jahren schwelenden Konflikt zum Ausbruch bringen. Seitensprünge und Verhältnisse sind dabei schon lange nicht mehr Männern vorbehalten, auch Frauen suchen sich immer häufiger Alternativen, wenn ihre Bedürfnisse in einer Partnerschaft nicht ausreichend Platz zu haben scheinen. Situationen wie diese finden dann, begünstigt durch das vom Gesetzgeber mit dafür vorgesehenen speziellen Rechtsfolgen verstärkte Opfergefühl beim betrogenen Teil, oftmals vor Gericht eine große Bühne. An sich ist ja eine Trennung nichts Schlimmes, hat doch schon das Josephinische Ehepatent 1783 auf Grundlage eines Gutachtens von Hofrat Heinke erkannt, dass „das Recht der Natur die Trennung jeder vollzogenen Ehe aus der Wesenheit der Handlung erlaubet, weil jeder Vertrag entweder durch beiderseitige Einwilligung oder wegen Verletzung desselben von einem Theile aufgehoben werden kann."

Dass eine solche Trennung allerdings im Falle, dass Kinder aus der Beziehung hervorgekommen sind, auch für diese weitreichende Folgen hat, wird nicht ausreichend aufgegriffen. Zwar hat der Gesetzgeber bereits eine Definition des Kindeswohls aufgenommen in die Rechtsordnung, die Idee der praktischen Umsetzung scheint aber irgendwie in den Kinderschuhen zu stecken. So ist es faktisch kein Einzelfall, dass Kinder nach einer gescheiterten Paarbeziehung von einem Elternteil verstoßen werden, ohne dass ausreichende Vorkehrungen getroffen werden, die partnerschaftliche Verantwortung als Eltern wieder aufzubauen. Kindeswohl wird solchermaßen zum dogmatischen Lippenbekenntnis degradiert.

## Wenn der neue Partner des Ex zur Bewährungsprobe wird

Franz sitzt auf einem dieser hellbraunen Sessel, die durch eine eiserne Konstruktion zusammengehalten die eine Seite des kühl wirkenden Ganges zieren. Unbequem. Hart. Und dass man den Sessel nicht wenigstens ein wenig verrutschen kann, um besser sitzen zu können, macht ihn verrückt. Überhaupt verspürt er gerade den inneren Zwang, einfach davonzulaufen. Es liegt dieses Gemisch aus einem penetrant riechenden Reinigungsmittel, angerösteten Zwiebeln und einem nicht identifizierbaren Geruch, der auf den meisten Ämtern anzutreffen ist, in der Luft. Die erdrückende Stille wird nur unterbrochen vom Ticken des Sekundenzeigers der an den Charme der 70er-Jahre des vorigen Jahrhunderts erinnernden Uhr, welche am Ende des Ganges hängt. Gedankenverloren versucht er, sich abzulenken mit der

Lektüre einer dieser Broschüren, die da auf dem Tischchen neben der Sesselreihe liegen. Auch wenn das merkwürdig dumpfe Licht das Lesen nicht unbedingt erleichtert, kann er doch den Text entziffern.

Doch was er da liest, beruhigt nicht wirklich: Da steht etwas über Kommunikationstipps, über Besuchscafés, über Selbsthilfegruppen für alleinerziehende Mütter. Er kann hier nichts erkennen, was ihm das Gefühl von Angst, Ohnmacht und Wut nehmen kann. Franz dreht es halb den Magen um, als er vom Ende des Ganges Schritte näherkommen hört. Er hält sich so krampfhaft fest an der Aktenmappe, die er auf seinem Schoß abgelegt hat, dass er das Pochen des Blutes in den Fingergliedern spürt. Als zwei Personen um die Ecke biegen, verspürt er wenigstens die Gewissheit, Helenes Gang noch zu erkennen: Die Mutter seiner beiden Söhne, mit der er eigentlich einmal gedacht hat, glücklich sein zu können, bog mit ihrer ihm schon bekannten Rechtsanwältin um die Ecke. Die beiden Damen verstummen beim Anblick von Franz, der sich im Moment, wo sich sein Blick mit jenem Helenes trifft, kurz die Frage stellt, ob es die ungewohnte Krawatte ist, die seinen Hals so zuschnürt. Nach dem Austausch eines flüchtigen „Hallo" ziehen sich die beiden Frauen in eine Ecke zurück. Kurz bevor aus dem Lautsprecher ein knisterndes „Pflegschaftssache" mit anschließender Nennung des Familiennamens ertönt, kommt doch noch der Anwalt von Franz. „Endlich jemand, der mir hier hilft", fährt es durch den Kopf des bereits jetzt verschwitzten Mannes.

Es geht wieder einmal darum, dass Franz seine Kinder sehen möchte. Er ist es leid, schon wieder lediglich den Zahlvater spielen zu dürfen. Seit mittlerweile drei Monaten unterbindet Helene jeden Kontakt zu den beiden. Dabei war doch alles schon viel besser gelaufen: Schon wenige Monate nach der Scheidung hatten sie es geschafft, den Jungen zuliebe eine Lösung zu finden, bei welcher diese nicht nur alle zwei Wochenenden den Vater besuchen durften. Helene hatte erkannt, dass es auch ihr gut tut, mal Zeit für sich zu haben – was ihr ja in der intakten Beziehung auch immer wichtig gewesen war. So war es kein Problem, dass die Jungen auch mal die ganze Woche bei ihm waren. Er hatte sogar extra für diese Zwecke eine größere Wohnung in der Nähe der Schule der beiden genommen, in der er seinen Kindern auch den Komfort eines eigenen Zimmers bieten konnte. Ein Homeoffice hatte er eingerichtet, damit er trotz Berufstätigkeit zeitlich flexibel genug war für die Betreuung. Finanziell ein Wahnsinn, da er sich dieses Zugeständnis erkaufen musste mit einem Verzicht auf einen Herabsetzungsantrag für die Alimente, die er so ebenfalls in voller Höhe zu entrichten hatte. Aber für die Jungen war es optimal, und man konnte richtig dabei zusehen, wie sie sich vom Schock der Trennung der Eltern erholten.

Bis er es wagte, eine neue Beziehung einzugehen. Bereits der ersten Begegnung seiner Freundin mit seinen Kindern war wenige Minuten nach deren Übergabe an Helene ein wütender Anruf gefolgt: was er sich erlaube. Wie er zulassen könne, dass eine andere Frau sich als Mutter aufspiele. Ob er sich bewusst sei, was er den Kindern damit antue. Dass die beiden zukünftig nur noch zu ihm kämen, wenn die Neue nicht da sei. Franz hatte das damals schon überhaupt nicht verstehen können und daher auch nicht weiter ernst genommen. Immerhin hatte er die Bekanntmachung seiner Freundin mit seinen Söhnen sehr behutsam vorgenommen und größten Wert darauf gelegt, klarzustellen, dass sich für die beiden nichts ändern werde. Sehr bald stellte sich aber heraus, dass Franz es lieber nicht auf die leichte Schulter hätte nehmen sollen, was Helene da angedroht hatte. Denn nicht nur, dass die Jungen tatsächlich nicht mehr kamen, interessierte sich auch das Jugendamt plötzlich für angebliche Vorfälle zwischen seiner neuen Freundin und seinen Kindern.

---

**Weiterführende Gedanken**

Auch wenn Patchworkfamilien mittlerweile weitverbreitete Realität sind, so stellt das Hinzukommen eines neuen Partners doch immer wieder eine besondere Herausforderung dar. Alte Wunden aus der Trennungszeit brechen auf, der einstige Traum von der glücklichen Familie scheint ein zweites Mal zu sterben. Diese Zeit stellt in vielen Fällen eine harte Bewährungsprobe für getroffene Betreuungsregeln dar und fordert damit die betroffenen Kinder in mehrfacher Hinsicht: Einerseits gilt es, die in den Familienverband hinzutretende Person kennenzulernen. Andererseits besteht die Gefahr des neuerlichen Aufflammens unzureichend bearbeiteter Konflikte aus der Trennungszeit der Eltern, in deren Zentrum sie rasch wieder hineingezogen werden können. Das Spiel beginnt von vorne, erweitert um eine weitere Person.

---

## Mit den Augen eines betroffenen Kindes betrachtet

Maria sitzt vor einem weißen Blatt Papier. Rechts davon warten in einer Schachtel liegend fein säuberlich sortiert frisch gespitzte Buntstifte darauf, von ihr verwendet zu werden. Sie schaut aus dem Fenster. Es regnet. Ja, das Wetter passt irgendwie, denn sie ist auch traurig. Ja, eigentlich zeichnet sie ja sehr gerne. Papa hat sie immer wieder Werke fürs Büro geschenkt. Und Mama hat auf der Kühlschranktür eine Kunstgalerie eröffnet mit ihren neuesten Bildern. Meistens waren es Bilder von ihren gemeinsamen Ausflügen. Sich selbst hat sie da immer in die Mitte zwischen Mama und Papa gezeichnet. Im Familienpark, im Schwimmbad, am Meer oder im Museum. Das war irgendwie logisch, dass die beiden da waren. Gut, Papa ist oft erst spät nach Hause gekommen. Aber sie hat immer versucht, so lange wach zu bleiben, weil sie ihm noch erzählen wollte, was sie Neues erlebt hat. In letzter Zeit hat sie dann oft gehört, dass Mama geweint hat. Und wenn Papa endlich die Haustür aufgesperrt hat und sie schon aufspringen wollte, um ihm entgegenzulaufen, hat sie dann immer öfter gehört, dass Mama und Papa ganz böse miteinander geredet haben. Sie ist dann lieber nicht aus ihrem Zimmer gegangen. Und hat dann oft gar nicht gut schlafen können. Manchmal ist Papa auch gar nicht nach Hause gekommen. Das war dann immer ganz komisch, wenn sie in der Früh ins große Bett zu den beiden wollte und die Seite von Papa leer war. Mama war dann immer ganz komisch, wenn sie gefragt hat, wo Papa ist. Einmal hat sie sogar geschimpft, dass sie das nichts angehe und sie nicht so blöd fragen solle. Und hat dann geweint und ihr ein großes Eis gekauft, weil es ihr leidgetan hat, dass sie mit ihr geschimpft hat.

Maria schaut wieder auf das Blatt. Die Frau hat gesagt, sie soll ein Bild malen von zu Hause. Mit beiden Händen zieht sie die Buntstifte zu sich und nimmt einen heraus. Nein, den doch nicht. Sie schaukelt mit ihren Beinen, nimmt dann nach einigem Überlegen den schwarzen Stift und beginnt zu zeichnen. Papa hat immer mit ihr geübt, Elefanten zu zeichnen. Lustige kleine Elefanten. Mama hat dann immer lachen müssen. Vielleicht gelingt es ihr, so einen Elefanten zu zeichnen. Ach, das ist blöd, dass Papa nicht da ist. Obwohl, wenn Papa da wäre, dann müsste Mama wieder weinen. So wie beim letzten Mal, als sie mit Papa den Ausflug gemacht hat und dann erzählt hat, wie toll es war. Eigentlich wollte sie nur, dass sie das beim nächsten Mal wieder alle miteinander machen, und da hat Mama dann zu weinen angefangen. Das hat sie ganz traurig gemacht. Und dann hat auch sie weinen müssen. Nein, Papa soll lieber doch nicht da sein. Das ist nicht gut für Mama. Weil Mama dann sonst vielleicht auch weg ist. Nein, sie muss auf Mama aufpassen. Mama sagt ja auch immer, dass sie das alles nicht schaffen würde, wenn es sie nicht gäbe.

Sie streicht den angefangenen Elefanten ganz oft durch, damit man ihn nicht mehr sieht.

---

### Weiterführende Gedanken

Einfach schrecklich. So wie Maria werden Kinder im Zuge von Betreuungsstreitigkeiten immer wieder von Psychologen begutachtet, um aus ihrer Expertise heraus den Familiengerichten Empfehlungen zu geben, wie zwischen den Elternteilen zu entscheiden ist. Welcher der Vorstellungen zur Betreuung des Kindes nach einer Trennung Recht gegeben werden soll. Kinderrechte bekommen gerade dann, wenn das Leben der Erwachsenen kompliziert wird und die Ebene als Paar zerbricht, eine besondere Bedeutung. Es reicht allerdings nicht, wenn in Paragrafen formuliert, von Experten begutachtet und von Richtern geurteilt wird, was Kindern selbstverständlich zu bieten ist: Gewaltfreiheit, Bedürfnisorientierung, Geborgenheit, altersgerechte Förderung, Sicherheit und dergleichen. Es ist auch wenig sinnvoll, darüber zu diskutieren, ob die Familiengerichte und Jugendämter die UN-Kinderrechtskonvention direkt zu berücksichtigen und zu vollziehen hätten. Oder welches Modell der Betreuung – getrennt oder gemeinsam – nun Standard sein soll. Verantwortung dafür, dass Eltern, die in ihrer Beziehung als Liebespaar gescheitert sind, dennoch eine gemeinsame Elternebene zustandebringen und damit den theoretischen Begriff des Kindeswohles mit Leben befüllen, tragen eigentlich immer die Eltern selbst. Auch nach einer Scheidung. Sieht es so aus, als würden sie es aus verständlicher Emotion im Zuge der Scheidungswehen heraus oder auch lange danach nicht schaffen, so darf die Verantwortung für die angezeigte Hilfe und Unterstützung dieser wankenden Familie nicht allein auf die Gerichte abschoben werden: Der auf den Kindern lastende Druck wird dadurch nicht vermindert. Es gilt, Wege zu finden, Kindern auch in diesen herausfordernden Phasen die altersentsprechende Unbeschwertheit zurückzugeben, und dazu bedarf es eines Einwirkens auf die Eltern bei gleichzeitiger Unterstützung derselben, die elterliche Verantwortung auch weiterhin gemeinsam zu tragen. Damit Kindern wie Maria es erspart bleibt, ihr kindliches Herz anzufüllen mit Zweifel, Sorgen und auch Verantwortung, die dort den Platz nicht versperren sollten für eigene Erlebnisse.

## Der eingestellte Kontakt

Albert ist wieder vollkommen entnervt. Aus den Boxen dröhnt zum wiederholten Male Christina Stürmers „Ist mir egal" in Endlosschleife, und er singt lauter mit, als es seine

Stimme eigentlich erlaubt, während er versucht, die für die kurvenreiche Strecke erforderliche Konzentration auf die Straße zu wahren. Er hat gerade wieder seine Tochter zu ihrer Mutter zurückgebracht. Was kein leichtes Unterfangen für beide war: Seit einiger Zeit hat seine Tochter nämlich immer, wenn er nach einem abenteuerreichen und von wohliger Nähe mit viel Lachen und Lebensfreude geprägten Besuchswochenende ankündigt hat, dass sie jetzt schön langsam zusammenpacken werden, um sie wieder zu ihrer Mama zu bringen, unübersehbare Reaktionen gezeigt. Weinen, Hustenanfälle, Erbrechen, Kopfschmerzen. Aus dem Nichts heraus. Einfach schlimm, das mit ansehen zu müssen. Wenn er mit seiner Exfrau darüber reden wollte, erhielt er nur Vorwürfe: was er denn aufführe mit ihr, ob er denn nicht auf sie Rücksicht nehmen könne. Dass es doch eigentlich umgekehrt so sei, weil sie immer alle Hände voll zu tun hätte damit, die Kleine davon zu überzeugen, überhaupt mit ihm mitzufahren an den Wochenenden, an denen sie nicht ohnehin zu krank sei für das Besuchsrecht. Gespräche waren ja überhaupt so eine Sache: Es passierte immer alles zwischen Tür und Angel. Albert kam sich bei den Übergaben seiner Tochter schon fast vor wie ein Bote, welcher ein Paket abzuholen oder zuzustellen hat – wobei wahrscheinlich sogar dieser besser behandelt wird. Nein, er wird das seiner Tochter und sich selbst nicht mehr antun. Diesen Telefonterror vor den Besuchswochenenden mit elendslangen Bedingungen und Forderungen. Diese Ungewissheit, ob nicht wieder kurzfristig abgesagt wird. Diese telefonischen Schimpftiraden jeweils wenige Minuten nach der Rückbringung der Tochter nach einem der seltenen Wochenenden. Nein. Damit kommt vielleicht auch seine Tochter mal zur Ruhe und erspart es sich, das unerträgliche Hickhack der

Eltern um ihre Person miterleben zu müssen. Und er erspart nicht nur sich, sondern auch seiner neuen Lebenspartnerin diese ständigen Anfeindungen der Exfrau.

---

**Weiterführende Gedanken**

Paradoxerweise haben Studien in Deutschland gezeigt, dass gerade jene Väter, die vor einer Scheidung eine sehr aktive Vaterrolle gelebt haben, eine unglückliche Beziehungsentwicklung zum Kind nach der Trennung aufweisen. Das lässt sich einerseits damit erklären, dass die Vater-Kind-Beziehung dann von den Müttern als Gelegenheit gesehen werden kann, Rachegedanken an einer für den Exmann besonders schmerzhaften Stelle auszuleben; andererseits empfindet der Vater die Herauslösung des Kindes aus seinem Alltag als Identitätsverlust und ist nicht imstande, langfristig eine andere Form der Verarbeitung vorzunehmen: Er wird in seinem Bemühen der weiteren Entsprechung seiner Vorstellung von Vaterschaft desillusioniert und entmutigt.

---

Es gäbe noch unzählige weitere Beispiele, in denen spürbar wird, welches Leid die einzelnen Familienmitglieder nach einer Trennung zu ertragen haben. Geschichten, welche sich zuhauf in gleicher oder ähnlicher Form vielleicht auch im eigenen Bekannten- oder Freundeskreis abspielen. Und immer sind es die Kinder, die hier besonders zu leiden haben. Nicht immer gut sichtbar – vielleicht weil man es nicht wahrhaben will. Auch nicht immer mit sofortigen Auswirkungen im Verhalten. Allerdings nie ohne Spuren in der Persönlichkeitsentwicklung.

# Die Rolle der Gesellschaft

Was macht es eigentlich so schwer, dass Eltern auch nach der Erkenntnis, das Band der Partnerschaft lösen zu wollen, die elterliche Verantwortung weiterhin ungeschmälert wahrzunehmen? Welcher Teufel reitet hier Menschen, eigene Verletzungen noch Jahre später am Rücken der Kinder ausleben zu wollen und allen wissenschaftlichen Erkenntnissen zum Trotz ein Konfliktverhalten vorzuleben, das darauf bedacht ist, dem ehemals an der eigenen Seite gestandenen Menschen Schaden zuzufügen? Was geht hier in einem Kind vor, dessen erste Bezugspersonen, über die es sich identifiziert hat während der ersten Lebensjahre und zu denen es Urvertrauen aufgebaut hat in unnachahmlicher Liebe, einander nur noch Prügel vor die Füße werfen und es nicht einmal schaffen, zu den eigenen Highlights wie der Geburtstagsfeier einfach für es da zu sein?

Hier gibt es unzählige Gründe. Sie sind, wie bereits in einem groben Überblick aus Sicht der Konfliktdynamik dargestellt, von Fall zu Fall unterschiedlich; so vielfältig, wie auch die Persönlichkeiten es sind. Die Palette reicht von nicht verarbeiteter Trauerarbeit eines verlassenen Menschen über Zukunfts- und Existenzängste sowie Rachegefühle bis hin zu eigentlich stellvertretend für Freundinnen und Freunde geführte Feldzüge. Auch die Vielzahl an Themen, zu denen es gilt, eine Regelung zu finden, erschlägt viele förmlich: Das eheliche Gebrauchsvermögen ist aufzuteilen – samt einer Klärung von Fragen, die man sich davor niemals gestellt hatte in aufrechter Beziehung, wie etwa zum weiteren Verbleib der Familienkutsche, die von der Schwiegermutter spendiert worden war. Es ist die zukünftige

Wohnsituation zu klären einschließlich der Frage, wer denn nun auszieht und wer die allenfalls noch laufenden Hypothekarkredite begleicht. Gegenseitige Unterhaltsansprüche und allenfalls auch Mitversicherungsansprüche in der Krankenversicherung sind zu klären mit Auswirkungen bis hinein ins Pensionsalter, und vieles mehr.

Und das alles in einer zumeist emotional hoch angespannten Situation mit vielen Einflüsterern und einem starken Drang nach Gerechtigkeit: Immerhin kann jetzt ein kleiner Fehler darüber entscheiden, wie schwer es sein wird, wieder auf eigenen Beinen stehend neu anzufangen. Ja, und dann gibt's da ja auch noch die Kinder, hier ist auch noch zu klären, wie das mit deren Betreuung weiter aussehen soll: wer die überwiegende Betreuung übernimmt, wie das mit dem Kontakt zum anderen Elternteil laufen soll, wie wesentliche Entscheidungen den Nachwuchs betreffend besprochen und gefällt werden sollen, wie das mit dem Kindesunterhalt aussieht.

Spätestens an diesem Punkt bricht Frust aus: Zwar wohnt man nicht mehr zusammen, auch ist man frei, sich allenfalls mit einem anderen Menschen eine ganz sicher bessere Zukunft aufzubauen, aber dennoch gibt es da – nimmt man seine Elternrolle ernst – die unvermeidliche Notwendigkeit, weiter gemeinsame Sache zu machen mit dem Menschen, von dem man sich ja gerade aus gutem Grund trennt.

Aktuell ist es in der mitteleuropäischen Gesellschaft verankerter Brauch, Konflikte, welche aus all diesen Herausforderungen resultieren, zu delegieren. Die Entscheidungen soll ein Gericht, ein Dritter fällen. Dass damit eigene Möglichkeiten, den eigenen Bedürfnissen nach Gerechtigkeit entsprechende Lösungen zu finden, leichtfertig aufgegeben werden, wird übersehen. Immerhin sehen sich in der Regel beide Seiten zum einen Thema mehr, zum anderen weniger im Recht. Einem Recht, auf das nicht verzichtet wird – und sei es nur aus Prinzip. Und zu dem konsequenterweise davon ausgegangen wird, dass der andere im Unrecht sein muss. Es erscheint daher nur billig, dass dem Gegenüber von einer Richterin oder einem Richter gesagt wird, wo es langgeht. „Vor Gericht und auf hoher See bist du in Gottes Hand", besagt allerdings ein Sprichwort, welches versinnbildlichen will, dass ein Richterspruch zwar Recht, nicht allerdings unbedingt auch Gerechtigkeit verordnen kann. Das ist auch ein Grund, weshalb nach der auf die richterlichen Entscheidungen folgenden Scheidungsparty, wie sie neuerdings üblich ist, der Kater nicht unbedingt auf ein Zuviel eines unverträglichen Weines zurückzuführen ist. Und weshalb offen gebliebene Punkte, zu denen keine Gerechtigkeit erfahren wurde, viel Energie hergeben für eine Fortsetzung des Kampfes. Und dabei bieten sich leider die Kinder oftmals als einziger verbliebener Berührungspunkt an.

Dieser Konflikt wird durch eine unterschiedliche Abbildung von gesellschaftlichen Weiterentwicklungen von Rollenverständnissen in der Familie auf der einen Seite und dem von der Justiz vollzogenen Regelwerk für den staatlichen Eingriff in die Trennung von Eltern auf der anderen Seite wohl ohne böse Absicht noch weiter angeheizt. Während die Politik in Beziehungen hinein fordert, dass die Partner jeweils einen annähernd gleichen Beitrag zum Broterwerb, dem Haushalt und zur Kinderbetreuung leisten, wird im Zuge einer Trennung hinsichtlich der Kinder an einer Aufteilung der Aufgaben nach finanziellen und Betreuungsaspekten größtenteils festgehalten. Konfliktpotenzial für Beziehungen wie getrennte Eltern gleichermaßen.

In den letzten Jahrzehnten hat sich das Bild des alleinig für die Ernährung der Familie verantwortlichen Vaters und der den Haushalt und die Kindererziehung übernehmenden Mutter deutlich gewandelt. Es wird von einer heutigen Familie erwartet, sämtliche Aufgaben gemeinsam zu bewerkstelligen und partnerschaftlich zu teilen. Tolle Sache. Allerdings wird auch in harmonisch wirkenden Familien oftmals gekämpft mit diesen neuen Rollenverständnissen von Mann und Frau, und es ergeben sich daraus nicht selten Komplikationen. Es zeigt sich beispielsweise, dass Beruf und Familie für Mann und Frau gleichermaßen schwierig zu vereinbaren sind. So bringt dieser noch nicht abgeschlossene Prozess der gesellschaftlichen Veränderung nicht nur für die Frau Schwierigkeiten mit sich, Vorurteilen des Arbeitsumfeldes zu begegnen. Jene Männer, die sich den Erwartungen der emanzipierten Mitbeteiligung in Haushalt und Kinderbetreuung stellen, stoßen nämlich auch meist noch auf vollkommenes Unverständnis im beruflichen Umfeld. Dauerstress somit für Mütter, die ihre erworbene wirtschaftliche Selbstständigkeit behaupten und rechtfertigen müssen. Und auch für Väter, die ihre zunehmenden Freuden in der Begleitung ihrer Kinder damit bezahlen, dass ihre zunehmend erbrachten Leistungen in der öffentlichen Wahrnehmung kaum beachtet werden. In der vielfach erörterten Vereinbarkeit beruflicher Anforderungen mit den Aufgaben in Haushalt und Familie werden Männer übersehen, wenngleich diese Herausforderungen ja durchaus beabsichtigt zunehmend auch den Mann betreffen. Hier hat die Politik den nächsten Schritt zu setzen, um zur erhobenen Forderung des „Halbe-Halbe" in Beziehungen auch unterstützende gesellschaftliche Rahmenbedingungen zu schaffen. Für Verständnis zu sorgen. Es soll dabei aber auch nicht verschwiegen werden, dass Hintergrund zu der recht zügig voranschreitenden Änderung des Rollenverständnisses von Mann und Frau im Familienverband gar nicht mal so sehr der moderne Gendergedanke ist. Die einer Überzeugung folgende Freiwilligkeit. Zu oft ist die Antriebsfeder schlicht und ergreifend der wirtschaftliche Druck auf die Familien, die es sich gar nicht mehr leisten können, ihren Lebensstil mit nur einem Einkommen zu finanzieren. Grundlage für Frustration, welche es umso erforderlicher macht, begleitende Maßnahmen zu setzen zur Schaffung eines gesellschaftlichen Umfelds, in dem sich Mann und Frau in ihren neuen Rollenbildern verstanden fühlen.

Die Justiz hat allerdings mit dieser Entwicklung noch nicht entsprechend Schritt gehalten. Denn nach einer Trennung scheint plötzlich wieder das in Ablösung befindliche Rollenbild Gültigkeit zu bekommen: Die überwiegende Betreuung der Kinder wird hier wieder eher alleinig bei den Müttern gesehen, während Vätern im Zweifelsfall die Funktion des Ernährers in Form der Leistung der Alimentationszahlungen zugedacht wird. Dieses Auseinanderklaffen zwischen den divergierenden Rollenverständnissen wirkt wie Benzin im Feuer eines Rosenkrieges.

Obwohl das daraus resultierende Ergebnis der Gefährdung von Kindeswohl nicht gebilligt wird, hält die Gesellschaft allerdings an der richterlichen Instanz als Allheilmittel zur Beilegung von Familienkonflikten bei. Dabei könnte eine stärkere Betonung der Eigenverantwortung samt Normalisierung der Inanspruchnahme diesbezüglicher Hilfestellungen in der mitteleuropäischen Kultur eine klare Antwort sein. Dabei könnte die vor einer Trennung gelebte Aufgabenteilung individuell im Einzelfall übertragen werden in die Ausgestaltung elterlicher Verantwortung auch nach der Trennung – ganz im Sinne des laufenden gesellschaftspolitischen Veränderungsprozesses und ohne einen als ungerecht empfundenen Systembruch. Im Übrigen bedürfen kein Mann und keine Frau in der Regel eines Gerichts, um die Entscheidung zu fällen, zu heiraten. Sie schaffen es ganz alleine, sich ihr gemeinsames Leben zu gestalten nach ihren Vorstellungen, beschließen für gewöhnlich auch ohne gerichtliche Hilfe, Kinder zu zeugen oder zumindest ihre Zeugung in Kauf zu nehmen. Selbst, wenn es schon kriselt in der Beziehung, werden Fragen der Betreuung des Nachwuchses normalerweise untereinander abgesprochen und dabei etwa ausdiskutiert, welche die richtige Schule ist. Es geht also. Sie können es. Mit ein wenig objektiver Beratung (Rechtsanwälte, Beratungsstellen) und allparteilicher Begleitung (Mediation) sollte es daher auch möglich sein, die als Paar getrennte und in der Elternschaft unverändert vereinte Zukunft zu regeln. Scheiden tut dann zwar vielleicht immer noch weh – zumindest für die Kinder bedeutet dies allerdings dann weniger Risiko, ein Elternteil zu verlieren.

# 3
# Blick hinter die Kulissen

*„Das Wahre gibt es nicht! Es gibt*
*nur verschiedene Arten des Sehens. "*
(Gustave Flaubert)

In Familien kann es also ordentlich zur Sache gehen. Was spielt sich da allerdings in den Menschen ab, wenn dabei sogar in Kauf genommen wird, im intimsten Bereich des sozialen Lebens Zerstörung nicht nur zuzulassen, sondern sogar aktiv zu betreiben? Dabei sogar das Wohlergehen eigener Kinder nachhaltig zu riskieren? Für ein Verständnis der Vorgänge und darauf aufbauend die Chance, hier bessere Wege zu finden, kann es hilfreich sein, einen Blick hinter die Kulissen des Geschehens zu wagen. Von all den Perspektiven, die hier eingenommen werden können, werden nachstehend jene kurz angerissen, welche für die bessere Berücksichtigung der Bedürfnisse von Kindern auch in einer ernst zu nehmenden Krise der Eltern von besonderer Bedeutung sein können.

Wie kann es etwa sein, dass die einen regelmäßig streiten, ohne dass dies den Kindern etwas anhaben kann oder den Familienzusammenhalt nachhaltig gefährdet, während bei

anderen aus heiterem Himmel plötzlich alles zusammenbricht? Wie sehen eigentlich Kinderbedürfnisse aus und
weshalb ist es von Bedeutung, die Entwicklungsphasen von
Kindern dabei zu bedenken? Welchen Beitrag liefert hier
die Rechtsordnung zu den einzelnen Themenbereichen, die
es im Fall einer Trennung zu bedenken gilt zwecks Absicherung einer Kommunikationsebene als Eltern?

Auf diese und ähnliche Fragestellungen wird in diesem
Abschnitt kurz eingegangen: Um mit Konflikten besser umgehen zu können, gilt es zunächst einmal, das Entstehen,
die Erscheinungsformen und die Dynamik dahinter zu
erkennen. Dies kann bereits helfen, sich herauszunehmen
aus unangenehmen Auseinandersetzungen und wieder zum
Pfad eines konstruktiven Miteinanders zurückzufinden
statt sinnloser Verletzungen, die am Ende des Tages keinem
helfen. Das Gefühl, nach einer heftigen Auseinandersetzung
im darauffolgenden nächsten Moment der Ruhe keine
Antwort auf die Frage zu haben, wozu denn die eigene Aufregung und der darauffolgende Angriff wieder gut gewesen
sein sollen, wird sich vielleicht auch mit diesem Wissen nicht
gänzlich vermeiden lassen. Es wird allerdings etwas leichter,
die zur Versöhnung angebotene Hand bei der nächsten Begegnung nicht als eigenen Gesichtsverlust sehen zu müssen.
Auch das Wissen um die psychologischen Erkenntnisse zur
Kindesentwicklung und zu den von einem Erwachsenen
doch zu unterscheidenden Bedürfnissen von Kindern hilft
dabei, mehr Weitsicht zu zeigen in Familienstreitigkeiten.
Nicht ohne Bedeutung sind obendrein die im Extremfall
relevanten rechtlichen Rahmenbedingungen. Perspektiven,
die in ihrer Gesamtheit dabei helfen, ein wenig mehr Ver-

ständnis zu entwickeln für die Fallstricke, welche zwischen einer Trennung als Paar und der Aufrechterhaltung einer guten Elternbeziehung zum Wohle der Kinder liegen. Damit fällt es leichter, das Geschehen zu begreifen. Und damit auch wieder aktiv in die Hand zu nehmen und zu lenken in eine eigentlich beabsichtigte Richtung. Ziel kann es dabei sein, ein Zerbrechen der Partnerschaft zu verhindern; Ziel darf es aber auch sein, sich zwar als Paar das Scheitern einzugestehen, den Kindern dabei aber den unzumutbaren Loyalitätskonflikt zwischen Mama und Papa zu ersparen.

## Konflikt – was ist das eigentlich und wie funktioniert es

Im Alltag treffen Menschen auf eine Vielzahl von Informationen, Meinungen und mehr oder weniger deutlich artikulierte Erwartungen. Naturgemäß befinden sich darunter regelmäßig auch solche, zu denen wir anderer Auffassung sind. In aller Regel werden diese Differenzen einen nicht weiter beschäftigen. Dann steht also in der Zeitung, dass eine Forschungsgruppe herausgefunden hat, dass von Handymasten unter Umständen eine Gesundheitsgefahr ausgehen könne – das kann nicht wirklich beirren in der als Selbstverständlichkeit erwarteten vollen Netzversorgung. Dann denkt halt Herr Maier, dass elektrobetriebene Rasenmäher besser sind, während man selbst im eigenen Garten ein motorbetriebenes Exemplar einsetzt. Und auch die Aufrufe zur Inanspruchnahme von Gesundheitsvorsorgeleistungen erscheinen interessant und sind nicht zuletzt infolge der aktuellen Werbespots zur Prostatavorsorgeuntersuchung in vieler Munde, lösen aber auch bei gegenteiliger Einschätzung keine ernsteren Auseinandersetzungen aus. Schön, das alles zu wissen, interessant, den Argumenten zu lauschen.

Dies kann sich schlagartig ändern. In dem Moment, wo sich auch nur ein Teilnehmer oder eine Teilnehmerin der Unterhaltung, die eine Differenz hervorgebracht hat, im selbstverwirklichten Denken, Empfinden oder Wollen behindert fühlt, besteht die Gefahr, dass die Diskussion ein Eigenleben entwickelt. Soll in der unmittelbaren Umgebung des eigenen Hauses ein Handymast, zu dem man in der Theorie ja eine sehr gelassene Einstellung hatte, errichtet werden, so wird das Gespräch plötzlich doch viel lebendiger, weil emotionaler. Hat man einmal gehört, um wie viel leiser ein Elektrorasenmäher ist, ist man schon mit viel mehr Feuer bei der Diskussion, wenn man die Chance sieht, den eigenen Nachbarn zum Umstieg bringen zu können. Und kommt mal der erste Blutbefund, in welchem aufgrund der Werte nahegelegt wird, den Urologen aufzusuchen, gewinnt auch die davor noch belächelte Ermunterung, der Erwartungshaltung der Gesundheitspolitik zu entsprechen und Vorsorgeuntersuchungen in Anspruch zu nehmen, plötzlich eine ganz andere Dynamik. Nun spricht man von einem interpersonellen Konflikt. Es ist eine Betroffenheit in eigenen Bedürfnissen zur Differenz hinzugekommen.

Besonders rasch kann dies im Familienverband geschehen, da der Familie in aller Regel eine sehr hohe Bedeutung beigemessen wird: An sie werden etwa Erwartungen der Sicherheit, des Verstandenwerdens und der Anerkennung gestellt; vom Partner wird vorausgesetzt, Übereinstimmung in der Erfüllung sexueller Bedürfnisse zu zeigen. Wird eines dieser Grundbedürfnisse plötzlich in Gefahr gesehen, so kann bereits die Diskussion über die klassische Zahnpastatube, die nicht verschlossen wurde, zum Auslöser für einen Konflikt werden.

Konflikten ist dabei eigen, dass sie bei einem Zuwenig an Achtsamkeit und gegenseitiger Wertschätzung die Tendenz zur Eskalation in sich tragen. Es setzt ab einem gewissen Punkt ein Tunnelblick ein mit stark eingeschränktem Vermögen, sein Denken, Fühlen und Wollen in der eigentlich der eigenen Persönlichkeit entsprechenden Form zum Ausdruck zu bringen. Auch das Zuhören wird zunehmend schwerer, zumal man ja ohnehin immer stärker in einer festgefahrenen Erwartung des oder der anderen steckt und alles, was diesem derart angefertigten Bild widersprechen könnte, gar nicht mehr als ernstgemeint einstufen kann. Außenstehenden bietet sich in einem fortgeschrittenen Konfliktstadium rasch eine Beobachtung, die oftmals zur Aussage veranlasst: „Man kommt sich vor wie im Kindergarten". Tatsächlich fallen die Akteurinnen und Akteure eines Konflikts bei fortschreitender Eskalation unbeschadet ihres tatsächlichen Lebensalters in pubertäre, präpubertäre oder sogar kleinkindliche Verhaltensmuster zurück. Sie sind es nicht mehr, die den Konflikt nach ihrem geistigen und emotionalen Vermögen steuern – der Konflikt hat das Ruder übernommen und die Akteurinnen und Akteure zu Marionetten degradiert.

## Kalte Konflikte sind schwerer abzuschätzen – heiße schwerer zu ertragen

Konflikte können unterkühlt oder überhitzt oder – damit es nicht ganz so leicht wird – auch mit wechselnden Anteilen aus diesen beiden Kategorien geführt werden. Während der überhitzte Konfliktstil sich dadurch bemerkbar macht, dass Wut und Ärger offen gezeigt werden, allgemein den negativen Gefühlen deutlich und in oftmals überspitzter Form Ausdruck verliehen wird, kann der unterkühlte, eher als kopflastig bezeichnete Konfliktstil den Akteur rasch in Depressionszustände führen. Statt der Explosionen des heißen Konfliktstils, die es gleichsam einem reinigenden Gewitter möglich machen, emotionalen Stau abzulassen, führt kalter Konfliktstil, bei dem der Akteur beziehungsweise die Akteurin darauf bedacht ist, keine Gefühlsausbrüche zuzulassen und sich hinter dem System zu verstecken („Nicht ich habe ein Problem mit dir – es ist ein objektives Kriterium, das es einfach gebietet, dein Verhalten zu verurteilen!"), rasch zu Implosionen. Diese lassen über dadurch ausgelöste Ohnmachtsgefühle die Grundstimmung zunehmend zu einem lebensfeindlichen Terrain ohne Verschnaufpause werden.

Beiden Konfliktstilen wohnen dabei positive Aspekte inne, beiden aber auch lösungserschwerende Elemente, welche vor allem dann schlagend werden, wenn sie über einen längeren Zeitraum hin exklusiv und überspitzt praktiziert wirken. Während der unterkühlte Konfliktstil den Vorteil mit sich bringt, dass sehr vernunftbezogen agiert wird – kaum ein Konfliktgespräch wird hier eingegangen, das nicht minutiös vorbereitet wird –, hat er gleichzeitig einen enormen Nachteil: Es bleibt kaum Raum, Emotionen auszudrücken. Diese werden daher unterdrückt, womit sie aber keinesfalls an Existenzgewalt verlieren, sondern sich in enormer Impulsivität in ein Vorantreiben des Konfliktes sowie auch gegen den Akteur beziehungsweise die Akteurin selbst entfalten. Dies geschieht scheinbar von außen unbemerkt: Lediglich sehr empathische Menschen erkennen hier von außen, „dass einen in Gegenwart dieses Menschen fröstelt". Das Unwohlbefinden des Akteurs beziehungsweise der Akteurin beginnt bei höherem Eskalationsgrad oder bei längerem Andauern des Konfliktes auch somatische Wirkungen zu entfachen. Neben zunehmenden psychischen Beeinträchtigungen beginnen auch zum Teil schwerwiegende Erkrankungssymptome aufzutreten, an denen selbstverständlich dem Konfliktpartner beziehungsweise der Konfliktpartnerin die Schuld gegeben wird. „Ich kann gar nicht mehr ruhig schlafen" ist da noch die harmloseste Form eines Nebenresultats aus einem unterkühlt geführten Konflikt, welches natürlich auch gerne als Koalitionswerben gegen den Konfliktpartner beziehungsweise die Konfliktpartnerin eingesetzt wird: Immerhin ist ja er beziehungsweise sie die Ursache, also gilt es doch für das Umfeld, Mitleid zu haben und die Ursache mit zu bekämpfen – oder auch Farbe zu bekennen, was natürlich zu einem Bruch führen muss.

Beim überhitzt geführten Konflikt gelingt es hingegen, diese enorme Gewalt der auftretenden Emotionen abzulassen. Damit kann man sich zwar besser selbst vor Schaden bewahren, agiert daher reinigender im Hinblick auf seine Psychohygiene, zumal so eine förmliche Explosion gleichsam die Funktion eines reinigenden Gewitters haben kann, gleichzeitig kann aber in der Außenbeziehung sehr viel zu Bruch gehen. Es fehlt in solchen Phasen der überhitzten Konfliktführung in einem großen Maß die Fähigkeit, auf Sachebene, also vernunftgesteuert zu agieren. Ein Umstand, der bei anhaltend überhitzt geführten Konflikten ebenfalls nicht geeignet erscheint, eine Lösung zu erleichtern.

## Konflikte sind etwas sehr Individuelles

Der Zugang von Menschen zu Konflikten ist im Allgemeinen ein sehr individueller und unterschiedlicher. Konfliktscheue Menschen etwa werden scheinbar aus jeder Konfliktsituation flüchten, während konfliktfreudige Menschen im Extremfall ständig auf der Suche nach Möglichkeiten sind, Konflikte anzuzetteln und danach auszutragen. Auch ist zu beobachten, dass neben den zuvor genannten Konfliktstilen der Unterkühlung oder der Überhitzung konstruktive oder destruktive Elemente in der Konfliktkultur ausgeprägter zutage treten. Es ist daher wichtig, stets im Hinterkopf zu behalten, dass kein Konflikt dem anderen gleicht, wie auch kein Mensch dem anderen in allen Punkten gleichen kann und wird. Je nach Persönlichkeit der Beteiligten werden einige Konfliktelemente intensiver wahrgenommen und erlebt, andere weniger. Das darf so sein, ist weder gut, noch schlecht. Es ist individuell.

Menschen reagieren also auf Streit sehr unterschiedlich; nicht nur von Mensch zu Mensch, auch von Situation zu Situation kann oftmals beobachtet werden, dass Provokation, Manipulation, Angriff oder auch einlenkendes Bitten verschiedene Handlungen und Worte zu begünstigen scheint. Trotz dieser sehr individuellen Komponenten lassen sich jedoch in verschiedenen Abstufungen typische Muster erkennen, mit denen dem Konflikt begegnet wird.

## Flucht

Das wohl stärkste Konfliktlösungsmuster ist die Flucht: Es wird in dem Moment, wo die Spannung unerträglich zu werden droht, der Notausgang gewählt. Das kann thematisch sein, indem einfach ein vollkommen anderes Thema gewählt wird und somit der Versuch unternommen wird, so zu tun, als hätte der Streit nie stattgefunden. Das kann aber auch tatsächlich mit einem räumlichen Verlassen des Geschehens verbunden sein. Meist begleitet durch dramaturgische Höhepunkte wie dem Zuknallen einer Tür wird solchermaßen dem Gegenüber – aber auch sich selbst – die Chance genommen, den offenen Konflikt auszuleben und dabei doch noch gemeinsame Lösungen zu entwickeln. In vielen Beziehungen kann – wie ebenso im betrieblichen Kontext – zugleich die innere Kündigung als eine Erscheinungsform von Flucht immer wieder festgestellt werden: Es fehlt dann nur noch der als geeignet empfundene Anlass, auch nach außen hin diesen Schritt zu vollziehen. Der vermeintliche Vorteil dieses Konfliktverhaltens, Ruhe und Abstand gewinnen zu können, wird sehr wahrscheinlich bei der nächsten Begegnung wieder wettgemacht: Der Wiedereinstieg zumindest auf dem Eskalationsniveau, zu dem das Streitgeschehen abrupt verlassen wurde, ist sehr wahrscheinlich. Denn das einseitige Unterbrechen kann dazu führen, dass ein latenter Konflikt daraus wird, welcher unbemerkt von den Beteiligten seine Dynamik sogar noch aufbaut und bei dem kleinsten Anlass wie einem Wiedersehen an die Oberfläche drängt.

## Vernichtung

Ebenfalls im menschlichen Repertoire enthalten ist die Variante, bei Aufkommen eines Konfliktes das Gegenüber einfach auszulöschen. Das mündet nicht unbedingt in die offensichtliche Tötung, zumal in sich als zivilisiert sehenden Gesellschaften dafür in der Rechtsordnung bis hin zur Todesstrafe reichende Sanktionen vorgesehen sind. Die häufig anzutreffenden verschiedenen Formen des Mobbings und des Rufmords sind allerdings ebenfalls auf die Zielsetzung ausgerichtet, das Gegenüber aus seiner sozialen Absicherung herauszulösen und in dessen Persönlichkeit so weit zu brechen, dass es als Gegner dauerhaft ausgeschalten wird. Dies klingt einerseits sehr effizient und vielleicht sogar den Darwin'schen Gesetzmäßigkeiten, wonach nur die stärksten überleben, entsprechend, andererseits kostet dies auch den Menschen, der sich dieses Konfliktmusters bedient, enorme Kraft. Er wird seinerseits ebenso ständig auf der Hut sein müssen, selbst einmal an ein Gegenüber zu gelangen, welches stärker ist. Nicht zu übersehen ist auch die in Kauf genommene Selbstschädigung, die am deutlichsten sichtbar wird anhand sozialer Isolation: „Mit der oder dem ist nicht gut Kirschen essen" beschreibt hier sehr deutlich, dass die Gesellschaft von Menschen, die gerne auf Konflikte mit Vernichtungsstrategien reagieren, eher gemieden wird.

## Unterwerfung

Zufolge Aristoteles ist Sklaverei davon gekennzeichnet, dass jemand um des Überlebens willen auf die Freiheit verzichtet. Diese These ist die Basis für das weitverbreitete Konfliktmuster der Unterwerfung: in der Kindererziehung, in Partnerschaften, in Arbeitsverhältnissen, im Supermarkt, ja sogar oftmals im Umgang von Politik mit den Menschen wird diese Strategie eingesetzt. Es wird demonstriert, der Stärkere zu sein, auf dem längeren Ast zu sitzen und dabei auch angedeutet, von der daraus abgeleiteten Gewalt – welche verharmlosend als „Macht", also etwas freiwillig Zugestandenes bezeichnet wird – notfalls auch Gebrauch zu machen, wenn eigene Bedürfnisse und Interessen infrage gestellt werden. Was dabei nach klaren Strukturen aussieht, solange sich die Unterworfenen beugen, entzieht diesem Personenkreis aber zugleich Eigenverantwortung und somit Selbstbestimmungsrechte. Außerdem ist je nach Persönlichkeitsstruktur der Adressatinnen und Adressaten dieser Strategie ständig damit zu rechnen, dass aufgestaute unterdrückte Emotionen und Bedürfnisse so stark werden, dass es zu einem Putsch kommt: bei Kindern etwa sehr leicht zu beobachten, wenn das „so wohlerzogene gehorsame" Kind bei der scheinbar kleinsten Kleinigkeit einen Tobsuchtsanfall bekommt.

## Delegation

Ähnlich der Geschichte der menschlichen Zivilisierung haben viele Menschen gelernt, dass Konflikten mit der Übertragung der Lösungskompetenz an einen unbeteiligten Dritten beigekommen werden könnte. „Der Dritte" kann dabei etwas Abstraktes sein wie ein Lexikon oder auch die Rechtsordnung, die von allen Beteiligten außer Streit gestellt werden und dabei als Instanz anerkannt werden kann, über „richtig" und „falsch" zu entscheiden. Oft handelt es sich jedoch um eine Person, an welche die Eigenverantwortung für die Bewältigung des Konfliktes abgegeben wird: ein Gericht etwa. Dass dabei allerdings meist die Bedürfnisse verdrängt werden durch formalen Spielregeln entsprechende Schriftsätze und juristisch motivierte Strategien, die ein Siegen wahrscheinlicher werden lassen, führt dazu, dass oftmals zwei Verliererseiten aus einem delegierten Konflikt hervorgehen. Viele Kulturen, denen gewöhnlich abgesprochen wird, zivilisiert zu sein, begegnen dem mit Ritualen, welche zwar eine Delegation grundsätzlich vorsehen, dabei aber Vorkehrungen treffen, die Eigenverantwortung der Streitparteien für die Beilegung des Konfliktes weitestgehend bei diesen zu belassen: der Palaver oder das Ho´oponopono seien hier als Beispiele genannt.

**Kompromiss**

Beim Kompromiss wird danach getrachtet, durch Zugestehen eines Teilverlustes den Frieden wieder herzustellen. Es wird daher der Friede bezahlt, was für den Fall, dass man das Gefühl bekommt, ihn zu teuer erkauft zu haben, rasch zu neuen Konflikten führt: angetrieben durch das zu kurz gekommene Streben nach Gerechtigkeit in den verschiedensten Spielarten der betroffenen Bedürfnisse.

**Konsens**

Die höchste Kunst der Konfliktbeilegung ist jene, im konsensualen Miteinander Lösungen zu entwickeln, die allen Beteiligten die vollständige Berücksichtigung jener Bedürfnisse ermöglicht, welche Antrieb für das Konfliktgeschehen waren. Solchermaßen kann darauf verzichtet werden, das Gegenüber zu besiegen. Stattdessen kann in wechselseitiger Wertschätzung die Energie des Konfliktes für gewinnbringende Ergebnisse eingesetzt werden. Dies ist kräfteschonend; es ist wohltuend, zumal das Gefühl des Miteinanders den eigenen Grundbedürfnissen eher entspricht als jede Form des Kampfes; und obendrein ist es eine Möglichkeit zur Persönlichkeitsentwicklung in Richtung Befähigung konstruktiven Zusammenlebens.

## Konflikte haben viele Komponenten

Es nimmt Konflikten sehr viel an Schrecken, wenn man sie in möglichst voller Gestalt durchschauen kann. Das Modell des Konfliktwürfels von Michael Wandrey bietet einen hervorragenden Überblick über die wesentlichsten Züge eines Konfliktes. Dies erscheint somit auch eine gute Zusammenfassung der bisher vorgestellten Bausteine eines eskalierenden Streits zu sein, bei der auch die Zusammenhänge der einzelnen Elemente erahnbar werden. Konflikte sind, wie auch ein Würfel, mehrdimensional in ihrer Erscheinungsform und der daraus erwachsenden Dynamik. Da wie dort ist es erforderlich, für ein Erfassen aller Seiten verschiedene Perspektiven einzunehmen, um sein Wesen weitestmöglich zu erfassen, und es bedarf auch gezielter Anstöße von außen, um verdeckte Seiten zu erhellen. Wandrey hebt hier vier Blickwinkel hervor, deren Beachtung sich bewährt hat: Konfliktumfeld, Konfliktausmaß, Konfliktinhalt und Konfliktgestalt.

## Konfliktumfeld

Befindet man sich in einem Streit, der einen nicht mehr loszulassen scheint, so ist es von wesentlicher Bedeutung, zunächst einmal abzuklären, welche Rolle man hier eingenommen hat. Geht es hier wirklich um eigene Bedürfnisse und Interessen, zu denen man es auch selbst in der Hand hat, ihnen zur Erfüllung zu verhelfen, so kann man sich als Besitzerin beziehungsweise Besitzer des Konfliktes betrachten. Etwas komplexer wird die Sache, wenn man bloß Teilhaberin beziehungsweise Teilhaber ist, also für die Durchsetzung des eigenen Wollens auf die Mitwirkung anderer Personen oder Institutionen angewiesen ist. Handelt es sich bei einem Disput um einen solchen, zu dem jederzeit die Beteiligten ausgetauscht werden könnten, ohne dabei am Inhalt etwas zu verändern, so spricht man schließlich von einem Stellvertreterkonflikt: Diese sind häufig im vermeintlich anonymen Umfeld von Social Media oder auch in politischen Auseinandersetzungen anzutreffen.

Für die Bewertung des Konfliktumfeldes bedeutsam sind auch der Schauplatz des Geschehens (öffentlich, halböffentlich oder privat), die Intensität des Kontaktes der Konfliktparteien – so macht es einen Unterschied, ob man sich ständig über den Weg läuft, sich nur sporadisch trifft oder ob man ohnehin nur über Dritte im Kontakt steht – sowie die Motivation, am Konfliktgeschehen etwas zum Konstruktiven zu verändern. Besteht hier eine Eigeninitiative, so wird die nachhaltige Erfolgsaussicht wesentlich höher sein als wenn lediglich Nachteile vermieden werden sollen infolge sozialen oder institutionellen Drucks zur Rückkehr auf einen konstruktiven Pfad des wertschätzenden Miteinanders.

**Konfliktausmaß**

Das Konfliktausmaß kann in Höhe, Breite und Tiefe betrachtet werden. Unter Höhe wird dabei verstanden, dass der Fokus auf das bereits eingetretene Ausmaß der Eskalation gelegt wird. Während bei geringer Höhe noch von Strategien ausgegangen werden kann, bei denen „leben und leben lassen" Devise zu sein scheint, geht es bei zunehmender Eskalation und somit Höhe immer stärker darum, Verliererinnen und Verlierer zu erzeugen – bis hin zur Bereitschaft, auf Gewinn auf beiden Seiten gänzlich verzichten zu können. Gradmesser für die Konfliktbreite ist die Komplexität des Konfliktgeschehens: Wie viele Themen sind betroffen, wie viele Personen beteiligt, wie lange dauert das Konfliktgeschehen schon an, und welche Weichen werden dabei auch für die Zukunft gestellt hinsichtlich der Auswirkungen? Es ist wohl unschwer zu erkennen, dass bei zunehmender Konfliktbreite wesentlich höhere Anforderungen an alle Beteiligten bestehen, zur Konstruktivität zurückzufinden.

Bei der Konflikttiefe geht es darum, zu ergründen, wie tief sich die Beteiligten in ihrem Selbstwertgefühl und ihrer Emotionalität verstrickt fühlen durch das Geschehen. Während bei einer geringen Tiefe nur Irritationen auftreten, die es noch ermöglichen, die Sichtweise einzunehmen, dass aus dem Konflikt durchaus auch neue Erfahrungen mitgenommen werden können, die einem selbst für die Persönlichkeitsentwicklung nützlich sein werden, werden bei größerer Tiefe zunehmend individuelle Schutzmechanismen in Form von Konfliktlösungsmustern aktiviert. Man sieht sich als Opfer, welches sich wehren muss oder erlangt schließlich sogar die Überzeugung, das Gegenüber stelle „das personifizierte Böse" dar, das einen vernichten möchte, weshalb es seinerseits vernichtet werden muss.

## Konfliktinhalt

Wie auch in den Gesetzmäßigkeiten von Kommunikation im Allgemeinen, gilt es in Konflikten darauf zu achten, die verschiedenen Ebenen, die in Botschaften stecken können, auseinanderzuhalten. In jeder einzelnen Botschaft können so etwa mindestens vier Ebenen enthalten sein, die unterschiedlich gemeint und zu allem Überfluss auch noch unterschiedlich aufgefasst werden können von den Empfängerinnen und Empfängern. Daraus können sich Ebenen eines Konfliktes herauskristallisieren, die es auseinanderzuhalten gilt, möchte man eine Klärung begünstigen. Fragen wie „Was ist vorgefallen?" (Sachaspekt), „Wie ging es mir dabei?" (Selbstkundgabe), „Wie fühle ich mich behandelt?" (Beziehungsseite) und „Was soll sich ändern?" (Appellebene) können hier gute Dienste leisten und die Klarheit in den Ablauf bringen, derer es bedarf für eine Deeskalation des Geschehens.

Der Konfliktinhalt kann auch entsprechend vorstellbaren verhandelbaren Themenbereichen sortiert werden: Besemer nennt dazu etwa die Auseinandersetzung über Sachverhalte (unterschiedliche Beurteilungen, die kategorisiert werden können in „richtig" und „falsch"), über Interessensgegensätze (subjektiv empfundene Beeinträchtigungen durch das Gegenüber), über Beziehungs- und Rollengestaltung (wechselseitige Verhaltenserwartungen), über Werte und Normen (Glauben, Lebensstil, Geschmack, politische Ansichten) oder über Strukturen (Normen, welche alle Beteiligten gleichermaßen unterworfen sind).

Beim Konfliktinhalt ist darauf zu achten, dass alle Beteiligten den selbstverständlichen Anspruch auf ihre Individualität haben. Bereits entstandene irreparable Schädigungen, frustrierte Anstrengungen oder zugefügte seelische Verletzungen können so nicht einfach übergangen werden, sondern müssen eine entsprechende Würdigung erfahren, soll eine nachhaltig zielführende Auseinandersetzung mit Lösungen zum Inhalt des Konfliktes ermöglicht werden.

## Konfliktgestalt

Unter der Überschrift der Konfliktgestalt wird die Betrachtung des Stils, in dem die Beteiligten den Konflikt führen, zusammengefasst. So wird etwa zu beobachten sein, wie es um die Handlungsfähigkeit der Konfliktparteien bestellt ist: Steht eventuell schon eine Seite sprichwörtlich an der Wand und sieht keinen Ausweg mehr? Von nicht zu unterschätzender Bedeutung sind auch die bestehenden Machtstrukturen zwischen den Beteiligten: Es macht einen enormen Unterschied, ob sich eine Seite in allen Belangen überlegen ansieht, lediglich in moralischen Belangen auf der „guten Seite", sonst aber unterlegen, ebenbürtig oder schließlich unterlegen empfindet.

# Kommunikation

Einer der zentralen Schlüssel im Zusammenleben ist die Kommunikation. Kommunikation ist dabei weit mehr als der verbale Austausch von Gedanken und Emotionen. Sie ist nicht bloß eine Aneinanderkettung von zu Worten einer Sprache gebildeten Lauten. Auch Grunzlaute, Gestik, Mimik, ja selbst das Schweigen – kurz: das gesamte Verhalten – sendet Nachrichten, betreibt somit Kommunikation mit der Umwelt.

Man bedient sich der nonverbalen Elemente von Kommunikation manchmal sehr bewusst. Wenn man etwa in einem fremden Land ohne ausreichende Kenntnisse der dort gesprochenen Sprache jemandem verdeutlichen will, was man benötigt: Man artikuliert seine Wünsche dabei im wahrsten Sinne des Wortes mit Händen und Füßen und versucht, die ebenfalls im günstigsten Fall nonverbal zum Ausdruck gebrachte Antwort bestmöglich zu deuten. Zumeist aber bedient man sich der nonverbalen Ausdrucksweise in einer ganz unbewussten Art – und wundert sich dann unter Umständen, weshalb eine nach eigener Einschätzung sehr unmissverständliche und klar formulierte Aussage einen vollkommen konträren Effekt beim Gegenüber auslöst; oder weshalb in einem selbst Emotionen aufsteigen, die zu dem soeben Gehörten so gar nicht dazu zu passen scheinen.

Kommunikation bietet also im automatischen Zusammenspiel ihrer verschiedenen Erscheinungsformen jede Menge an Störungsmöglichkeiten. Möglichkeiten, sich misszuverstehen mit im Fall der Betroffenheit von eigenen Grundbedürfnissen weitreichenden Konsequenzen. Am besten wird dies mit dem Kommunikationsquadrat von Schulz von Thun, das auch immer wieder als „Vier-Münder-vier-Ohren-Modell" bezeichnet wird, veranschaulicht und begründet: Jede verbal ausformulierte Botschaft wird auf einer von vier Ebenen gesendet, das heißt als Sachinformation, als Selbstoffenbarung, als Beziehungshinweis oder als Appell. Und trifft in eben diesen Kategorien auch auf „vier Ohren" der Empfängerin beziehungsweise des Empfängers. Auf der Sachebene einer Interaktion geht es um den Austausch von Daten, Fakten und Sachverhalten, die nach den Kriterien der Relevanz, der Zustimmung und der Vollständigkeit bewertbar sind. Auf der Selbstkundgabeebene werden, beabsichtigt oder unbeabsichtigt, explizit oder implizit, Informationen über eigene Bedürfnisse, Werte und Emotionen mitgesendet. Die Beziehungsseite des Gespräches gibt zu verstehen, wie die Gesprächspartnerinnen und -partner zueinander stehen, was sie voneinander halten, wobei auch dies meist nur implizit zum Ausdruck gebracht und – etwa als Wertschätzung oder Abwertung – aufgenommen wird. Auf der Appellebene wird schließlich vermittelt, welche Handlung vom Gegenüber erwartet wird: Hier werden Wünsche, Aufforderungen, Empfehlungen oder Handlungsanweisungen offen oder verdeckt transportiert. Die an der Kommunikation beteiligten Personen sind dabei von beiden Seiten für die Qualität des Informationsaustausches unter gegenseitiger ständiger Beachtung aller vier Ebenen verantwortlich, wobei die unmissverständliche Kommunikation den Idealfall und nicht die Regel darstellt.

Wenn also Anita bei der Zubereitung des Frühstücks mit einem Blick in den Kühlschrank feststellt, dass keine Milch mehr da ist, dann kann das verschieden gemeint und verstanden werden: Es kann damit zum Ausdruck gebracht werden, dass sie es nicht in Ordnung findet, dass Franz davon ausgeht, sie sei verantwortlich für die Einkäufe; genauso gut kann es als Aufforderung gemeint werden, Franz solle schnell losfahren, um Milch zu kaufen; auch kann damit zu verstehen gegeben werden, dass eben keine Milch da ist und somit kein Müsli auf dem Frühstückstisch stehen wird; schließlich kann dies auch eine Artikulation des Ärgers über sich selbst sein, vergessen zu haben, Milch mitzunehmen beim letzten Einkauf.

Wenn nun die beabsichtigte Botschaft anders als gemeint beim Empfänger beziehungsweise bei der Empfängerin ankommt und eine Reaktion statt eine Rückfrage hervorruft, die auf einer nicht gemeinten Bedeutung basiert, dann führt dies in der Regel zu Unverständnis, zumal ja die angekommene Bedeutung gar nicht für möglich gehalten wird – schließlich liegt sie nicht in der eigenen Intention. Macht im genannten Beispiel Anita etwa nur ihrem Ärger über sich selbst Luft, Franz versteht dies allerdings als einen versteckten Vorwurf, sich nicht verantwortlich zu fühlen für die Erledigung der Einkäufe, so kann dies bereits ein Auslöser für einen heftigen Streit sein.

Sprache kann also enorm viel bewirken. Es können, bewusst oder auch unbewusst, Bilder im Gegenüber geweckt werden, welche Emotionen auslösen und damit das weitere Verhalten in eine bestimmte Richtung begünstigen.

Man hat es daher viel öfter selbst in der Hand, als man denkt, Verantwortung für das weitere Geschehen zu übernehmen. Einfach durch die richtigen Gedanken und durch einen entsprechenden Einsatz des Werkzeugkoffers der Kommunikation. Wozu beispielsweise auch das Rückfragen gehört, ob man etwas auf der tatsächlich beabsichtigten Ebene verstanden hat.

## Die kindliche Entwicklung

Kinder durchlaufen in ihrer Entwicklung vor allem während der ersten Lebensjahre erstaunliche Entwicklungsschritte. Viele davon sind von außen leicht zu beobachten: das erste Lächeln, die ersten Fortbewegungsmethoden, die ersten Worte – Zeichen der Aneignung von Fähigkeiten, die als Meilensteine bejubelt werden. Und denen noch viele folgen. Parallel zu diesen Schritten und deren Perfektionierung findet aber auch eine für das gesamte Leben bedeutsame Entwicklung statt, welcher meist erst im Fall des Auftretens von Auffälligkeiten Bedeutung geschenkt wird: das entwicklungspsychologische Heranwachsen.

Psychologie und Neurobiologie verfügen hierzu über eine ganze Reihe erstaunlicher Erkenntnisse, die bereits der Schwangerschaft eine wesentliche Bedeutung beimessen. Schon in der pränatalen Phase erfolgen grundlegende Weichenstellungen in der Beziehung des Kindes zu seiner Umwelt und den auf es wartenden Herausforderungen des Lebens. Es wird dabei davon ausgegangen, dass auch spätestens ab der Geburt die psychische Verfasstheit der Hauptbezugspersonen einen ersten Grundstein für die emotionale Konstitution des neuen Erdbewohners legt: Zu Grundeinstellungen, aber auch unverarbeiteten Traumata der Eltern wird beschrieben, dass diese im Wege einer neurobiologischen Blaupause auf das Baby übertragen werden. Ein Ansporn für werdende Eltern, sich auf die kommenden Aufgaben als Eltern auch damit vorzubereiten, dass am eigenen Wohlempfinden gearbeitet werden sollte.

Die ersten Lebensmonate ab der Geburt sind geprägt von der ersten Abnabelung des Kindes. Die Atmung und die Nahrungsaufnahme funktionieren nicht mehr über die Mutter. Es gilt fortan, die nunmehr direkt einprasselnden Umwelteinflüsse zu erfahren: Licht, Temperatur, Geräusche und Bewegung stellen Reize dar, die zunächst Angst machen. Es besteht nun eine sehr hohe Abhängigkeit, ein Ausgeliefertsein betreffend die Grundbedürfnisse nach Wärme, Zuneigung, Nahrung und Trockensein. In dieser Phase wird das Urvertrauen in die Eltern aufgebaut. Urvertrauen, dessen es bedarf, in der Welt so richtig anzukommen und aus der Angst vor den Reizen ein Interesse dafür werden zu lassen. In dieser Zeit wird der Grundstein dafür gelegt, wie selbstbewusst später an Herausforderungen herangetreten werden kann. Störungen in dieser Phase können dazu führen, dass Aufholbedarf in den Bereichen des Umganges mit Gefühlen, mit Bindungen und der Vertrauensfähigkeit entsteht, sofern nicht überhaupt die gesamte weitere Entwicklung negativ beeinflusst wird.

Darauf folgt dann erfahrungsgemäß bis ins 2. Lebensjahr hinein die orale Phase, welche begleitet wird durch die physiologischen Entwicklungen der Motorik und der festen Nahrungsaufnahme. Aus der psychologischen Perspektive findet nun die Unterscheidung des Kindes zwischen

seiner Welt, zu der neben den Hauptbezugspersonen alles
gehört, was begreifbar oder in den Mund nehmbar ist, und
der Außenwelt, wozu auch all das gerechnet wird, was weg-
geworfen wird oder verboten ist, statt. Die beliebten Spiele des Versteckens oder des Wegwerfens von Spielzeug mit
ständiger Forderung, es wiederzubekommen, helfen dabei,
die Sehnsucht darauf, auch einmal die „andere Welt" verstehen zu lernen, zu stillen. Es wird nun ständig ausgelotet,
wie viel Nähe und wie viel Distanz für das eigene Wohlempfinden erforderlich ist. Wird diese Entwicklungsphase
gestört, so begünstigt dies die Entwicklung eines Verlan-
gens nach ununterbrochener Nähe mit der Bereitschaft,
dafür auch alles zu opfern.

Daran anschließend findet die anale Phase statt. Diese dauert in der Regel etwa bis ins 4. Lebensjahr hinein.
Die Entwicklung der Grobmotorik wird dabei fürs Erste
abgeschlossen, außerdem begreift das Kind seine Fähigkeit, den Schließmuskel zu kontrollieren und damit rein
zu werden. Die psychologische Entwicklung ist nun geprägt vom Erlernen von Ordnung, also der Einhaltung von
Regeln, und von der Erlangung der Fähigkeit, bewusst zu
besitzen und wieder loszulassen. Das Kind entdeckt nun
auch den Unterschied zwischen einem eigenen Willen und
dem anderer und beginnt, die verschiedenen Reaktions-
möglichkeiten darauf zu testen. Der Umgang mit Freiheit,
Macht, Verzicht, Kontrolle und Zwang steht im Zentrum
der Lernaufgaben. Die eigenen Möglichkeiten, Anerkennung zu erlangen, werden bewusst ausprobiert. Störungen
in dieser Zeit können dazu führen, dass das Kind später einmal zu einem Schwarz-Weiß-Denken neigt, an einem sehr

stark ausgeprägten Gerechtigkeitsverlangen verzweifelt und einem überdimensionierten Kontrollbedürfnis unterliegt.

Bis zur ersten Einschulung des Kindes sollte dann auch die genitale Phase abgeschlossen sein. In dieser Entwicklungsstufe entdeckt das Kind seine Sexualität und beginnt sich auch für jene der Mitmenschen zu interessieren. Am Vorbild des gleichgeschlechtlichen Elternteils und zugleich in einer ersten Rivalität zu diesem wird der Grundstein für die eigene Weiblichkeit oder Männlichkeit entwickelt. Eine ungestörte Begleitung des Kindes in dieser Phase begünstigt die Ausprägung einer ausgewogenen Fähigkeit, Flexibilität, Enthusiasmus, Mut und Entscheidungsfreude zu leben.

Nach einer Latenzzeit durchläuft ein Kind diese Phasen nochmals bis hinein in die Pubertät, in der ein neuerlicher Abnabelungsprozess vorbereitet wird auf dem Weg zur eigenen Individualität. Ist es in einem der Entwicklungsschritte zu Komplikationen gekommen, weil etwa die für das Wachstum erforderliche sichere Umgebung nicht geboten werden konnte, so bietet dieses mehrmalige Durchlaufen des Zyklus die Gelegenheit, die verabsäumte Entwicklung nachzuholen. Dabei wird es aber erforderlich sein, entsprechendes Verständnis zu zeigen und entsprechende Unterstützung anzubieten.

Diese kurze Skizzierung der Entwicklungsphasen eines Kindes zeigt, dass hier von der Natur jeweils ein durchaus längerer Zeitraum vorgesehen wurde. Elterliche Konflikte in dieser Zeit sind daher nicht sofort von schwerwiegender Bedeutung, sofern diese rasch wieder beigelegt werden können beziehungsweise dem Kind vermittelt werden kann, dass die für seine Entwicklung förderliche sichere Beziehung zu Mama und Papa hiervon nicht betroffen ist. Zugleich wird aber auch deutlich, dass traumatisierende Erlebnisse oder anhaltende heftige Konflikte der Hauptbezugspersonen des Kindes mit großer Wahrscheinlichkeit zu einer nachhaltigen Herausforderung für das weitere Leben führen können. Unbeachtlich der Frage einer Scheidung ein Umstand, den es zu kennen und zu berücksichtigen gilt.

# Verarbeitungsphasen von Scheidungen

Erscheint eine Trennung tatsächlich unausweichlich, so kann es für die Gestaltung der weiteren Zukunft auch im Hinblick auf die weitere elterliche Verantwortung für die eigenen Kinder sehr hilfreich sein, die klassischen Phasen der nun auf einen selbst wie auch die Kinder wartenden Trauerarbeit zu kennen. Selbst wenn der Schlussstrich unter eine Beziehung zunächst nur als Befreiungsschlag gesehen wird mit dem darauffolgenden Hoch der Gefühle, so kann dennoch nicht ausgeschlossen werden, dass anschließend der noch nicht ausreichend verarbeitete Rest der Trauerarbeit folgt. Die dargestellten Phasen stellen dabei eine Orientierungshilfe dar, wobei Geschwindigkeit und auch Reihenfolge sehr individuell schwanken können; auch ein mehrmaliges Durchlaufen kann erforderlich sein.

## Verleugnung

Zunächst ist es meist so, dass der Schock über den tatsächlichen Verlust des Partners, über die endgültige Beendigung des Traumes von der heilen Familie sich darin äußert, dass man dies nicht realisieren will. Man sträubt sich gegen die Akzeptanz des Schrittes. Man kann es gar nicht glauben, dass wirklich alles zunichte gemacht sein soll, woran man doch eigentlich immer festhalten wollte. Man klammert sich an jeden Strohhalm, welcher danach aussieht, als könnte das alles nur ein böser Traum sein. Ein Traum, aus dem man jeden Moment erwacht, und die heile Familie ist wieder da. Besser noch: war nie weg. Es wird nun größtenteils auch alles daran gesetzt, in einem noch kurz zuvor unmöglich geglaubten letzten Aufgebot an Kraft und Zuversicht den Expartner zurückzugewinnen. Der Gedanke daran, dass das bereits als Selbstverständlichkeit gesehene Familienleben nun tatsächlich der Vergangenheit angehört, fühlt sich wie eine große Leere an, aus der man fürchtet, nicht mehr herauszufinden. Weshalb er auch gleich wieder weggeschoben wird.

Kinder reagieren fast immer ebenso. Nach außen beweisen sie scheinbar enorme Stärke, indem sie auf Nachfrage, wie es ihnen geht, bestätigen, dass alles blendend sei. Dass es vielleicht ohnehin besser ist, so wie es Mama und Papa entschieden haben. Innerlich fühlen sie sich allerdings zu aufgewühlt und zu verunsichert, um das aussprechen zu können, was in ihnen tatsächlich vorgeht.

## Wut

In einem nächsten Schritt der Realisierung dessen, wovon man aus der sozialen Umgebung immer wieder bestätigt bekommt, es sei gekommen, wie es sich ohnehin schon lange abgezeichnet habe und daher kommen musste, bricht meist ein Gefühlschaos aus, in dem Wut dominiert. Man ist dabei davon überzeugt, diesen Gefühlen vollständig und für immer ausgeliefert zu sein und hat den Eindruck, den Boden komplett unter den Füßen verloren zu haben. Das drückt sich aus im Bedürfnis, nochmals in vehementer Entschlossenheit gegen den Expartner vorzugehen oder auch in unkontrollierten Wutausbrüchen. Manchmal wird auch alles nur in sich hineingefressen oder man findet eine Tätigkeit, in welcher man seine Gefühle bis zum Umfallen kompensieren kann.

Auch bei Kindern ist dies sehr ähnlich. „Warum tut uns mein Papa (oder meine Mama) das an?". Kinder neigen in dieser Phase leider dazu, auch eine Wut auf sich selbst zu entwickeln, da sie sich vorwerfen, nichts gegen die Trennung der Eltern unternommen zu haben oder noch schlimmer: daran sogar selbst schuld zu sein.

## Verhandeln

Flaut das Gefühlschaos wieder ab und bekommt die Rationalität wieder Oberhand, so neigen die meisten dazu, verstandesbetonte Lösungen zu suchen, wie der eingetretene Verlust wieder rückgängig gemacht werden kann. Es werden dabei nicht nur die Ohnmachtsgefühle beiseitegeschoben, auch die Verletzungen, die ja erst zur Trennung geführt haben, werden verharmlost: Das war doch eh gar nicht so schlimm, und außerdem könne das auch gar nicht wieder passieren. Verhandeln ist der Versuch, eine einfache Lösung für eine komplexe Situation zu finden. Es wird nun häufig mit Mitteln der Manipulation versucht, die gewünschte Rückgängigmachung des Trennungsprozesses zu erreichen. Der gute Zweck heiligt dabei die Mittel, so der Zugang. Neben dem versuchten Selbstbetrug ist es daher gar nicht selten, dass mit verdrehten Wahrheiten das Ziel zu erreichen versucht wird.

Auch bei Kindern ist das sehr deutlich zu beobachten. Sie versuchen nun bewusst Situationen herbeizuführen, von denen sie erwarten, dass damit eine Versöhnung der Eltern gelingt. Sie übernehmen dabei auch gerne aufgeschnappte Aussagen gegen jene Umstände, denen Schuld an der Trennung zugeschoben wird, als eigene Argumente. Mama wird erzählt, dass Papa sich nach ihr erkundigt hat mit dem Beisatz, dass dies doch ein Zeichen dafür sei, dass er sie wieder gern hätte. Und Papa wird erzählt, dass Mama gar nicht glücklich mit dem neuen Freund ist, um im gleichen Atemzug anzuregen, dass die beiden doch einmal wieder gemeinsam essen gehen sollen.

## Trauer

Nun kommt meist der schwierigste Part der Trauerarbeit. Besonders für jene, die den Schritt der Trennung aktiv betrieben haben, ist es besonders hart, plötzlich mit eigenen Gefühlen tiefer Trauer konfrontiert zu sein. Immerhin war man es ja selbst, der diese Weggabelung genommen hat. Woher dann diese Trauer? Auch das soziale Umfeld hat hier wegen der nur schwer zu verstehenden Logik kaum Mitgefühl, was einen auch noch darin bestärkt, sich allein und unverstanden zu wähnen. Die Antriebslosigkeit, oft für kurze Zeit abwechselnd mit Hyperaktivität, und das Unvermögen, sich positive Ziele zu setzen und auf diese mit Freude hinzuarbeiten, sind nun der perfekte Nährboden für Selbstzweifel. In dieser Phase gilt es, besonders achtsam zu sein. Jemand, der nun in eine Depression rutscht, hat nämlich erfahrungsgemäß einen langen und harten Weg vor sich.

Auch Kinder werden davon nicht verschont. Auch bei ihnen besteht nun die Gefahr von depressiven Persönlichkeitsveränderungen. Je nach Entwicklungsphase kann es bis hin zu einem Hinterfragen der Sinnhaftigkeit des Lebens kommen. Oft sind nun Konzentrationsstörungen zu beobachten, welche auch zu schulischem Leistungsabfall führen können, außerdem ist meist eine Veränderung im sozialen Verhalten der Kinder zu beobachten. Minderwertigkeitskomplexe, grundlegendes Misstrauen gegenüber anderen oder Angst vor Verantwortung sind untrügerische Zeichen dafür, dass das Kind nun dringend Unterstützung benötigt, unbeschadet durch diese Phase zu gelangen. Je nach Entwicklungsstufe sind ansonsten langfristige Persönlichkeitsveränderungen nicht mehr auszuschließen.

Das Positive daran: Nun ist der Tiefpunkt erreicht. Es kann, wenn man lernt, die eigene Trauer zu akzeptieren und zu erkennen, dass man sich dessen ungeachtet auch Freude gönnen darf, nur noch bergauf gehen. Wichtig ist jedenfalls, dass man nun ganz bewusst auf sich und die Kinder achtet und sich kleine Ziele setzt, die man erreichen kann. Bewegung, ausgewogene gesunde Ernährung und ein dem Alter entsprechender Schlafrhythmus helfen, eine nachhaltige Depression zu verhindern. Gegebenenfalls kann auch therapeutische Hilfe wertvolle Dienste leisten, sofern man für sich oder die Kinder die Befürchtung hat, es nicht alleine zu schaffen.

## Akzeptanz

Scheinbar aus heiterem Himmel kommt schließlich die Gewissheit: Es ist, wie es ist, und es wird weitergehen. Diese Überzeugung kommt nahezu immer genauso spontan, wie plötzlich die anderen Phasen der Verarbeitung des tiefen Einschnitts in das eigene Leben eingetreten sind. Es ist dies der Startschuss dafür, dass jene Lebensfreude und Zuversicht wieder in alle Bereiche des Lebens Einzug halten, welche man eigentlich immer von sich gekannt hat. Man darf hier kein Freudenfest erwarten, allerdings Stabilität im Umgang mit der Vergangenheit und all den Momenten, die situative Reize der Erinnerung auch in der Gegenwart auslösen. Man hat gelernt, die erlebte Enttäuschung, die Angst und die Trauer zu benennen, ohne dass diese damit wieder gespürt werden muss und die Macht erlangt, die Gegenwart zu beeinflussen. Nun ist auch eine Neuorientierung wieder möglich. Der Kontakt zum Expartner hat nun eine Chance darauf, auf eine entspannte Basis gestellt zu werden.

# Kindeswohl – ein Begriff und seine Bedeutung

Eine andauernde Konfliktdynamik zwischen Ex-Partnern, aber auch zwischen noch zusammenlebenden Eltern solcher Familien belastet die Kinder ganz deutlich. Dies kann, wie die vorstehenden Kapitel gezeigt haben, starke negative Auswirkungen auf die Entwicklung der Kinder und Jugendlichen und deren Selbstwertgefühl haben. Psychische und psychosomatische Beschwerden, aber auch unvorteilhaftes Sozialverhalten in Form von starker Zurückgezogenheit oder auch auffälliger Aggressivität gegenüber Gleichaltrigen sind die ersten Folgen, die Auswirkungen bis ins Erwachsenenalter nehmen können.

Egal, ob nun die Eltern an einer zerrütteten Beziehung festhalten oder ob der Weg der Scheidung gewählt wird: Gelingt es Mama und Papa nicht, einen konstruktiven Konfliktstil zu entwickeln und zu leben, so erlangt der Begriff des eigentlich als selbstverständlich vorauszusetzenden Kindeswohls eine besondere Bedeutung. Ist man nämlich mit sich selbst in der Paarbeziehung beschäftigt, droht die Fähigkeit zur Wahrnehmung elterlicher Aufgaben selbst bei den besten Vorsätzen ins Hintertreffen zu gelangen, wenn nicht in aller Deutlichkeit auf entsprechend zu wahrende Pflichten hingewiesen wird. Beobachtet man, wie oft in öffentlichen Diskussionen zum Familienrecht oder auch in Schriftsätzen an Familiengerichte und Jugendwohlfahrtsträger der Begriff auftaucht, so sollte man eigentlich annehmen dürfen, dass diese Gewissheit weitverbreitet ist. Sieht man sich aber an, dass es da eine enorme Bandbreite an Auffassungen gibt, was unter Kindeswohl zu verstehen ist, so rechtfertigt dies, dass hier der Versuch einer Klarstellung erfolgt, um die Aufmerksamkeit auf den Sinn zu lenken: Es geht um die Bedürfnisse von Kindern. Anders als in manchem Schriftverkehr zu vermuten wäre, handelt es sich dabei nämlich nicht um die Trägerrakete für Rachefeldzüge gegen den Expartner. Zwar haben die Rechtsordnungen und auch die Justiz in nahezu allen Staaten der Welt den Begriff in ihren Wortschatz aufgenommen und damit zugänglich gemacht für gerichtliche Streitigkeiten über dessen Auslegung, im Vordergrund stehen sollten allerdings der Intention entsprechend weniger juristische als vielmehr kinderpsychologische und pädagogische Aspekte. Auch ist das Kindeswohl entgegen dem Eindruck, den man in manchen Kampfreden gewinnen könnte, kein Bestandteil eines Konzeptes zur Anheizung des Kampfes der Geschlechter. Zweck sollte vielmehr sein, die Perspektive des Kindes mit seinen ganz speziellen Bedürfnissen stets mit zu bedenken bei Handlungen der Erwachsenen und der Politik.

Das Kindeswohl ist ein Sammelbegriff über die für eine optimale Entwicklung des Kindes erforderlichen Rahmenbedingungen. Mit ihm soll ein Verständnis für die Bedürfnisse, Gefühle und Herausforderungen der Kinder geschaffen werden unter Berücksichtigung der wichtigsten Eckpfeiler. Nachstehend werden einige davon erläutert, wobei es hier keine fixe Gewichtung zwischen den einzelnen Punkten gibt: Es sind dies nur einige Aspekte, auf welche besonders hingewiesen wird und die in der jeweiligen Situation in Erinnerung rufen sollen, niemals die Perspektive des Kindes aus den Augen zu verlieren.

Das Kind ist zunächst auf eine angemessene und bedürfnisgerechte Versorgung – in der Regel durch seine Eltern – angewiesen. Darunter ist zu verstehen, dass ein Kind entsprechend den Lebensverhältnissen der Eltern ein Anrecht auf altersgerechte ausgewogene Ernährung, auf dem sozialen Umfeld jedenfalls entsprechende Kleidung in der korrekten Größe und auf Körperpflege, aber auch auf ausreichende medizinische Betreuung und altersgerechte Wohnmöglichkeiten hat. Es sollten dabei jeweils auch die Wünsche der Kinder angemessene Berücksichtigung finden. Zur medizinischen Betreuung ist auch eine entsprechende

Inanspruchnahme von Unterstützungsleistungen zu zählen bei besonders belastenden Situationen, bei denen klar ist, dass die Entwicklung des Kindes gefährdet werden könnte. Bei diesen Leistungen handelt es sich um die Erfüllung der fundamentalsten Grundbedürfnisse eines Menschen. Da und solange das Kind noch in einer Abhängigkeit zu den Eltern steht und nicht imstande ist, sich selbst zu versorgen, sind diese daher von Mutter und Vater jedenfalls zu erfüllen. Es handelt sich dabei um eine Verantwortung, die jeweils von dem Elternteil wahrzunehmen ist, bei dem sich das Kind befindet.

Ebenso ist eine sorgfältige Erziehung für die Entwicklung des Kindes von großer Bedeutung und stellt damit einen wesentlichen Aspekt des Kindeswohls dar. Im Rahmen einer sorgfältigen Erziehung des Kindes ist – seinem Alter entsprechend – auch auf ein ausgewogenes Verhältnis zwischen der Förderung seiner eigenständigen Entwicklung und der Vermittlung von Werten und Regeln zu achten. Erziehung ist dabei als ein Instrument der Persönlichkeitsentwicklung unter besonderer Berücksichtigung der individuellen Entwicklungsgeschwindigkeit und der besonderen Stärken und Schwächen des Kindes zu verstehen. Damit einher geht auch der Anspruch des Kindes, zu seinem Wohl Zugang zu den seinen Fähigkeiten, Bedürfnissen, Anlagen und Neigungen entsprechenden Bildungsangeboten zu bekommen.

Von keinesfalls zu unterschätzender Bedeutung ist weiterhin, dass Kinder für ihre Entwicklung verlässliche und sichere Bindungen aufbauen und erleben dürfen. Dazu bedarf es einer Sicherheit und Geborgenheit in seinem Zuhause, das durch die Fürsorge der Eltern geschaffen wird. Es gilt hier, die körperliche und seelische Integrität des Kindes zu schützen. Unter den Schutzanspruch des Kindes fällt dabei die Bewahrung vor körperlicher, aber auch vor seelischer Gewalt. Es liegt in der elterlichen Aufgabe, ein Umfeld zu schaffen, in welchem das Kind Wertschätzung und Akzeptanz erfährt. Ebenso fällt unter den Schutzanspruch aber auch das Bedürfnis des Kindes nach verlässlichen Kontakten zu beiden Elternteilen und auch anderen wichtigen Bezugspersonen wie Geschwistern, Großeltern oder auch Stiefelternteilen, sofern hier keine Gewalterfahrungen, massiven Kränkungen oder Vernachlässigungen des Kindes mit der Gefahr einer Retraumatisierung entgegenstehen. Die Eltern haben dafür zu sorgen, dass diesen Bedürfnissen nicht nur in Form einer aktiven Förderung diesbezüglicher Möglichkeiten Rechnung getragen wird, es ist auch alles zu unternehmen, um eine Stabilität in diesen Bindungen zu erreichen. Damit wird im Umgang mit der Entwicklung eines Gefühls für die eigene Herkunft des Kindes zur Persönlichkeitsentwicklung und zum Selbstverständnis beigetragen und jene Sicherheit entwickelt, der das Kind für seine Entwicklung bedarf.

In diesen sozialen Kontakten innerhalb des Familienverbandes ist von grundlegender Bedeutung, dass Loyalitätskonflikte und Schuldgefühle des Kindes vermieden werden. Für ein Kind ist es, wie bereits dargestellt, eine nur schwer zu bewältigende Belastung, wenn es in einen Loyalitätskonflikt zwischen wichtigen Bezugspersonen gerät. Das bedeutet nicht, dass in Gegenwart eines Kindes keine Konflikte mehr ausgetragen werden dürfen. Ganz im Gegenteil kann ein konstruktiver offener Umgang mit Auseinandersetzungen dem Kind sogar dabei helfen, die atmosphärisch bereits wahrgenommenen Spannungen richtig zu deuten, zu verstehen und damit zu verarbeiten. Zu vermeiden gilt es allerdings, dass Kinder einer von Gewalt geprägten Atmosphäre ausgesetzt werden. Es ist damit jedenfalls Aufgabe der Eltern, die Auswirkungen eskalierender Konflikte, zu denen trotz entsprechender Vorkehrungen nicht vermieden werden konnte, dass das Kind sie beobachten muss, auf das Kind möglichst gering zu halten. Ist ein Kind nämlich zu stark involviert in eine Eskalation zwischen Beziehungspersonen und bekommt es dabei mit, dass für es selbst gleichermaßen wichtige Menschen einander ablehnen, kann dies rasch vom Kind als Bedrohung seines engsten Umfeldes empfunden werden und somit zu Loyalitätskonflikten und auch Schuldgefühlen führen.

Bei all diesen Gesichtspunkten des Kindeswohls ist jeweils auch der Wille des Kindes unter entsprechender Berücksichtigung der jeweiligen Entwicklungsstufe desselben mit zu berücksichtigen. Das bedeutet nicht, dass dem Kind die Verantwortung für sein Wohlergehen überantwortet werden darf. Diese Verpflichtung bleibt schon bei den Eltern. Allerdings ist in Abhängigkeit vom Verständnis des Kindes und dessen Fähigkeit zur Meinungsbildung ein zum Ausdruck gebrachter Wunsch bestmöglich zu berücksichtigen. Soweit berechtigte Zweifel daran bestehen, dass die Erfüllung eines in dieser Weise artikulierten Wunsches dem Kindeswohl zuwiderlaufen könnte, kann es erforderlich sein, im Interesse genau dieses Kinderwohls auch gegenteilige Entscheidungen zu fällen. Dabei ist allerdings darauf zu achten, dass dies in einer Form geschieht, die die dem Kind geschuldete Wertschätzung nicht vermissen lässt.

# Die Bedeutung von Recht

Wenn Paarbeziehungen zerbrechen, bekommt die Rechtsordnung plötzlich eine ganz besondere Bedeutung im Familienleben: Während der Gesetzgeber sich in Deutschland, Österreich oder der Schweiz heutzutage nahezu unbeteiligt zeigt, wenn es darum geht, dass Menschen sich finden, beschließen, Kinder zu bekommen und einander vor dem Standesbeamten das Ja-Wort geben, mischt er sich sehr massiv ein in die Abwicklung einer gescheiterten Ehe, insbesondere, wenn aus dieser auch Kinder hervorgegangen sind.

Es gibt detaillierte Vorschriften über die formalen Voraussetzungen, die es zu erfüllen gilt, um sich scheiden lassen zu dürfen. Es wird hier immer noch in vielen Fällen die Schuld zu einem für das Verfahren und seine Konsequenzen zentralen Diskussionspunkt erhoben, wenngleich längst hinlänglich bekannt ist, dass dies der Gerechtigkeit faktisch wenig dienlich ist, dafür aber die ohnehin schon angespannte Situation noch weiter eskalieren lässt. Ist diese Frage einmal durchgefochten, so dienen Gerichte in weiterer Folge als Bühne für detaillierteste Beweisführungen zu einzelnen Gegenständen des aufzuteilenden Gebrauchsvermögens und entscheiden über wechselseitige Ansprüche, welche über die weitere wirtschaftliche Existenz bestimmen können: Wer hat das Haus zu verlassen und vielleicht dennoch für die Kredittilgung weiter aufzukommen, welcher Unterhalt ist zu leisten, wobei dank der Anspannungstheorie damit auch eine Verurteilung dazu einhergeht, seinen Job niemals mehr verlieren zu dürfen?

Auch hinsichtlich der Kinder reichen die Vorgaben der Justiz tief in die Intimsphäre der Menschen: So löblich es ist, dass der Gesetzgeber auf eine Wahrung der Kinderrechte hindrängt und auch Ausgaben der öffentlichen Hand für entsprechende Aktivitäten der Jugendwohlfahrtsträger nicht scheut, als so wenig zielführend erweist es sich, damit in einem weiteren Schritt den Menschen die Abgabe von Eigenverantwortung zu erleichtern. Zu verlockend ist es, die staatlichen Einrichtungen für eine Fortsetzung des Konflikts auf dem Rücken der Kinder, deren Wohl ja eigentlich abgesichert werden soll, auch Jahre nach einer Scheidung noch fortzusetzen. Betreuungsstreitigkeiten wie die unterschiedlichen Auslegungen der Bedeutung des Begriffs Kindeswohl, die faktische Ausgestaltung der Umgangsrechte des Kindes mit seinen nächsten Angehörigen und finanzielle Ansprüche in Form der Alimente und der Abdeckung eines allenfalls darüber hinausgehenden Sonderbedarfs bieten zahlreiche Möglichkeiten dazu.

Das ist bedauerlich. Zumal eine Scheidung für alle Beteiligten – und insbesondere die Kinder – einen schmerzlichen Einschnitt in die Lebenssituationen bedeutet und nur die Übernahme einer eigenverantwortlichen Lösungsfindung durch die Akteure geeignet ist, wieder nachhaltige Beruhigung in das zerbrochene Familiensystem hineinzubringen. Recht und Gerechtigkeit sind in der Tat zwei verschiedene Paar Schuhe – eine Erkenntnis, die gerade in dem so intimen Bereich der Familie mit dementsprechend einem sehr hohen Anspruch an das Erlangen von Gerechtigkeit eine schmerzhafte Bedeutung bekommt.

Unverzichtbare Eckpunkte für jede Betreuungsvereinbarung

Versuchen Sie zunächst, folgende Fragen vollständig zu beantworten. Eine Betreuungsvereinbarung ist in erster Linie daran zu messen, wie es den Kindern damit geht. Daher sollte eine regelmäßige Prüfung ihrer Wirksamkeit auch entlang der Fragen rund um das Kindeswohl erfolgen:

1. Wenn ich Ihr Kind fragen würde, ob seine Eltern auf das Kindeswohl achten: Bei welchem Punkt würde es besonders zufrieden sein?
2. Wenn ich Ihr Kind fragen würde, ob seine Eltern auf das Kindeswohl achten: Bei welchem Punkt würde es sich wünschen, dass darauf mehr geachtet wird?
3. Was können Sie dafür unternehmen, dass Ihr Kind zu beiden Elternteilen eine gleich gute Beziehung hat?
4. Welche drei Themen beschäftigen Ihr Kind gerade am meisten?
5. Was hätten Sie sich von Ihren Eltern gewünscht, dass sie es besser gemacht hätten?
6. Wenn ich Ihr Kind fragen würde, welche drei Punkte es an Mama und Papa besonders toll findet: Was wären da jeweils diese drei Punkte?

In einer Vereinbarung über die gemeinsamen Elternaufgaben auch nach einer Trennung sollte nicht nur die an den gesetzlichen Vorgaben orientierte Mindestfestlegung erfolgen. Neben der gemeinsamen Fürsorge beziehungsweise Obsorge, der überwiegenden Betreuung, der Höhe der Alimentationszahlungen und der pauschalen Feststellung, dass dem nicht die überwiegende Betreuung ausübenden

Elternteil ein regelmäßiges Besuchsrecht zukommt, hat es sich als hilfreich erwiesen, dass auch weitere Punkte vereinbart werden:

* Festlegung regelmäßiger Elterngespräche (jeweils wann und wo) zwecks Austausches über alle das Kind betreffenden Angelegenheiten
* Genaue Festlegung des regelmäßigen Kontaktes des Kindes zu dem Elternteil, bei dem es zurzeit nicht wohnt, einschließlich der Festlegung des Hin- und Rücktransportes, Ausnahmeregelungen wegen Verhinderung oder Krankheit, Regelung für die Ferien und bedeutsame Feiertage sowie Familienfeste; die Bedürfnisse des Kindes haben hierbei im Vordergrund zu stehen.
* Absprachen über die Ermöglichung von Kontakten zu Verwandten und Freunden des Kindes
* Absprache über Sonderausgaben für Hobbys oder einen besonderen Bedarf des Kindes
* Gemeinsame erzieherische Grundhaltungen (Umgang mit Fernsehen, Computerspielen, Taschengeld, Geschenke, Rauchen, Alkohol, Fortgehen …)
* Regelung der Vorgangsweise bei medizinischen, schulischen oder religiösen Entscheidungen
* Festlegung, wie vorzugehen ist bei Uneinigkeit

# 4
## Hilfreiche Wege in eine bessere Zukunft

*„Durch Eintracht wachsen kleine Dinge, durch Zwietracht zerfallen die größten."*

(Sallust)

Bereits in den vorangegangenen Kapiteln wurde auch zu besonders herausfordernden Aspekten in der Konflikteskalation von Eltern immer wieder ein Einblick gegeben in die Möglichkeiten, zu einem Friedenspfad zurückzukehren. Diese Trendumkehr ist dabei immer etwas sehr situationsbezogenes, sehr auf die einzelnen Beteiligten in ihrer Individualität Ausgerichtetes. Wie daher auch die Rechtsordnung kein Patentrezept vorschreiben kann, das in allen Fällen zu zufriedenstellenden Ergebnissen führen wird, ist es auch hier nicht möglich, ein für alle Konstellationen Erfolg versprechendes Rezept vorzustellen. Leider. Es kann – und wird – allerdings ein Überblick geboten über einige bewährte Möglichkeiten, einem Konflikt die Zähne zu ziehen. Sehr vieles kann man dabei selbst beitragen zur Verbesserung. Aber auch für den Fall, dass man selbst keine Möglichkeiten mehr sieht, das Ruder noch herumzureißen, ist das noch lange kein hoffnungsloser Fall: Es werden auch die gängigsten Wege vorgestellt, welche beschritten werden können zur Wiederherstellung eines Klimas, in dem die kindliche Entwicklung ungestört möglich ist. Ein Ziel, welches eigentlich alle Eltern in ihrem tiefsten Herzen mit sich tragen.

## Vieles kann man selbst verbessern

Schon das Begreifen der Dynamik von auch auf Kinder übergreifenden Beziehungskonflikten kann bereits helfen, sich herauszunehmen aus unangenehmen Auseinandersetzungen. Ein erster Schritt, um wieder zum Pfad eines konstruktiven Miteinanders zurückzufinden statt sinnloser Verletzungen, die am Ende des Tages keinem helfen. Das Gefühl, nach einer heftigen Auseinandersetzung im darauffolgenden nächsten Moment der Ruhe keine Antwort auf die Frage zu haben, wozu denn die eigene Aufregung und der darauffolgende Angriff wieder gut gewesen sein sollen, wird sich vielleicht auch mit diesem Wissen nicht gänzlich vermeiden lassen. Es wird allerdings etwas leichter, die zur Versöhnung angebotene Hand bei der nächsten Begegnung nicht als eigenen Gesichtsverlust sehen zu müssen. Was man begreifen kann, lässt sich leichter in den Griff bekommen. Welche Möglichkeiten gibt es, Konflikten aus eigener Kraft die Giftzähne zu ziehen und stattdessen die in ihnen wohnende Energie für sich und ein konstruktives Miteinander zu nutzen?

## Von alleine läuft es selten in die gewünschte Richtung

Eine Menge automatischer Mechanismen wirken intensivierend auf den Konflikt – und nicht umgekehrt in eine positive Richtung. Nur durch Bewusstmachen und auch durch viel Mut kann der Mensch diesen Mechanismen und somit dem destruktiven Potenzial eines Konflikts begegnen und damit die möglichen positiven Früchte aus einer bewussten Konfliktverarbeitung ernten. Wer denkt, den Kopf in den Sand stecken zu können, bis wieder alles von alleine gut geworden ist, wird sehr wahrscheinlich überrascht werden von immer stärker werdenden Wellen des ausgesessen vermuteten Konflikts. Gras wächst meist nur über die Sache, wenn der zunehmend verbrannte Boden wieder aktiv aufbereitet wird und Grassamen der gewünschten Sorte gesät und ausreichend versorgt werden. Hilfstechniken dabei kann man in den Möglichkeiten zur Steigerung der Selbstwahrnehmung, des Eigenverständnisses, der Selbstakzeptanz und der gelebten Eigenverantwortlichkeit genauso finden wie in den Kommunikationsregeln der gewaltfreien Kommunikation nach Rogers und Rosenberg. Die Auflockerung des linearen Denkens durch fernöstliche Denkweisen kann ebenso ihren Betrag für die Schaffung eines für Wachstum geeigneten Klimas leisten wie die Einnahme einer mediativen Grundhaltung in der Begegnung mit sich selbst und der Umwelt.

## Authentizität als Grundstein

Wer seinem sozialen Umfeld mit Offenheit und Respekt entgegentreten will, wird dies zunächst an sich selbst praktizieren müssen. Verantwortung ist nicht vorstellbar ohne Eigenverantwortlichkeit, Liebe nicht vorstellbar ohne Eigenliebe. Das klingt auf den ersten Blick banal, auf den zweiten mag es in vielen den Widerspruchsgeist wecken: Was soll denn das eine mit dem anderen zu tun haben? Nun, sehr viel: Einerseits geht es um Authentizität, also die nonverbale Kommunikation mit dem Umfeld in Übereinstimmung mit den gewählten Worten und gesetzten Taten. Kaum jemand wird beispielsweise den schwärmerischen Worten eines Vegetariers Glauben schenken können, der die Vorzüge eines Schweinsbratens anpreist. Andererseits geht es darum, Projektionen der an sich selbst versteckten Persönlichkeitsanteile auf die Umgebung zu verhindern: Wer sich selbst beispielsweise Unpünktlichkeit nicht eingestehen kann, der wird diese an sich selbst bekämpfte Möglichkeit, einmal nicht zur vereinbarten Zeit an einen vereinbarten Ort kommen zu können, auch anderen nicht ohne Weiteres zugestehen können.

## Wollen, können und tun

In Konflikten geht es immer um Bedürfnisse. Es geht stets darum, Bedrohungen der Erfüllung eigener Bedürfnisse zu beseitigen. Es ist daher für einen konstruktiven Umgang mit Konflikten unerlässlich, sich des eigenen Wollens klar zu werden: Welche sind die eigenen Bedürfnisse, wie beeinflussen einen die individuell unterschiedlichen persönlichen

Faktoren des Wahrnehmens, Denkens und Fühlens, wodurch bezieht man seine Motivation für sein Handeln? Je größer die Kenntnis seiner selbst zu diesen Punkten ist, desto standfester wird man sein – und desto leichter wird es sein, auch auf das Gegenüber einzugehen, ohne eigene Standpunkte damit zu verraten.

Zur Abklärung des eigenen Wollens in Bezug auf einen Konfliktschauplatz kann es in einem weiteren Schritt hilfreich sein, sich den sogenannten möglichen Konfliktgewinn ebenso wie den drohenden Konfliktverlust anzusehen: Kennt man die Dynamik unkontrollierten Konfliktgeschehens mit der Tendenz zur Ausweitung nicht nur auf andere Lebensbereiche und Themen, sondern auch auf das soziale Umfeld, so wird dabei wohl sehr rasch klar, dass selbst dem größtmöglichen Vorteil einer Eskalation enormes Potenzial an Schaden gegenübersteht. Kann es daher dem eigenen Wollen überhaupt entsprechen, die destruktiven Seiten von Streit weiter wirken zu lassen oder gar sogar voranzutreiben? Ist die Wahrscheinlichkeit, in einem auf das Miteinander ausgerichteten Gespräch den eigenen Bedürfnissen entsprechende nachhaltige Lösungen zu finden nicht ungleich höher, als diese im Kampf zu suchen und danach ständig verteidigen zu müssen?

Im nächsten Schritt gilt es, das eigene Wollen zu übersetzen in ein Tun. Dazu braucht es ein Können: die Fähigkeit, sich selbst zu artikulieren wie auch das Gegenüber zu hören. Gar nicht so leicht, wenn man sich einmal dabei erwischt, dass der Verstand sich aus dem Konflikt verabschiedet zu haben scheint und blanke Emotion stattdessen das Ruder des Geschehens zu übernehmen droht. Zunächst gilt es dabei, sich nochmals selbst in Erinnerung zu rufen, was man will. Und sich selbst wieder in einen Zustand zu bringen, in dem man spürt, dass man „Herr seiner Sinne" und zugleich auch in der Lage ist, seine Emotionen annehmen zu können. Da hilft oft so etwas Simples, wie ein paar Mal tief auszuatmen und sich dabei vorzustellen, dass man alles Gift, das man eigentlich versprühen wollte, rauspustet. In weiterer Folge sind dann neben den Fähigkeiten der Empathie auch Grundregeln der gewaltfreien Kommunikation sehr hilfreich. Es sind oft Kleinigkeiten wie die trotz aller Unstimmigkeiten ausgedrückte Wertschätzung für das Gegenüber, welche hier über den weiteren Verlauf eines Konfliktes entscheiden. Irgendwas findet man am Gegenüber ja immer noch toll. Ein kleiner Trick dabei: Das Wort „aber" sollte man ebenso aus seinem Wortschatz streichen wie die Frage nach dem „Warum". „Aber" wirkt wie ein Vorschlaghammer, der alles zertrümmert, was davor aufgebaut wurde („Ich freue mich, dass du mich angerufen hast, aber …". Und schon lässt das Wort „aber" das Gegenüber an der Sinnhaftigkeit zweifeln, den ersten Schritt des Anrufes gesetzt zu haben) – und wer die Frage nach dem „Warum" durch das im Sprachgebrauch als Synonym verwendete „Wozu" ersetzt, der vermeidet es, einen Rechtfertigungsreflex im Gegenüber auszulösen, welcher selten geeignet ist, auf die Zukunft gerichtete Lösungen zu ermöglichen.

Wie sehr man sein eigenes Tun beeinflussen kann, wird an folgendem Gleichnis deutlich, das in ähnlicher Art auch die Literatur immer wieder zu großen Werken inspirierte und damit Menschen berührte und gleichermaßen zum Nachdenken anregte: Ein alter Cherokee-Indianer erzählte seinen Enkelkindern etwas über die Lebensprinzipien. Er sagte: „Meine lieben Kinder, jeder Mensch hat in seinem Innern zwei Wölfe, die gegeneinander kämpfen. Ein Wolf ist ärgerlich, neidisch, gierig, traurig und hochmütig. Der andere Wolf ist fröhlich, friedfertig, hoffnungsvoll, demütig, freundlich, barmherzig und wahrhaftig. Diese beiden Wölfe kämpfen in einem Menschen gegeneinander." Da fragte eines der Enkelkinder: „Opa, wer ist denn der Sieger?". Dieser antwortete: „Der Wolf, den du mit Essen ernährst!"

Es ist nicht leicht, sich selbst aus einem Konflikt wieder ohne Schaden herauszuziehen. Trotz Einhaltung all der in dieser kleinen Auswahl an Möglichkeiten genannten Schritte kann es passieren, dass keine Verbesserung einzutreten scheint. Dass sich vielleicht sogar im Gegenteil das Gefühl zusätzlich einschleicht, vollends sein Gesicht zu verlieren, sich zum Kasper zu machen. Dies ist dann ein Indiz dafür, dass es vielleicht doch an der Zeit ist, sich Hilfe hinzuzuholen. Dabei gibt es verschiedenste Angebote und Möglichkeiten: Das kann ein Freund beziehungsweise eine Freundin sein, das kann ein therapeutisches oder coachendes Angebot sein, ein Mediator oder auch ein Gericht. Maßnahmen der Selbsthilfe haben nämlich eine Grenze: Solange von allen im Konflikt befindlichen Seiten außer Frage steht, dass es trotz bereits einsetzender Polemik und ersten Taten statt Worten noch als wahrscheinlich gesehen wird, auf Verliererinnen und Verlierer verzichten zu können, machen sie Sinn und haben gute Erfolgsaussichten darauf, dass so eine friedliche Beilegung erfolgen kann. Bei höher eskalierten Streitigkeiten ist die Grenze für jegliche Selbsthilfe allerdings meist längst überschritten.

# Zwölf kleine Tricks im Miteinander

## Verzicht auf Wertung

Im Alltag stößt man ununterbrochen auf Meinungen und Standpunkte. In den Social Media läuft wieder eine Diskussion über Lösungen im Umgang mit Flüchtlingen, am Stammtisch werden die Chancen der heimischen Fußballmannschaften in der Champions League diskutiert, und zu Hause geht es darum, wie der anstehende nächste Geburtstag in der Familie begangen werden soll. Dies sind nur einige Beispiele dafür, dass das Leben in der Gesellschaft ununterbrochen Themen bietet, zu denen verschiedenste Blickwinkel zu verschiedenen Standpunkten führen können.

So weit, so gut. Vielfalt ist ja an sich etwas Bereicherndes. Das Urlaubsbüfett wird ja auch gewöhnlich daran gemessen, wie groß die Auswahl an Speisen ist – selbst wenn man nur einen Teil davon wirklich probiert. Einkaufszentren verlocken viele nur dann zu begeistertem Shopping, wenn ein schier unüberblickbares Angebot an unterschiedlichsten Waren da ist, selbst wenn man ohnehin nur mit einer vergleichsweise sehr geringen Anzahl an Artikeln bepackt wieder nach Hause fährt. Und von Juristinnen und Juristen, in Arztpraxen und auch von zahlreichen anderen Berufszweigen kennt und akzeptiert man es, dass es mindestens so viele als einzig richtig verkaufte Einschätzungen zur selben Frage gibt, wie man Menschen befragt hat. Man sollte daher annehmen, dass die Menschen es gelernt hätten, Widersprüche und den Reichtum an Möglichkeiten gelten zu lassen und darin selbst in essenziellen Fragen keine unüberwindbare Gefahr für die eigenen Ziele und Wünsche zu erblicken.

Und dennoch passiert es ununterbrochen, dass Menschen sich wegen Kleinigkeiten fürchterlich in die Haare bekommen. Dass die Planung des nächsten Familienfestes in unüberbrückbar erscheinende Zerwürfnisse mündet, weil einige keine rechte Lust auf eine große Feier haben; dass Freundschaften zerbrechen wegen unterschiedlicher Haltungen in einer Diskussion über die Zustände in den Flüchtlingslagern; dass tiefe gegenseitige Beleidigungen wegen unterschiedlicher Fußballmannschaften, denen die Daumen gedrückt werden, Raufereien provozieren und ein Nachspiel im Krankenhaus oder vor dem Strafrichter nach sich ziehen. Wie passt das zusammen? Einerseits ist Vielfalt wünschenswert oder zumindest akzeptiert, auf der anderen Seite wird es bekämpft, als hänge das eigene Leben davon ab.

Ein sehr häufiger Grund liegt darin, dass man es in der von vielen als immer schnelllebiger beschriebenen Gesellschaft einfach gewohnt ist, rasche Entscheidungen zu fällen. Immer. Auch dort, wo sie vielleicht gar nicht sofort notwendig sind. Aber man ist es einfach so gewohnt. Dafür wird aus Gründen der bereits in der Schule antrainierten und im Berufsleben geschätzten und geforderten Effizienz der gewöhnliche Ablauf der Entscheidungsfindung zunehmend verkürzt. Auf die oberflächliche Beobachtung erfolgt häufig sofort die mit eigenen Erfahrungen und Wertevorstellungen angereicherte Wertung. Dass diese dann durch diesen Schnellschuss meist mehr über einen selbst aussagt als über das Beobachtete – das wird dabei übersehen. Und dass damit aus einem Nichts heraus plötzlich schwerwiegende rasch eskalierende Konflikte erwachsen, wird zwar bedauert, aber man ist auch da im Allgemeinen nicht darum verlegen, in den jeweils anderen den alleinigen Grund dafür zu erkennen.

Wie kann man das in den Griff bekommen? Es ist eigentlich vollkommen banal: Durch Achtsamkeit, Neugier und Geduld – vor allem auch mit sich selbst – kann man schon enorme Erfolge erzielen und damit nicht nur das Miteinander angenehmer gestalten, sondern selbst auch sehr viel lernen. Einer der ersten Schritte dabei könnte sein, dass man in einer Situation, in der Meinungen aufeinanderprallen, einfach darauf achtet, sich für die klassischen drei Schritte hin zu einer Entscheidung Zeit zu lassen: das Beobachtete beschreiben, es erklären und erst dann, wenn es tatsächlich erforderlich sein sollte, es auch bewerten. Es ist erstaunlich, wie häufig man dann nämlich darauf kommt, dass es durchaus gleichgelagerte Bedürfnisse sind, die unterschiedlich artikuliert in Streit münden, wo doch eigentlich ein Schulterschluss zum Greifen nahe wäre und die Zielerreichung sogar vereinfachen würde. Auch kann es so gelingen, Diskussionen, die gar nicht einmal eines Ergebnisses bedürfen, stehen zu lassen mit den unterschiedlichen Meinungen: es muss nicht immer eine Einigung erfolgen, um friedlich weiterleben zu können.

In der Praxis bedeutet dies: Wenn in einem Gespräch ein Widerspruch zur eigenen Sichtweise auftaucht, dann ist das in nahezu allen Fällen noch keine Kriegserklärung. Sie muss daher auch nicht erwidert werden. Hat man das Gefühl, das Gehörte kann nicht so hingenommen werden, dann besteht jetzt die Möglichkeit, zu hinterfragen, was denn hinter diesen Worten steckt. Und umgekehrt – wobei das Wort „aber" tunlichst immer durch ein „und" ersetzt werden sollte – kann und soll natürlich auch Einblick gegeben werden in die eigene Sichtweise. Statt das Gegenüber als Resultat eines vorschnellen Urteils zu bekämpfen und in die Rechtfertigungsecke zu drängen, wird ihm mitgeteilt, was man gehört hat, und es wird nachgefragt, was denn damit ausgedrückt werden soll. Körpersprachlich wird vermieden, dass das Gegenüber die Hände verschränkt und somit zum Ausdruck bringt, gar nicht mehr so recht zuhören zu können und nur noch nachzudenken, wie die Verteidigungsstrategie effektiv zurechtgelegt werden kann. Durch – auch körpersprachlich sichtbares – öffnendes Nachfragen bekundet man Interesse und eröffnet solchermaßen die Möglichkeit, dass einerseits Missverständnisse ausgeräumt werden, andererseits vielleicht sogar die Motive hinter der Haltung ans Tageslicht kommen. Diese Erklärungen, die man dabei angeboten bekommt, bringen im besten Fall Gemeinsamkeiten hervor, welche man ansonsten übersehen hätte. Diese Gemeinsamkeiten können jetzt als Basis herhalten für die Klärung der ebenfalls vom Thema betroffenen Aspekte. Statt des aus einem vorschnellen Urteil resultierenden Wettkampfes gegeneinander mit den Facetten der verschiedenen destruktiven Konfliktlösungsmuster von der Vernichtung über die Unterwerfung bis hin zur Flucht entsteht durch das längere Verweilen auf der Ebene des Beschreibens und Erklärens der Beobachtung ein Klima, das eine gemeinsame Bewertung und somit Entscheidung begünstigt. In dieser Atmosphäre sind Einigungen möglich, in der beide Seiten sich gleichermaßen finden oder zumindest für verbleibende Reste der unterschiedlichen Zugänge wechselseitige Akzeptanz zur friedlichen Koexistenz erfahren, da sie keine Bedrohung darstellen und auch als solche nicht bewertet werden.

**Probieren Sie es aus!**

Denken Sie an die letzte Begegnung mit dem anderen Elternteil Ihres Kindes.
Was haben Sie da beobachtet?
Wie würden Sie mir die Situation beschreiben?
Welche Möglichkeiten gibt es, diese Situation zu beurteilen?
Was ändert sich an der Situation, wenn Sie auf das Urteil, welches Sie schmerzt, verzichten?
Streichen Sie das Wort „aber" aus Ihrem Wortschatz!

## Auch einmal über Gefühle reden

Gefühle sind ein ungeheurer Antrieb, Dinge zu tun – zugleich aber auch oftmals eine schier unüberwindbare Blockade. Während Glücksgefühle dank des Botenstoffes Dopamin die Produktion von Endorphinen anregen und einen damit in die Lage versetzen, frohen Mutes an alle Herausforderungen des Lebens heranzutreten, können Wut, Angst und Trauer vor allem in der Kombination mit Stress eine regelrechte Starre auslösen. Emotionale Regungen finden demgemäß auch zurecht Eingang in viele Redewendungen: „Ich könnte vor lauter Glück Bäume ausreißen" bringt dabei die Zuversicht in eigene Stärke zum Ausdruck, während ein „ich bin blind vor Wut" es auf den Punkt bringt, dass die durch ein einzelnes Ereignis ausgelöste Wut ebenso sehr rasch um sich greifen kann und kognitive Fähigkeiten auszuschalten scheint.

Emotionen werden dabei als sehr subjektive Erlebnisse beschrieben und in einer wissenschaftlichen Herangehensweise der Psychologie eingeteilt in verschiedene Dimensionen: Die Richtung gibt dabei etwa an, wie angenehm oder unangenehm sie erlebt werden, die Qualität gibt Aufschluss über den Erlebnisinhalt beziehungsweise die Aufmerksamkeit oder Ablehnung (Verdrängung), die ihnen geschenkt wird; unterschieden wird auch nach dem Ausmaß der Aktivierung, also der Intensität, mit welcher sie Einfluss auf nachfolgendes Denken und Handeln nimmt, sowie dem Bewusstsein für die Regung. Die Stärke schließlich beschreibt, wie sehr die Person erregt ist und wie intensiv das Gefühl aktivierend auf Denken und Handeln einwirkt. Es wird dabei davon ausgegangen, dass Gefühle also eine körperliche, eine psychische und eine verhaltenssteuernde Komponente besitzen: Man bebt etwa vor Wut, fühlt sich dabei blind und setzt in weiterer Folge destruktive Verhaltensweisen.

Bedenkt man die Wucht, mit der Gefühlsregungen das Leben zu beeinflussen vermögen und dabei wesentliche Entscheidungen in die eine oder andere Richtung begünstigen oder erschweren, so ist es eigentlich verwunderlich, dass ihnen oftmals in der Kommunikation kaum bewusste und ausgesprochene Bedeutung geschenkt wird. Wahrscheinlich liegt es daran, dass Kindern oft von klein auf eingetrichtert wird, emotionale Ausbrüche für sich zu behalten: Zornausbrüche werden im Keim erstickt, und auch überschwängliches Lachen oder Liebesbekundungen werden rasch zurückgepfiffen, da es sich gerade nicht gehöre. Im Berufsleben wird ebenfalls selbstverständlich darauf Wert gelegt, dass man es sich verkneift, Trauer, Angst, Wut und Freude Ausdruck zu verleihen. Die Gesellschaft definiert sich mit zunehmendem Zivilisationsgrad eher über rational nachvollziehbare Vorgänge, und da scheint es für den emotionalen Antrieb wenig Platz zu geben. Was allerdings nicht bedeutet, dass Emotionen dabei auch weniger auftreten – es wird ihnen lediglich weniger Bedeutung beigemessen, sie werden nicht mehr bewusst als solche erlebt und benannt, sie werden verdrängt; womit ihre Intensität, mit welcher sie Einfluss auf das Handeln nehmen können, allerdings eher zu- denn abnimmt, und das scheinbar unkontrollierbar, da man verlernt hat, sie anzunehmen.

Es ist daher gar nicht weiter erstaunlich, dass viel zu selten über Gefühle geredet wird. Geredet – nicht bloß in Floskeln verpackt. Oder mit freier Meinungsäußerung verwechselt: Dabei werden Gefühlsregungen mit Einschätzungen zu Fakten vermischt und jeder Widerspruch somit sofort auf der persönlichen Ebene als Angriff gewertet. Ein Vater etwa, der seine Kinder gerne auch nach einer Trennung von deren Mutter öfter sehen will, bekommt von der Gesellschaft kaum den Raum zugestanden, sich seiner Gefühle der Liebe, der Angst und der Trauer bewusst zu werden und diese dann in weiterer Folge auszudrücken und einzusetzen für das konstruktive Elterngespräch – stattdessen wird er als der Papa, der versagt hat, abgestempelt. Auch das „Ich liebe dich" versetzt viele Menschen in Erstaunen, wenn darauf die Frage kommt, was genau denn das bedeute, wie sich das denn anfühle.

Diese Trennung zwischen Gefühlen, Einschätzungen und auch Erwartungshaltungen kann allerdings wieder erlernt werden. Der Mensch ist mit dieser Fähigkeit auf die Welt gekommen, sie wurde ihm abtrainiert, sie wurde dabei ins Unterbewusstsein abgedrängt – natürlich ist es daher umgekehrt auch wieder möglich, ein Bewusstsein dafür zu entwickeln, dass Gefühle etwas Kostbares sind, das nicht versteckt werden muss. Eine Möglichkeit ist es dabei, sich zunächst bei jedem Gespräch mit dem engsten Freundeskreis dafür Zeit zu nehmen, was das gerade besprochene Thema mit einem macht: Krampft es einem den Magen zusammen, steigt die Herzschlagfrequenz, beginnen die Hände zu schwitzen, fällt es schwer, zuzuhören, …? Alles körperliche Anzeichen dafür, dass da Gefühle ins Spiel kommen, die darauf ein Anrecht haben, wahrgenommen zu werden. Hier besteht dann die Möglichkeit, sie bewusst anzunehmen als Ratgeber – oder sie beiseiteschieben zu wollen und damit zu bewirken, dass sie ihre Kraft unterbewusst entfalten werden im darauffolgenden eigenen Verhalten. Jetzt besteht die Möglichkeit, sich zu offenbaren – mit in den meisten Fällen sehr konstruktiver Auswirkung auf das weitere Gespräch: Statt nicht nachvollziehbaren Vorwürfen an das Gegenüber eröffnet die scharfe Trennung von Beobachtung, Interpretation und eigenen Emotionen die Chance, dass das Gegenüber darauf eingehen kann. „Das ist wieder typisch – du hörst mir gar nicht zu; anscheinend ist es dir vollkommen egal, was ich sage!", bringt zwar die Trauer und auch die Wut darüber zum Ausdruck, dass man sich nicht Gehör verschaffen kann mit seiner Meinung oder seinen Bedürfnissen, macht es dem Gegenüber allerdings sehr schwer, da jetzt konstruktiv zu bleiben auf dem Weg, den man sich doch eigentlich so dringend wünscht. Bleibt man stattdessen bei sich, benennt die Emotionen, die gerade aufsteigen, so wird das wesentlich hilfreicher sein. „Mir ist es wichtig, dass ich dir erklären kann, was da meine Sicht der Dinge ist. Es macht mich enorm traurig und wütend auf mich selbst, dass es mir einfach nicht gelingt, die richtigen Worte zu finden.", besagt genau dasselbe, wobei die angesprochene Person jetzt in keine reflexartige Abwehrhaltung gehen muss, sondern stattdessen sehr wahrscheinlich sogar dazu angeregt wird, Verständnis aufbauen zu wollen.

---

**Probieren Sie es aus!**

Denken Sie an die letzte Begegnung mit dem anderen Elternteil Ihres Kindes.
Zu welchem Thema hatten Sie da unterschiedliche Ansichten?
Welche Fakten wurden da ausgesprochen, welche könnten noch in Erfahrung gebracht werden?
Wie haben Sie sich gefühlt? Wie hat sich das Gegenüber gefühlt? Wie Ihr Kind?
Wie können Sie Ihre Gefühle ansprechen, sodass dies als Einladung verstanden werden kann, Sie zu verstehen? Wie formuliert das jemand, dem Sie nichts abschlagen können?
Wie fühlt sich das an, wenn Sie Ihre Gefühle ansprechen statt sie hinter einem Vorwurf zu verstecken?

---

## Höflichkeitsfloskeln mit Leben befüllen

Von klein auf wird den Menschen eingetrichtert, höflich zu sein. Eine der ersten Übungen dabei ist es, dass das Zauberwort mit den zwei „t" nicht „flott", sondern „bitte" heißt. Auch Dankbarkeit, Ausreden lassen, Zuhören, Respekt und Begrüßungsrituale gehören zum Standardrepertoire dessen, was im Zuge der Erziehung als Maßstab der Höflichkeit vermittelt wird. Und es wird dazu erklärend versprochen, dass es auf diesem Weg leichter wird, persönliche Ziele zu erreichen.

Das Problem dabei ist, dass all diese eingetrichterten Merkmale einer wertschätzenden Begegnung der Mitmenschen rasch verkommen zu leeren Floskeln. Zu Worten, die zwar ausgesprochen und gehört werden, zu denen aber auf der Metaebene gespürt werden kann, dass hier vielleicht keine emotional mit der Bedeutung übereinstimmende Botschaft enthalten ist. So kann etwa hinter Begrüßungen auch aufgestauter Hass aus unbearbeiteten Konflikten verborgen werden. Drohungen und Manipulationen erhalten die bloß zur der Zivilisation geschuldeten Tarnung gedachte Bitte als Verpackung. In einer Bitte kann der Versuch stecken, das Abschieben von Verantwortung vermeintlich zu legitimieren. Unter Zuhören wird viel zu oft auch das geflissentliche Pausieren im unbeirrten Fortsetzen des eigenen Monologs verstanden und Dankbarkeit als nette aber bedeutungslose Dekoration angesehen für als Selbstverständlichkeit empfundene Zuwendungen. Dementsprechend verlieren all diese im Rahmen der Erziehung gelernten Höflichkeiten an Zauberkraft, pervertieren oftmals sogar ins Gegenteil. Das muss allerdings nicht sein – es ist jederzeit möglich, die Höflichkeitsfloskeln wieder mit Leben zu befüllen und in ihnen auf diese Weise wieder treue Begleiter zu erhalten auf dem Weg zur leichteren Erreichung persönlicher Zielsetzungen.

Nehmen wir da etwa die Begriffe „bitte" und „danke" heraus:

Einer Bitte geht im Optimalfall eine bewusste Auseinandersetzung mit eigenen Bedürfnissen voraus. Man hat etwa Hunger und beschäftigt sich dabei mit den Möglichkeiten, eigenverantwortlich eine Befriedigung dieses Bedürfnisses zu ermöglichen. Man hat da etwa die Möglichkeit, alle Zutaten für seine Leibspeise einzukaufen, sich anschließend in die Küche zu stellen und mit der Zubereitung zu beginnen.

Oder die Minimalversion, sich einfach irgendwas Essbares in den Mund zu stopfen, zu wählen. Auch der nach einem Blick auf den eigenen Wohlstandsbauch getroffene Beschluss, dass es ohnehin Zeit für eine Diät wäre, stellt eine Alternative dar. Tritt man nun stattdessen an den Partner oder die Partnerin heran und bittet darum, doch wieder diese unbeschreiblichen gefüllten Paprika für die bevorstehende Mahlzeit zuzubereiten, dann sind all diese Gedanken eine hervorragende Grundlage für ein Gespräch, das sowohl bei der ersuchten Person als auch bei einem selbst Wohlbehagen auslösen wird: Es wird hier keine Verantwortung abgeschoben, es wird offenbart, dass man den Aufwand für die Erfüllung der Bitte einzuschätzen und auch zu schätzen weiß. Es wird zugleich auch vermittelt, dass ein Nein kein Beinbruch wäre – vielleicht ergibt das erwartungsfreie Gespräch ja sogar Möglichkeiten, die noch mehr Lustgewinn bedeuten wie etwa ein wieder einmal längst fälliges Candle-Light-Dinner beim Italiener um die Ecke. An diesem Beispiel werden die Eckpunkte eines für ein Miteinander hilfreichen Ersuchens sehr deutlich sichtbar: Man ist sich seiner Bedürfnisse bewusst, man ist bereit, Eigenverantwortung für sie zu tragen, man offenbart dem Gegenüber, wobei einem die Erfüllung der Bitte helfen kann, und es wird zu keinem Zeitpunkt als selbstverständlich angesehen, dass der Bitte auch entsprochen wird. Damit wird dem Gegenüber Respekt gezollt und ihm solchermaßen ermöglicht, ohne in die Verteidigungs- oder Rechtfertigungsecke gedrängt zu werden, eigene Bedürfnisse und Vorstellungen mit einzupacken in die Lösungsfindung.

Dankbarkeit ist von sehr ähnlichen Eckpunkten geprägt, wenn sie aufrichtig gemeint ist. Unendlich viele Dinge werden im Alltag erlebt, welche nicht selbstverständlich sind und die einem das Leben erleichtern. Die einem hilfreich dabei sind, die Verantwortung für sein eigenes Glück und Wohlempfinden zu tragen. Das freundliche Lächeln der Bäckerin, die Zeichnung des eigenen Kindes, eine liebevolle Berührung des Partners oder der Partnerin, die Großzügigkeit, mit der der Chef oder die Chefin über einen Fehler hinwegsieht. Diese Liste kann jeder Mensch wohl unendlich fortsetzen. „Danke" sollte dabei immer wieder auch sehr bewusst ausgesprochen werden. Aus tiefster Überzeugung heraus, dass es sich bei der Begebenheit, zu welcher dieses Wort als gebührend empfunden und einem Menschen gesagt wird, um etwas handelt, das einem zwar nicht die Verantwortung abgenommen, aber geholfen hat, sie zu tragen. Und das Schöne daran: Wie auch bei einem bewussten „Bitte" kehrt die Energie eines aufrichtigen „Danke" zu dem, der es schenkt, zurück. Diese Neuordnung der Gedanken rund um die Höflichkeitsfloskeln beschert nicht nur ein wertschätzenderes Miteinander, die wiedergewonnene Zauberkraft erhellt auch das eigene Gemüt.

---

**Probieren Sie es aus!**

Denken Sie an die letzte Begegnung mit dem anderen Elternteil Ihres Kindes.
Wann haben Sie zuletzt um etwas gebeten? Haben Sie die Bitte dabei so formuliert, dass es dem Gegenüber leicht gefallen ist, sie zu erfüllen?
Wie können Sie eine Bitte beim nächsten Mal noch besser formulieren?
Wann haben Sie sich das letzte Mal bedankt? Haben Sie den Dank dabei so formuliert, dass auch Sie Freude in sich spüren konnten?
Streichen Sie das Wort „aber" aus Ihrem Wortschatz!

## Mut haben, Fragen zu stellen

In unserer Gesellschaft hat es sich eingebürgert, dass möglichst wenige Fragen gestellt werden. „Wer viel fragt, geht weit irr", besagt so etwa ein deutsches Sprichwort. Und so ist es auch nicht weiter verwunderlich, dass man sich im Berufsleben nicht die Blöße geben möchte, als unwissend dazustehen und auch im Privatleben eigenen Annahmen und Interpretationen den Vorzug gibt vor einer Nachfrage, um nicht als aufdringlich oder lästig zu gelten. Schade. Denn so läuft man schnell Gefahr, aneinander vorbeizuleben, jeweils mit einem Bild vom anderen, das immer fremder wird von der Eigeneinschätzung dieses Menschen.

Eines der schönsten Beispiele dafür, wie wichtig es sein kann, die richtigen Fragen zu stellen, ist folgende Geschichte:

Eines Tages kam ein fünfjähriger Junge zu seinem Vater und fragte ihn mit einem Ausdruck in den Augen, der darauf schließen ließ, dass er gerade etwas ganz Großes plane: „Du, Papa, wie viel Geld verdienst du eigentlich in der Stunde?". Der Vater war ein im Berufsleben unter starker Anspannung und ständigem Zeitdruck stehender Mann. Er hatte viel zu leisten für sein Einkommen, das aber dennoch nicht für den Lebensstandard reichte, den er seinen Lieben bieten wollte. Auch hatte er stets ein schlechtes Gewissen gegenüber seiner Familie, viel zu wenig Zeit für sie zu haben. Er sprach daher nicht sehr gerne darüber und ahnte, dass sein Sohn ihn nun um Geld fragen werde für eines der Spielzeuge, das gerade überall großartig beworben wird. Er versuchte daher, genervt und sich dennoch beherrschend, das Gesprächsthema abzuwürgen. Da sein Sohn aber nicht locker ließ, verriet er ihm seinen Stundenlohn: 16 €. Der aufgeweckte Junge schaute daraufhin kurz leicht geschockt, um sich aber rasch ein Herz zu fassen und darum zu bitten, ob er sich denn 8 € ausleihen dürfe.

Jetzt platzte dem Vater der Kragen. Hatte er doch recht: Selbst sein Sohn wollte nur noch Geld von ihm; Geld, das er hart verdiente, um seiner Familie wenigstens ein halbwegs angenehmes Leben bieten zu können, und dann sollte er Geld herleihen, das er eh nie wieder sehen würde. Sicher für irgendein Plastikspielzeug – und im nächsten Herbst wüsste er dann wieder nicht, wie er das Geld für die dann notwendigen Kinderschuhe zusammenkratzen sollte. „Nein, sicher nicht. Ich bin kein Geldscheißer, damit du wieder ein dämliches Spielzeug kaufen kannst.", tobte er, bezeichnete seinen Sprössling als undankbar und egoistisch und schickte ihn auf sein Zimmer.

Der kleine Junge ging sehr traurig und mit hängendem Kopf, so wie es von ihm verlangt wurde, auf sein Zimmer. Der Vater ärgerte sich noch eine Zeit lang über die Unverfrorenheit seines Kindes, doch bereits kurze Zeit später kamen ihm auch Zweifel, ob er nicht vielleicht doch zu hart reagiert hätte. Vielleicht gab es ja etwas Wichtiges, wofür er das Geld braucht? Denn bislang hatte er eigentlich noch nie um Geld gefragt. Behutsam und mit Scham über seinen Wutausbruch gegenüber seinem Sohn, den er doch über alles liebte, öffnete der Vater daher die Tür zum Kinderzimmer, hockte sich zu seinem am Boden sitzenden und traurig in seinem Lieblingsbuch blätternden Jungen und eröffnete ihm, dass es ihm leidtäte, so laut und böse geworden zu sein. Er zückte seine Geldtasche, kramte 8 € hervor und übergab sie ihm. Der kleine Junge lächelte, fiel seinem

Papa um den Hals und schrie förmlich: „Danke, Papa – du bist der Beste!" Als der Vater, dessen Herz gerade aufging, beobachtete, wie sein Sohn, die 8 € in seinen kleinen Händen festhaltend, zum Kopfpolster lief, um darunter weitere vier Münzen à 2 € hervorzukramen, verfinsterte sich dessen Mine kurz wieder schlagartig. „Wenn er doch eh schon selbst Geld zusammengespart hat, wozu braucht er denn dann noch welches", schoss es ihm durch den Kopf. Doch bevor er seinen Mund aufmachen konnte, hörte er die Stimme seines Buben sagen „Schau, Papa, ich habe jetzt 16 € und kann daher eine Stunde mit dir kaufen. Ich will mit dir in meinem Märchenbuch lesen, geht das?". Freudestrahlend blickten ihn die Knopfaugen seines Sohnes an, die beiden Hände mit den Münzen zu ihm entgegengestreckt. Der Vater war erschüttert, gerührt, überwältigt. Er schloss seinen Sohn, von dem er gerade sehr viel gelernt hat, in die Arme, bat ihn weinend um Entschuldigung.

Auch wenn jetzt vielleicht einige den Kopf schütteln ob dieser konstruiert wirkenden Metapher, stoßen wir im Alltag immer wieder auf im Grunde sehr ähnliche Vorkommnisse. Wie oft betrachten wir ein beobachtetes Verhalten als „wieder mal typisch" für den, der es zeigt; wie oft verurteilen wir jemanden schnell als „Trottel" statt nachzufragen, was denn eigentlich beabsichtigt war mit einer Handlung?

Fragen braucht Mut: den Mut, vielleicht als unwissend dazustehen, vielleicht als begriffsstutzig zu gelten oder auch als neugierig. Ehrliches Fragen aus ehrlichem Interesse heraus bietet aber im Gegenzug auch enorm viel: es bewahrt einen davor, Fehleinschätzungen zu erliegen, die einen anschließend in unangenehme Situationen bringen könnten. Fragen ermöglichen Antworten, welche dabei helfen, neue Seiten kennenzulernen und damit zu wachsen. Die richtige Frage zur richtigen Zeit bewahrt – ganz anders als im eingangs erwähnten Sprichwort – davor, weit irr zu gehen.

Es gibt dabei enorm viele verschiedene Techniken, Fragen zu stellen, von denen nur die für die zwischenmenschliche Kommunikation wichtigsten hier einmal kurz angerissen werden: Die mit dem klassischen „W" beginnenden offenen Fragen Wer?, Wie?, Was?, Wann?, Wo? und Wozu? (letztere Frage sollte die Frage nach dem „Warum?" ersetzen, da sie anders als „Warum?" auf die Zukunft ausgerichtet ist und keinen Rechtfertigungsreflex auslöst, der das Gesprächsklima rasch verschließen kann) sind wohl die leichtesten und dienen dem Erlangen der Informationen, die man benötigt. Hilfreich ist es dabei, immer wieder bei gleichzeitiger Wiederholung des Gehörten mit eigenen Worten nachzufragen, ob Antworten auch richtig verstanden wurden: Damit schenkt man das Gefühl, tatsächlich zuzuhören und ganz beim Gegenüber zu sein, zugleich bewahrt man sich selbst vor Missverständnissen. Ist man darin geübt, so ist dabei auch das Paraphrasieren eine wertvolle Technik: Damit ist es etwa möglich, eine Aussage, die einen vielleicht verletzt, in einer Nachfrage so umzuformulieren, dass sie zwar denselben Bedeutungsinhalt hat, aber auch für einen selbst annehmbar ist.

---

**Probieren Sie es aus!**

Denken Sie an die letzte Begegnung mit dem anderen Elternteil Ihres Kindes.
Was war das Thema der letzten Auseinandersetzung?
Wenn Sie dabei an den Satz denken, der Sie dabei besonders in Rage gebracht hat: Wie könnte man den Satz anders verstehen? Wissen Sie, dass er so gemeint war, wie Sie ihn verstanden haben?
Welche Fragen hätten Sie stellen können, um dem Gegenüber die Chance zu geben, ohne Gesichtsverlust klarzustellen, was eigentlich gemeint ist?

---

## Ehrlichkeit eigenen Bedürfnissen gegenüber

Im Alltag sind es die meisten Menschen gewohnt, eigene Bedürfnisse zu verstecken. Bedürfnisse zu zeigen heißt, Schwäche zugeben; man zeigt dabei nur die aktuell verwundbarste Stelle. So und auf ähnliche Art und Weise wurde es zum Mantra erhoben, sich stets souverän zu zeigen durch das Leugnen und Verbergen eigener Bedürfnisse. Stark, indem man sie verbirgt hinter einer Mauer aus verschiedensten Strategien der Umwegkommunikation. Natürlich schwindet dabei nicht nur das Bewusstsein für sich selbst. Es leidet auch mit Zunahme der Perfektion in dieser scheinbar asketischen Lebensweise die Fähigkeit, Empathie für die hinter dem Handeln der Mitmenschen stehenden individuell gesehenen Notwendigkeiten zu zeigen. „Das Leben ist kein Ponyhof".

Eine der beliebtesten Formen, sich bedürfnisfrei zu zeigen, ist es, einfach äußere Zwänge und moralische Vorstellungen der Gesellschaft in den Vordergrund zu stellen als Begründung für Forderungen, eine gerade erwünschte Handlung zu setzen. „Du hast aber schon davon gehört, dass in einem ehelichen Haushalt halbe-halbe zu gelten hat.", wird da etwa der Partner oder die Partnerin angeschnauzt, wenn man beim Nachhausekommen von einem echt nervenden Arbeitstag merkt, dass der Mülleimer überquillt und die Küche aussieht, als hätte gerade eine Granate eingeschlagen. „Leg endlich dieses blöde Smartphone weg, du bist ja schon süchtig", wird das Gegenüber kritisiert, wenn es einfach unerträglich wurde, dass man sich selbst nicht mehr wahrgenommen fühlt. „Das ist bei uns in der Familie nun mal so, dass wir am Heiligen Abend bei Mama feiern", wird rasch jede Beschäftigung mit den Bedürfnissen im Keim erstickt und auf ungeschriebenes Gesetz, das es nicht infrage zu stellen gilt, gepocht. Scheinbar. Denn natürlich stecken in all diesen Beispielen unterschiedliche individuelle Bedürfnisse und daraus resultierende Wünsche in den betroffenen Personen. Und diese haben enorme Kraft, gelten doch die Gefühle, welche bei all diesen an der Oberfläche getätigten Aussagen zutage treten werden, als die Kinder der Bedürfnisse.

Nun, was sind diese Bedürfnisse überhaupt, welche da so eine Bedeutung haben im Miteinander, selbst wenn man ihnen diese nicht zugestehen will? Eine der plakativsten Erklärungen ist jene der Maslow'schen Bedürfnispyramide. In ihr sind die Grundbedürfnisse der Menschen eingeteilt in aufeinander aufsetzende Ebenen, fast wie bei einem Kartenhaus. Und sehr ähnlich funktionieren sie auch: Möchte man zur Ebene der Selbstverwirklichung gelangen, so ist es erforderlich, die darunterliegenden Ebenen solide aufgebaut zu haben. Ohne ausreichend Trinkwasser, Nahrung

und Sex als Beispiele für körperliche Bedürfnisse wird es
etwa schwer gelingen, empfangene Anerkennung anzunehmen. Da wirkt jede noch so ehrlich gemeinte Bewunderung
des Partners oder der Partnerin eher sogar wie eine Verhöhnung, wenn zugleich das Sexleben, zu dem es den Wunsch
auf mehr Lebendigkeit gibt, zu Tode geschwiegen wird.
Umgekehrt kann es, ebenfalls ähnlich dem Vorgang des Er-
richtens eines Kartenhauses, zu verstärkt auftretenden Bedürfnissen näher der Basis kommen, wenn Störungen in
Richtung der Selbstverwirklichung drohen oder erwartet
werden. Traumatisierende Erlebnisse einer empfundenen
sozialen Ungerechtigkeit beispielsweise, die zu einem kom-
plizierten Verhältnis zum eigenen Gerechtigkeitsempfinden
führen können, drücken sich oftmals in erhöhten Symp-
tomen des Bedürfnisses nach Sicherheit aus. Oder es kann
empfundene geringe Wertschätzung durch das soziale Umfeld zu überzogenem Schlafbedürfnis oder Essstörungen
führen. Wie auch der Kartenhäuserbauer, der nicht genügend Vertrauen in die Tragfähigkeit der zuvor errichteten
Ebenen hat, um die nächste Etage zu errichten, stattdessen wohl lieber eine näher der Basis liegende Etage über-
dimensional ausbauen wird. Anstelle einer Ausarbeitung
von Strategien zur Befriedigung von aktuell als drängend
empfundenen Bedürfnissen kommt es zu unbefriedigenden
Ersatzlösungen auf vollkommen anderen Ebenen.

Wie kommt da wieder Schwung rein? Wie kann man es
schaffen, die Dinge wieder an der Wurzel zu packen und
dort Lösungen zu finden, wo sie aktuell tatsächlich gewünscht sind, ja sogar gebraucht werden? Es klingt vollkommen banal, wenn man erkennt, wie wenig es dazu
eigentlich braucht:

1. Ja, man darf Bedürfnisse haben. Es ist ein Zeichen von Stärke, sich das zuzugestehen. Und ein Zeichen von Menschlichkeit, auch bei anderen anzuerkennen, dass sie ebenfalls Wünsche haben, die Berücksichtigung verdienen.

2. Sich seiner selbst bewusst sein: Wenn es einem einmal nicht gut geht, man sehr emotional ist, dann steckt da immer ein Bedürfnis dahinter, welches nach Berücksichtigung schreit. „Gefühle sind die Kinder von Bedürfnissen." Ein paar Mal tief Luft holen, ein wenig Beschäftigung mit sich selbst macht einem klar, worum es einem gerade geht. Erst wenn einem das selbst verständlich wird, kann es gelingen, entsprechende Wünsche zu kommunizieren, die annehmbar sind und in Unterstützung, die man sich vielleicht ersehnt, münden können.

3. Verzicht auf ein Abschieben der Verantwortung auf gesellschaftliche Bräuche und Zwänge oder das Verhalten des Gegenübers. Das ist kontraproduktiv, da es am wahren Thema vorbeiführt und eher Rechtfertigungsbedarf auslöst im Gegenüber. Eine klare Benennung eigener Wünsche, vielleicht verbunden mit dem Ersuchen um Unterstützung, wirkt oft Wunder. Wo ansonsten sich das Gegenüber vielleicht falsch verstanden oder gar angegriffen fühlt, kann eine Einladung erkannt werden, hilfreich zu sein mit guten Ideen für eine Lösung.

4. Ist es das Gegenüber, das gerade versucht, mit Angriff oder Floskeln über Zwänge, die sich so gehören würden, Bedürfnisse zu verstecken, so kann ein simples „Ich spüre, dass du dich gerade sehr ärgerst – kann das sein?" mit anschließendem Zuhören und der zur rechten Zeit

eingeflochteten Frage „Was könnte dir jetzt helfen?" sehr hilfreich sein. Nicht nur für das Gegenüber – auch für einen selbst: Denn so gelingt es, sich nicht anstecken zu lassen und den Ärger zu seinem eigenen Ärger zu machen.

Banale vier Schritte, oder? Die Auswirkungen sind aber groß. Beispielsweise bei den oben genannten drei Situationen. Wird statt des Zitates des Slogans der Frauenministerin einfach nur festgestellt, heute besonders genervt zu sein von der Arbeit und daher besonders viel Ruhe zu brauchen, dann fällt es der Partnerin oder dem Partner sicher leichter, Hilfe anzubieten für einen ruhigen und versöhnlichen Tagesausklang. Wird statt des Suchtvorwurfes angesprochen, dass man sich gerade wertlos fühlt und Sehnsucht nach bewusster Zweisamkeit hat, so wird sich rasch Zeit für eine handyfreie Aktivität finden. Und Offenheit im Umgang mit eigenen Bedürfnissen wie auch jenen betroffener Mitmenschen lässt hinsichtlich der Weihnachtsfeier ungeahnte Möglichkeiten aufkommen, wie dieses Fest von allen lustvoll begangen werden kann.

---

**Probieren Sie es aus!**

Denken Sie an die letzte Begegnung mit dem anderen Elternteil Ihres Kindes.
Welche Gefühle sind da in Ihnen aufgekommen?
Welches Bedürfnis steckt dahinter?
Welche Möglichkeiten gäbe es, dass dieses Bedürfnis gestillt wird – unabhängig vom Gegenüber?
Was könnte da helfen?

---

> Welche Gefühle sind im Gegenüber aufgekommen? Welche im Kind?
> Welches Bedürfnis steckt dahinter?
> Wie könnten Sie helfen, die Bedürfnisse – vor allem Ihres Kindes – zu stillen?

## Perspektivenwechsel

Mit dem Alltagstrott geht oftmals einher, dass man in jeden Moment mit einer gewissen Vorahnung hineingeht. Noch bevor man eine Antwort erhält, glaubt man schon zu wissen, wie diese ausfallen wird. Bereits am Beginn einer Herausforderung hat man quasi automatisiert den nächsten Ablauf des Geschehens festgelegt und spult das Programm ab. In der industriellen Anfertigung von Waren im Berufsleben hat das sogar einen gewissen Charme und verspricht hohe Effizienz. Auch in Ausnahmesituationen wie etwa jener, dass man zu einem schweren Autounfall als Ersthelferin oder Ersthelfer hinzukommt, kann das sehr hilfreich sein, wenn man ohne Nachzudenken über die konkrete Situation in der Lage ist, Handgriffe und Worte wie von Geisterhand gesteuert einzusetzen. Bereits beim Schachspiel kann das blinde Abspielen gewohnter Züge allerdings bittere Niederlagen bescheren, wenn man eine Variation im Spiel des Gegenübers übersieht. Umso bitterer kann der Fall sein, wenn in Beziehungen und Freundschaften verlernt wird, sich auf jeden Moment für sich einzulassen.

Eine hilfreiche Übung, um aus festgefahrenen Bahnen auszubrechen, ist es, sich zu lösen von den stets selben Perspektiven, aus denen man an das Leben und seine Herausforderungen herantritt. Nimmt man auch einmal eine andere

Sicht auf die Dinge ein, löst man sich auf diese Weise von den scheinbar gemäß den gemachten Erfahrungen auf der Hand liegenden Vorannahmen, so bringt das enorm viel Lebendigkeit zurück in ein Miteinander. Es werden nebenher sogar Varianten zu den gesehenen Lösungen sichtbar, die man ansonsten übersehen hätte. Das klingt banal, in der praktischen Umsetzung ist es oftmals allerdings gar nicht so einfach. Ein schönes Beispiel ist folgende Geschichte:

> Ein Professor steht vor seinen Schülerinnen und Schülern und nimmt am Beginn des Unterrichts wortlos ein sehr großes leeres Einmachglas. Er beginnt, dieses mit Tischtennisbällen zu füllen und fragt, als kein weiterer Ball mehr hineinpasst, die Klasse, ob denn nun das Glas voll sei. Diese bejahen es, ohne zu zögern. Daraufhin nimmt der Professor einen vorbereiteten Sack mit grobem Sand und leert dessen Inhalt zu den Tischtennisbällen in das Glas, welches noch erstaunlich viel Material aufzunehmen vermag, ohne überzulaufen. Dann fragt er die Schülerinnen und Schüler nochmals, ob denn das Glas nun voll sei. Dieses Mal zögern die verblüfften Zuschauerinnen und Zuschauer etwas, bevor sie zum Schluss kommen: Das Glas ist nun aber wirklich voll. Nun nimmt der Professor eine Dose Bier unter dem Tisch hervor und schüttet den ganzen Inhalt in das Glas, das glucksend auch dieses noch aufnimmt, ohne überzulaufen.

Dieses unterhaltsame Beispiel zeigt, wie rasch Menschen sich dazu verleiten lassen, in nur einer Dimension an Fragestellungen heranzugehen: Ohne, dass dies ausgesprochen worden wäre, wird jeweils vermutet, dass es nur der soeben gewählte Stoff sein könne, von dem zu prüfen ist, ob noch mehr davon in das Glas passe. Selbst als bereits demonstriert

wurde, dass es ja auch andere Alternativen gibt, welche ein-
zukalkulieren sind, verfielen die Schülerinnen und Schüler
dennoch in dieses Muster zurück und verzichteten darauf,
auch andere Perspektiven einzunehmen.

Und genauso verläuft es oft im Alltag. In Beziehungen
wird vergessen, auch einmal beidseitig lustvolle Alternativen in Betracht zu ziehen zum gewohnten Ablauf. In der
eigenen Lebensplanung werden die Millionen an Möglichkeiten, die jeder einzelne Moment bietet, übersehen. Und
im Streit spitzt sich schnell alles auf die einzig sichtbar erscheinende Frage zusammen: Wer hat recht, wer unrecht;
wer gewinnt und wer verliert; was ist falsch und was ist
richtig? Dabei könnte ein simpler Perspektivenwechsel helfen, Lösungen zu finden, die nur darauf warten, gewählt zu
werden und Lebendigkeit zurückzubringen: Lebendigkeit,
die keines Verlierens bedarf, die kein „Falsch" kennt.

Einige kleine Übungen, die das Einnehmen von neuen
Sichtweisen erleichtern:

1. Nehmen Sie einen 10-Euro-Schein und halten ihn
   zwischen sich und Ihr Gegenüber, sodass jeweils eine Seite
   der Banknote gut zu erkennen ist. Dann beschreiben Sie
   sich gegenseitig möglichst detailgetreu, was Sie hier erkennen – allerdings ohne die Zahl zu benennen. Rasch
   werden Sie erkennen, dass Sie beide denselben Gegenstand beschreiben, allerdings jeweils aus einer anderen
   von zwei möglichen Seiten. Und beides ist richtig – darauf
   zu beharren, dass hier eine Brücke zu sehen ist samt
   Landkarte Europas ebenso wie das Insistieren darauf,
   es handle sich bei dem abgebildeten Bauwerk um einen
   Torbogen. Leicht nachvollziehbar, wenn der Schein nun
   gedreht wird. Bei welchen Auseinandersetzungen kann

ein Drehen der Perspektive noch helfen, unüberwindbar scheinende Gegensätze aufzulösen?

2. Manchmal hilft es, einfach die Frage zu stellen, was denn die Strumpftante, ein guter Freund oder ein Fachmann beziehungsweise eine Fachfrau zu der Situation, welche man gerade bewerten will, sagen würde. Dieses ausgesprochene gedankliche Hereinnehmen einer Außensicht kann schon Wunder bewirken in der Kreativität, Dinge auch einmal anders als gewohnt zu sehen.

3. Auch das körperliche Einnehmen einer anderen Sicht bringt oft etwas: auf einen Berg hinauffahren, um dann von oben zu erkennen, wie klein und mit noch nie so bewusst gesehenen Zusammenhängen doch all diese Herausforderungen erscheinen, die so groß wirken im Alltag. Aber auch das bloße „von der Leitung heruntersteigen" durch ein paar Schritte zur Seite oder ein Tausch der Sessel bringt oft schon eine andere Dynamik in die Betrachtung von Herausforderungen.

4. Die Technik der sechs Denkhüte von Edward de Bono ist ebenfalls sehr effektiv und kann gut geübt werden: Dabei wird jede Entscheidung aus sechs verschiedenen Perspektiven heraus betrachtet. Man stellt sich dazu vereinfacht ausgedrückt jeweils vor, einen andersfarbigen Hut aufzusetzen: weiß für rationelle Informationen, Daten und Fakten, rot für die Gefühle, das Bauchgefühl, gelb für den Optimismus und die Gründe, die für einzelne Varianten beachtet werden sollten, schwarz für die Gründe, die gegen einzelne Möglichkeiten sprechen als „advocatus diaboli", grün für die Träume und blau schließlich für Ordnung und die zu bedenkende Struktur. Gedanklich setzt man die Hüte der Reihe nach auf und versucht,

sich der aktuellen Herausforderung aus der jeweils eingenommenen Sichtweise anzunähern. Plötzlich wird aus
den zuvor vielleicht nur erkannten zwei Entscheidungs-
möglichkeiten eine Vielzahl von Optionen.

5. Sehr ähnlich dazu ist auch die Methode der drei Denk-
stühle, zu welcher Walt Disney nachgesagt wird, sie
immer wieder eingesetzt zu haben. Man setzt sich
dabei mit den aktuell anstehenden Fragen aus drei verschiedenen Perspektiven auseinander, und zwar aus jener
des Träumers beziehungsweise der Träumerin, aus der des
nüchtern abwägenden dem Realitätssinn verschriebenen
Menschen und aus dem Sessel des Kritikers beziehungsweise der Kritikerin als mahnende Stimme zu möglichen
Schwierigkeiten und Trugschlüssen. Diese drei Denk-
stühle werden so lange konsultiert, bis hier ein ausgewogenes Bild entsteht für die beste Möglichkeit.

---

**Probieren Sie es aus!**

Denken Sie an die letzte Begegnung mit dem anderen
Elternteil Ihres Kindes.
Wie würde ein vollkommen Fremder, der das beobachtet
hat, die Situation beschreiben?
Wie würde Ihr Kind die Situation beschreiben?
Wie würden Sie diese Situation beschreiben, wenn eine
Freundin sie statt Ihrer selbst erlebt hätte und Ihnen davon
erzählt?
Wie würden Sie die Situation mit den sechs Denkhüten oder
den drei Denkstühlen (setzen Sie sich dabei durchaus auch
körperlich auf drei verschiedene Stühle) beschreiben?
Was ändert sich für Sie, wenn Sie eine andere Perspektive
einnehmen? Gibt es eine, die Sie leichter an Ihr Ziel bringen
kann?

## Was du nicht willst …

„Was du nicht willst, das man dir tut, das füg auch keinem andern zu." Dieser Spruch, welcher in zahlreichen Abwandlungen auch als „goldene Regel" Eingang in die Philosophie und die Religion gefunden hat, wird oft als Grundsäule der Nächstenliebe bezeichnet. Ulpian, ein römischer Jurist und Philosoph, der 170 bis 228 lebte und dessen Erkenntnisse zum Teil bis heute in wortwörtlicher Übernahme in geltende Gesetze nicht mehr übertroffen wurden, hat diesen Grundsatz auch als wichtige Basis für Gerechtigkeit versucht, in die Rechtsordnung zu übernehmen: „Gerechtigkeit ist der beständige und dauerhafte Wille, jedem sein Recht zuzuerkennen."

In der Tat wirkt der Gedankenansatz sehr einleuchtend und auch leicht zu befolgen: Man muss doch nur die anderen so behandeln, wie man selbst behandelt werden will. Ein Grund dafür, dass dieser Zugang zur Behandlung seiner Mitmenschen auch so gerne in der Erziehung eingesetzt wird: Kinder und Jugendliche werden bereits dazu angehalten, sich einfach auszumalen, wie eine geplante Handlung oder eine auf der Zunge liegende Antwort auf sie selbst wirken würde. Je nachdem, zu welchem Ergebnis man dabei kommt, schreitet man entweder im Vorhaben voran oder reflektiert nochmals andere Möglichkeiten. Das braucht viel Selbstbeherrschung, viel Mut zur Selbstkritik, viel Übung, schenkt einem aber auch rasch das Gefühl, seinem Gegenüber anständig zu begegnen.

Doch diese Geschichte hat einen Haken. Denn ganz so banal, wie die beschriebene praktische Anwendung dieser viele Jahrhunderte alten Weisheit vermittelt wird, ist sie ja bedauerlicherweise doch nicht. Es wird dabei nämlich übersehen, dass die alten Philosophen, als sie den Spruch prägten, diese Maxime im untrennbaren Kontext mit der Überzeugung aufgestellt haben, dass jeder Mensch als Individuum zu betrachten und wertzuschätzen ist: Auch wenn die Bedürfnisse der Menschen einander in den Grundausprägungen sehr ähneln, so werden sie doch jeweils in einem höchstpersönlichen Wertegebilde anders erlebt. Wenn beispielsweise die eine Person echte Freude empfindet beim Erhalt von Schnittblumen zum Geburtstag, so kann dies bei einer anderen echte Enttäuschung, eventuell sogar Verärgerung auslösen, sollte sie mit einem solchen Geschenk bedacht werden.

Wer die goldene Regel als Unterstützung für ein gedeihliches Miteinander einsetzen möchte, ohne dabei unliebsame Missverständnisse und Frustrationen heraufzubeschwören, der muss zunächst einen Schritt zurückmachen. Ist es wirklich der Blumenstrauß, welcher einem Freude bereitet, oder ist es vielleicht doch die Aufmerksamkeit, die einem das Gegenüber dadurch geschenkt hat, sich ein wenig mit den persönlichen Vorlieben zu beschäftigen vor der Entscheidung für den duftenden bunten Gruß aus der Natur? Entsprechend der wahren Bedeutung der simplifizierten Anwendung von Nächstenliebe ist es nämlich der Perspektivenwechsel in die Welt des Gegenübers, der Erfolg versprechende Grundlage für deren Entsprechung ist. Das Sichhineinversetzen in die Lage der Mitmenschen, so wie man es selbst als angenehm empfindet, Verständnis für sein Selbst zu erhalten.

Es geht also bei der Umsetzung des oft gehörten und leider auch oft missverstandenen Spruches, man solle einfach

auf Handlungen verzichten, welche auch einem selbst miss-
fallen, nicht darum, dem Appell an eigennützige Klugheit
zu folgen, die Vor- und Nachteile zu erwartender Reaktionen auf das eigene Handeln zu bedenken. Das dahinter-
steckende Geheimrezept besteht aus der Bereitschaft, sich
einmal in die Mokassins der Mitmenschen hineinzufüh-
len und die dabei in Erfahrung gebrachten Interessen und
Wünsche anderer als gleichwertig mit den eigenen zu berücksichtigen. Es geht darum, Verständnis füreinander aufzubauen und sein Handeln danach bei gleichzeitiger Wertschätzung für das Anderssein auch über ethische Grenzen
hinweg auszurichten.

---

**Probieren Sie es aus!**

Denken Sie an die letzte Begegnung mit dem anderen
Elternteil Ihres Kindes.
Was haben Sie gemacht, weil Sie davon ausgingen, dass Sie
sich wünschen würden, das Gegenüber würde es ebenfalls
machen?
Was haben Sie vielleicht auch umgekehrt gemacht, wovon
Sie wussten, dass es Ihnen wehtäte, wenn das Gegenüber es
macht – um zu verletzen?
Wie geht es Ihnen damit, wenn Sie als Vegetarier eine Ein-
ladung in ein Steakhouse bekommen, weil die einladende
Person das als den Himmel kulinarischer Genüsse ansieht?
Wie geht es wohl dann anderen damit, wenn Sie von sich
ausgehen?
Welche sind die Punkte, mit welchen Sie dem anderen El-
ternteil etwas Gutes tun könnten, mit denen man Ihnen
aber keine Freude machen kann?
Wann haben Sie zuletzt dem anderen Elternteil eine solche
Freude bereitet?

## Routine schrittweise ersetzen durch Achtsamkeit

Der Alltag der meisten Menschen ist davon geprägt, dass ständig danach getrachtet wird, die anstehenden Herausforderungen optimal zu meistern. In ständig wiederkehrenden Mustern wird versucht, einen höchstmöglichen Grad an Effizienz zu erreichen bei der zu verrichtenden Arbeit und den Aufgaben, denen man so begegnet. Oftmals gleichen sich dadurch die Tagesabläufe in erschreckend hohem Grad. Nach dem in den meisten Fällen durch den Wecker gesetzten Startschuss in den Alltag beginnt das bereits mit den unmittelbar daran anschließenden Ritualen: mit dem für sich selbst gefundenen Morgenzeremoniell bestehend aus der selbst entwickelten und als besonders ausgeklügelt empfundenen alltäglichen Abfolge von Verhandlungen mit der Schlummerfunktion des Weckers, Morgenhygiene, Bekleidung, mehr oder weniger üppigem Frühstück, das bei vielen auch nur aus einer Tasse Kaffee besteht oder ganz entfällt, und anschließender Aufnahme der Tagesaufgaben. Auch diese unterliegen meist längst in Fleisch und Blut übergegangenen Abläufen. Da muss nicht mehr viel nachgedacht werden bei einzelnen Handgriffen und Entscheidungen – es läuft so wie immer, auch weil es ja immer schon so gelaufen ist. Selbst in der Freizeit scheint es oft so, dass die Macht der Gewohnheit allgegenwärtig ist: Ausgegangen wird überwiegend mit demselben Personenkreis, die Gespräche entwickeln sich selbst bei unterschiedlichen Themen stets in einander frappant ähnelnden Mustern, und bei Hobbys nimmt man sich wie etwa im Sport sogar einen Trainer oder eine Trainerin, um möglichst routinierte Abläufe zu entwickeln. Auch in Beziehungen schleichen sich rasch einem still und heimlich eingeführten unausgesprochenen Protokoll folgende Rituale ein, zu denen es bereits nach kurzer Zeit unvorstellbar scheint, daran etwas ändern zu können.

Und die Ausreden, weshalb man nicht ab und an ausbricht und selbst einmal so lustvolle Verrücktheiten ausprobiert wie jene Bekannte, über die sich wieder mal alle – vielleicht sogar insgeheime Bewunderung und Eifersucht versteckend über ihren Mut – den Mund zerreißen für ihre manchmal unkonventionelle Art, sind auch sofort zur Hand: Das gehört sich doch alles so, und außerdem hat man das doch immer so gemacht. Darüber hinaus koste es doch nur unnötig Kraft, hier etwas zu ändern – eine Ausflucht, welche paradoxerweise gerne verwendet wird, kurz bevor man zum Schluss kommt, keine Kraft mehr zu haben für die Aufrechterhaltung des mit Zähnen und Klauen verteidigten Alltagstrotts, um anschließend Unmengen an Energie darin zu investieren, in einen Loslösungskampf gegen das dann pauschal verteufelte Althergebrachte zu treten. Routine dominiert solchermaßen das Leben der meisten Menschen.

Dass Ritualen die Kraft zugeschrieben wird, Sicherheit zu vermitteln, stimmt zu einem gewissen Teil. Man kennt das nicht nur von kleinen Kindern, die sich mit festen Abfolgen rascher beruhigen lassen, sondern auch von Dingen, die man zum ersten Mal macht: Der erste Kasten, den man selbst aufbaut, lässt einen zum Beispiel oftmals noch fluchen über die vielen Bestandteile, die dazu benötigt werden, und da kann es auch schon mal passieren, dass die Aufbauanleitung in eine Ecke geschleudert wird beim

Versuch, daraus schlau zu werden. Wiederholt man diese Tätigkeit, so erlangt man Sicherheit und gewinnt damit sehr viel Ruhe. Oder die Wegstrecke ins Büro, die einem bei der ersten Fahrt noch sehr viel Konzentration abverlangt, um sich nicht zu verfahren. Rasch wird die Route zur Selbstverständlichkeit, und man ist überzeugt, die Strecke auch im Schlaf fahren zu können.

Letzteres Beispiel veranschaulicht aber auch sehr schön das enorme und leider viel zu oft übersehene Gefahrenpotenzial von Routine. Ihre Monotonie, mit welcher sie sich über die Momente legt, schont zwar einerseits scheinbar den eigenen Energiehaushalt, andererseits lässt sie allerdings auch die Achtsamkeit enorm sinken. So sehr, dass bereits geringfügige außergewöhnliche Abweichungen vom Regelfall, mit denen man nicht rechnet, einen im wahrsten Sinne des Wortes aus der Bahn werfen können: Was bei der Autofahrt in tragischen Verkehrsunfällen wegen einem plötzlich hinter einer Kurve auftauchenden Hindernis auf dem bereits blind gefahrenen Heimweg nach einem Arbeitstag endet, äußert sich in längst automatisiert gelebten Beziehungen in tiefen Krisen bis hin zu schmerzhaften Trennungen.

Wie kann man nun also den Spagat schaffen zwischen Effizienz und Sicherheitsgefühl auf der einen Seite und Achtsamkeit auf der anderen? Müssen Effizienz und Sicherheit erkauft werden um den Preis des Einschleichens von Monotonie in den Alltag und in Beziehungen? Natürlich nicht! Ein paar kleine Tricks dabei, die perfekte Balance aus Lebendigkeit und Routine in sein Leben hereinzuholen, könnten sein:

1. Neugier am Leben halten: Das Leben besteht aus einem ständigen Fluss in Form von Entwicklung. Auch Dinge, die man bereits als selbstverständlich ansieht, unterliegen diesen steten Veränderungen. Momente wie auch Mitmenschen weisen obendrein viele bislang nicht beachtete Seiten auf, die darauf warten, erkannt zu werden. Haben Sie zum Beispiel schon einmal darüber nachgedacht, in welchen Bereichen die Menschen in ihrem engsten Umfeld sich seit dem Moment ihrer ersten Begegnung weiterentwickelt haben? Sehen die Menschen das selbst ebenso? Und was ist mit Ihnen? In welchen Lebensbereichen würden die Menschen in ihrem Umfeld weiters gerne etwas ändern? Wo Sie? Was könnte dann erleichtert werden? Was fehlt eigentlich noch, um das auszuprobieren? Sie müssen dabei nicht gleich alles infrage stellen – nehmen Sie sich kleine Bereiche vor und achten Sie darauf, wie es Ihnen und den Menschen in Ihrem Umfeld damit geht. Entwickeln Sie, am besten gemeinsam, Ihren persönlichen Weg, über die Neugier die Freude an der Lebendigkeit wieder zu stärken. Und vielleicht auch über besonders schräge Ideen gemeinsam zu lachen.

2. Dankbarkeit zeigen: Handlungen und Worte, die man öfter hört, verfestigen sich allzu rasch in etwas, das man als gegeben hinnimmt. Es fließt ein in ein Gesamturteil, das man gar nicht mehr so schnell zu hinterfragen bereit ist – im Guten wie im Schlechten. Der Nachteil daran ist, dass man damit nicht nur auf die eigene bewusste Freude über empfangene Gesten, die gut tun, verzichtet; man übersieht auch, dass sich das Gegenüber vielleicht Dankbarkeit verdient hätte – ein Danke, das, sofern es

empathisch und aufrichtig ausgesprochen und gezeigt wird, ungeheure verstärkende Wirkung für das beidseitig lustvolle Klima haben wird. Wann haben Sie zuletzt Dankbarkeit verspürt und auch gezeigt? Wie können Sie dem Gegenüber, das Dankbarkeit vielleicht gar nicht so gewohnt ist und sich schwer damit tut, sie anzunehmen, dabei helfen? Kommen Sie heute schon auf mehr als drei Dinge, für die Sie Menschen in Ihrem engsten Umfeld dankbar sind – und es auch gezeigt haben?

3. Gemeinsam lachen: Erasmus von Rotterdam hat einst festgestellt, dass ein Leben mit einem gewissen Grad an Verrücktheit die höchste Form des Glücks ist. Wann waren Sie zuletzt einmal ein wenig verrückt mit Menschen in Ihrem engeren Umfeld? Haben die Routine in Ihrem Alltag hinterfragt und dabei über vollkommen schräge Ideen nachgedacht, da einmal andere Sichtweisen zuzulassen? Wann konnten Sie zuletzt gemeinsam mit anderen so richtig herzlich lachen? In dem Moment, in welchem Sie sich erlauben, auch einmal ein Stück weit auszubrechen aus dem Alltagstrott, wird es leichter fallen, dem Humor wieder Raum zu geben.

4. Anker setzen: Sicherheit kann nicht nur die vermeintliche Erfahrenheit im Umgang mit Situationen bieten. Gerade im zwischenmenschlichen Bereich gibt es da sehr sinnvolle Alternativen und Ergänzungen zur in abgestumpfter Routine scheinbar steckenden Sicherheit. So kann es beispielsweise enorme Kraft geben, sich ein paar Bilder einzuprägen von Momenten mit seinen Mitmenschen, die als besonders schön erlebt wurden. Von einem Moment, in dem man herzlich miteinander lachen konnte; von einer Begebenheit, in welcher besonders

innige Verbundenheit verspürt wurde; von einer Situation, in welcher man wusste, sich voll und ganz verlassen zu können auf diesen Menschen; von Erfolgen, die man schlussendlich doch gemeinsam feiern konnte, obwohl man ursprünglich daran gezweifelt hat, sie erlangen zu können … Bereits das Heraussuchen solcher Bilder kann enorm viel bewegen und einen erkennen lassen, dass man es schlussendlich zu einem nicht zu unterschätzenden Teil selbst bestimmt, wie man herangeht an gegenwärtige und zukünftige Herausforderungen. Indem man die Sicherheit aus den zuvor bewältigten positiven und kraftspendenden Momenten bezieht, um aus ihr heraus neuen Herausforderungen mit dem gewonnen Mut der Offenheit zu begegnen. Oder indem man doch lieber den Schutz unter dem Teppich der Gewohnheit sucht ohne Chance auf neue gemeinsame einzigartige Momente, die ein Foto für die Sammlung wert wären.

---

**Probieren Sie es aus!**

Denken Sie an die letzte Begegnung mit dem anderen Elternteil Ihres Kindes.

Wann haben Sie zuletzt Fotos des anderen Elternteils angesehen, auf denen dieser mit dem gemeinsamen Kind beim Lachen und Spielen abgebildet ist? Was sehen Sie da in den Augen des Kindes? Was in jenen des anderen Elternteils?

Wann haben Sie zuletzt mit dem anderen Elternteil lachen können?

Welche Möglichkeiten haben Sie selbst, die nächsten Begegnungen erfreulich zu gestalten?

Woran erkennen Sie, dass ein kleiner Schritt der Verbesserung geschafft ist?

## Verstehen heißt nicht immer, auch einverstanden zu sein – öffnet allerdings ungeahnte Wege

Franz ist verzweifelt: Aus der Bodenmarkierung und diversen Hinweisschildern in einer ihm unbekannten Sprache wird er nicht schlau. Ist der Parkplatz, welchen er gefunden hat, nun kostenpflichtig? Wenn ja: Wie entrichtet man die dafür vorgesehene Gebühr? Automaten, wie er sie von zu Hause kennt, sind keine zu sehen, und hinter der Windschutzscheibe der anderen Fahrzeuge sieht er nichts, was nach Parkscheibe oder Parkticket aussehen würde. Dennoch lässt ihn das ungute Gefühl nicht los, es könnte sich doch um eine Kurzparkzone handeln. Also fragt er einen Passanten und erkennt rasch an dessen erstaunten Blick: Er wird nicht verstanden.

Wenn Menschen kommunizieren, dann wird damit zumeist ein Zweck verfolgt: Man will verstanden werden. Was man im Urlaub in einem Land, dessen Sprache man nicht beherrscht, besonders deutlich vor Augen geführt bekommt, davor ist man auch im Alltag nicht gefeit – wenngleich etwas versteckter und weniger offensichtlich. Das verzweifelte Bemühen in einem Land, dessen Sprache und Gepflogenheiten man nicht kennt, zu ergründen, ob für einen Parkplatz Gebühren zu entrichten sind und in welcher Form dies gegebenenfalls zu erfolgen hat, zeigt so etwa sehr rasch auf, wie wichtig es ist, dass eigene Anliegen vom angesprochenen Gegenüber auch erkannt werden können. Hier ist allerdings sofort ein plausibler Grund dafür offensichtlich, und man wird wohl kaum auf die Idee kommen, den staunenden Passanten, den man hier um Rat fragt, dafür verantwortlich zu machen, dass man einfach nicht verstanden wird. Anders im Alltag, in dem man eigentlich davon ausgehen können sollte, dass die Sprache kein Verständnishindernis darstellt.

In vielen Diskussionen kann beobachtet werden, dass einander kein Verständnis geschenkt wird. Das kann aufwühlen, einen emotional werden lassen. Den Versuchen, durch Wiederholungen der artikulierten Wünsche und Meinungen mit verschiedenen Worten Verständnis für die eigene Position zu wecken, folgen dann rasch auch schon einmal polemisierende Äußerungen im Hinblick auf das Gegenüber. Es kann sogar zu kabarettreifen Aussagen und Handlungen nach dem Motto „jetzt erst recht" kommen, die sich zum Teil nicht einmal mehr mit der ursprünglichen Botschaft decken. Mit ein wenig Einfühlungsvermögen wäre es dabei sehr leicht zu erkennen, was hier der Antrieb der handelnden Personen ist: Sie wünschen sich nicht nur Verständnis, sie benötigen es sogar ganz essenziell, ein Signal des Verstandenwerdens von ihrem Gegenüber zu erhalten: „So erkenne doch endlich, ich will verstanden werden – auch wenn du nicht einverstanden sein kannst."

Besonders anfällig für das Vorenthalten von Verständnisbereitschaft für andere Sichtweisen ist jegliche Form politischer Auseinandersetzung. Schade, denn damit wird oftmals von vornherein jede gemeinsame Lösungssuche unterbunden: Was nicht verstanden wurde, wie will man darüber reden? Da ist dann fast nicht mehr zu verhindern, dass die Wogen hochgehen ohne jede Chance auf einen Konsens – maximal denkbar ist ein Kompromiss, der von beiden Seiten nur als teilweise Niederlage verstanden werden kann. Wahrscheinlicher ist jedoch Radikalisierung, die ganze Teilgesellschaften in ihren Sog zieht und andere an den Rand drängt oder in Geiselhaft nimmt. Von der Brisanz vergleichbar mit der viel zu häufig anzutreffenden Dynamik hinter einem gegenseitigen Unverständnis in kriselnden Partnerschaften und in der Beziehung zwischen getrennten Eltern in Fragen der Kinderbetreuung.

Ein möglicher Ausweg aus diesem Dilemma ist es, einfach das Verstehen vom Einverstandensein deutlich zu trennen. Etwas zu verstehen, also zu einem Bedürfnis, einer Position oder einem Wunsch Verständnis aufzubauen, bedeutet, das Gegenüber zu respektieren. Zu akzeptieren in seiner Individualität. Das bedeutet dann, den für das Selbstwertgefühl viel zu oft unverzichtbaren Beharrungsreflex zu unterbinden: einander zuhören und Verständnis zu entwickeln als Basis, auch dort gemeinsame Sache nicht von vornherein auszuschließen, wo dem ersten Anschein nach unüberbrückbare Differenzen vorliegen. Wer zeigt, Verständnis aufbauen zu wollen, verrät dabei noch nicht seine eigenen Ansichten, gibt nicht zugleich zu verstehen, einverstanden zu sein. Wer Interesse daran zeigt, verstehen zu wollen, reicht allerdings zugleich die Hand, eine Lösung finden zu wollen, mit der beide Seiten einverstanden sein können.

---

**Probieren Sie es aus!**

Denken Sie an die letzte Begegnung mit dem anderen Elternteil Ihres Kindes.
Was haben Sie zum wiederholten Mal mitgeteilt, ohne dass Sie das Gefühl haben, dass es verstanden wurde?
Kann es sein, dass der andere Elternteil zwar verstanden hat, aber nicht einverstanden ist?

> Was kann es ändern, wenn Sie auch weiterhin Ihren Standpunkt wiederholen?
>
> Welche anderen Möglichkeiten gibt es, eine Lösung zu dem Thema, welches Sie beschäftigt, zu finden?
>
> Was ändert es, wenn Sie signalisieren, dass es in Ordnung ist, nicht immer mit allem einverstanden zu sein?

## Entschuldigung – ein Erfolgsbaustein auf dem Weg zum Miteinander

„Entschuldigung scheint das schwierigste Wort zu sein". Diese Weisheit haben Elton John und Bernie Taupin in einem wunderbaren Song zu einem Refrain gemacht, den wohl schon viele nachgesungen haben. Komisch eigentlich. Denn immerhin gehört das Wort „Entschuldigung" so wie „Bitte" und „Danke" doch zum Grundrepertoire jenes Sprachschatzes, zu dessen Verwendung einem von klein auf eingetrichtert wurde, dass es sich gehört, dieses Vokabular regelmäßig zum Einsatz zu bringen. Es zeuge von Erziehung. Immer wieder werden Kinder mit mahnenden Worten daran erinnert, dass man sich entschuldigen muss nach einer Tat, die vielleicht von anderen nicht so gerecht, einfallsreich oder lustig empfunden wurde, wie man das selbst gerne gesehen hätte.

„Entschuldigung" kommt daher den meisten, so sie nicht in einer absoluten Verweigerung all der in der genossenen Erziehung überlieferten Traditionen stecken, relativ locker über die Lippen. Was soll daher daran so schwer sein? Wieso soll genau dieses Wort, welches auch keinen Zungenbrecher darstellt, gar das schwierigste Wort sein?

Betrachtet man den inneren Widerwillen, den man oft verspürt, wenn man irgendwie merkt, dass es sich gehöre, um Verzeihung zu bitten, dann kommt man einer Begründung schon etwas näher. Sehr nah am Kern ist man auch, wenn man an die Momente denkt, wo man selbst um Entschuldigung gebeten wurde, das Hören dieses Zauberwortes aber die Emotionen in einem drin so gar nicht besänftigen konnte, sondern im Gegenteil noch mehr zum Kochen brachte. Nicht selten treibt ein „Sorry" denjenigen, dem das Wort gilt, noch mehr auf die sprichwörtliche Palme. Woran liegt es?

Was die wenigsten lernen ist, dass „Entschuldigung" mehr als ein Wort ist, wenn man die verbal benannte Intention tatsächlich zu ihrem Ziel bringen will. Es ist etwas, das nicht nur durch die Laute des Wortes transportiert werden kann. Diese Laute allein sind wie bei vielem nämlich dann bloßer Schall. Es kommt auf was ganz anderes an. Doch auf was?

Wenn es wieder mal passiert ist, dass man im Eifer des Gefechts eines Konfliktes das Gegenüber verletzt hat, so gibt es sieben kleine Hilfestellungen, die „Sorry" zu einem Wort werden lassen, das sowohl dem, der es ausspricht, als auch dem, dem es gilt, hilft zurückzufinden zu einem versöhnlichen Miteinander:

1. Selbst zur Ruhe kommen. Verletzende Handlungen und Worte passieren nahezu nie ohne einer Vorgeschichte. Einer Vorgeschichte, die einen selbst aufgewühlt hat und dabei schon mal die Wirkung einer Nebengranate auf das eigene Einschätzungsvermögen haben kann. Zuallererst sollte dieser Nebel weggeblasen werden. Tief

Luft holen ist dabei entgegen dem Volksmund nicht unbedingt hilfreich – besser ist es, einfach gründlich auszuatmen. Und zwar so richtig: alles aus einem rauslassen, was da an aufgestauter Energie da ist, welche einen erst dazu hingerissen hat, zur Keule zu greifen. Raus damit.

2. Was soll eigentlich entschuldigt werden? Bevor man nun als Nächstes daran geht, sein Bedauern für Worte oder Handlungen zum Ausdruck zu bringen, sollte man sich zunächst einmal darüber klar werden, was einem eigentlich leidtut. Ist das nicht klar, so wäre es nämlich schade um die Energie, es sei denn, man will das Gegenüber tatsächlich noch weiter auf die Palme bringen mit dem als heiße Luft ankommenden leeren Schall des Wortes. Ist es eine eigene Handlung? Ein unbedachtes Wort? Um was konkret geht es?

3. Ganz klar dafür einstehen, was man da gesagt oder getan hat! Auch wenn es einem schon in Fleisch und Blut übergegangen zu sein scheint, niemals zuzugeben, dass man mal Mist gebaut hat; auch wenn es dem eigenen Stolz noch so sehr widerspricht: Niemand anders als man selbst ist dafür verantwortlich, dass man entschieden hat, zu einer verletzenden Handlung oder zu einer verbalen Attacke zu greifen. Und das gilt es unumwunden zuzugeben und auch anzusprechen für eine echte Entschuldigung.

4. Rechtfertigungsversuche unterlassen. Auch wenn einem da sofort auf Anhieb mindestens drei plausible Erklärungen einfallen, dass man eigentlich gar nicht schuld ist; ja selbst wenn man es wunderbar so drehen könnte, dass man doch vom Gegenüber förmlich gezwungen

wurde, so zu agieren: Hat man es einmal bis hierher geschafft, dann heißt es, den eigenen Stolz, der in solchen Momenten ein ganz schlechter Berater ist, endgültig zu besiegen. Auch wenn es noch so verlockend wäre, Adam und Eva, ohne deren Existenz der Bibel zufolge die Menschen heute keine schlimmen Sachen anstellen könnten, die Schuld zu geben, so wäre das Gefühl der Erleichterung nur ein ganz kurzes: Man hätte sich die ganze Mühe sparen können, denn eine solche Entschuldigung kann gar nicht versöhnlich wirken. Jedes „Aber" wirkt nämlich auch hier wie der sprichwörtliche Hundehaufen, der auf dem Lieblingseis platziert wird, und jedes „Du hast doch (auch)" kommt an wie die nächste Kanonenkugel, mit der in eine neue Runde des Streits auf noch schlimmerem Niveau eingestiegen wird.

5. Ehrliche Betroffenheit zeigen. Gratuliere. Wer es bis hierher geschafft hat, hat bereits die halbe Miete eingefahren. Nun fehlt eigentlich nur noch, dass man auch zeigt, dass es einem wirklich leidtut. Kaum jemandem bereitet es Freude, andere zu verletzen. Ist es dennoch passiert, so löst das Schuldgefühle aus, vielleicht sogar Scham, Wut auf sich selbst und Angst, etwas kaputt gemacht zu haben. Raus damit! Eine echte Entschuldigung lebt davon, dass mit ihr auch zum Ausdruck gebracht wird, dass das Opfer nicht die einzige Person ist, welcher es mit der gesetzten Handlung nicht gut geht. Damit wird es auch erleichtert, aus den bezogenen Bildern von Opfer und Täter beziehungsweise Täterin wieder herauszufinden auf eine Begegnung auf gleichberechtigter Augenhöhe.

6. Nun ist das Gegenüber dran. In der Zielgeraden gilt es nun nur noch zu beachten, dass es einzig und allein das Gegenüber ist, das darüber entscheiden kann, ob die Entschuldigung auch angenommen werden kann: „Entschuldigung" ist eine Bitte und kein Schlusspunkt, mit dem man einseitig das Geschehene wegwischen kann. Auch wenn man es gerne so hätte. Oft wird sich hier ein längeres Gespräch ergeben. Ein Gespräch, bei welchem bitte die fünf Punkte des Weges, der bis hierher beschritten wurde, konsequent weiter Beachtung finden müssen, um nicht wieder alles zunichte zu machen.

7. Stolz ist angebracht: Hat man es tatsächlich geschafft, so darf man schon ein wenig stolz auf sich sein. Es ist nicht selbstverständlich, diese leider viel zu häufig in Vergessenheit geratene Wertschätzung für die Mitmenschen aufzubringen. Und dennoch hat man diesen Weg gewählt. Dafür darf man sich auch schon einmal selbst auf die Schulter klopfen. Manchmal stellt sich der weitere Erfolg nicht sofort ein – wie denn auch, wenn es erfahrungsgemäß immer länger dauert, etwas zu reparieren, als es zu zerstören. Die Ernte ist aber gewiss.

Klingt doch eigentlich ganz einfach, wenn man es ernst meint. Ist „Sorry" vielleicht doch nicht das schwierigste Wort? Natürlich ist es leichter, verletzende Situationen von vornherein zu vermeiden. Doch mit diesen Tipps aus dem Werkzeugkoffer der Mediation wird es gleich viel leichter, bei einem Ausrutscher beim friedlichen Miteinander ein berührtes „Man kann doch gar nicht anders, als dir zu verzeihen." statt eines vergifteten Klimas einzufahren.

> **Probieren Sie es aus!**
>
> Denken Sie an die letzte Begegnung mit dem anderen Elternteil Ihres Kindes.
> Gibt es da etwas, das Ihnen eigentlich leidtut?
> Wann haben Sie sich zuletzt beim anderen Elternteil für etwas entschuldigt?
> Wann werden Sie es versuchen, unter Beachtung der sieben Schritte zur Entschuldigung eine solche auszusprechen?

## Wertschätzung – das Abrakadabra des Friedens

Mit der Wertschätzung verhält es sich ziemlich ähnlich – auch hier liegt der Teufel im Detail, in einigen Kleinigkeiten, die einem vielleicht niemand so recht erklärt hat. Und die doch einen Weltunterschied ausmachen bei der Person, der sie gilt.

Im allgemeinen Sprachgebrauch scheinen Respekt, Wertschätzung, Lob und Kompliment so ziemlich die gleiche Bedeutung zu haben. Im Deutschunterricht wird man daher gerne dazu angehalten, zwecks Vermeidung von Wortwiederholungen im Problemaufsatz diese Begriffe als Synonyme alternierend einzusetzen. Betrachtet man die Wirkung des Einsatzes der dahinterstehenden Bedeutungen, so stellt es einem dabei wohl genauso die Haare auf, wie es in der Juristerei etwa zu Kopfschütteln führt, wenn Besitz, Inhabung und Eigentum dieselbe Bedeutung zu geben versucht wird.

Respekt ist ein Sammelbegriff für eine Vielzahl von Haltungen gegenüber einer anderen Person oder auch einer Situation. Mit respektvollem Verhalten kann dabei Ehrfurcht, Angst und Vorsicht genauso zum Ausdruck gebracht werden wie Höflichkeit, Unterwürfigkeit oder Wertschätzung. Es tut daher zwar gut, mit Respekt behandelt zu werden, doch kommt dabei meist auch eine gewisse Distanz zum Ausdruck. Dementsprechend wird Respekt auch erfahrungsgemäß dann abverlangt, wenn einem jemand zu Nahe getreten ist.

Lob bezieht sich meist auf eine Handlung oder das Ergebnis einer solchen, weniger auf die Person. Es wird auch immer wieder als Motivation eingesetzt, da ihm eine Steigerung des Selbstwertgefühles der Person zugeschrieben wird, welche dieses empfängt. „Das hast du gut gemacht", bringt dabei zwar nicht nur Kinderaugen zum Strahlen, sondern kann bei entsprechendem Einsatz auch in der Arbeitswelt positive Effekte erzielen, allerdings fehlt hier das Hervorstreichen der Beziehungsebene, um tatsächlich nachhaltige Verbesserungen selbst in angespannten Momenten wie während eines Konfliktes bewirken zu können. Auch besteht eine Tendenz zu inflationärem Gebrauch, der die Wirkung somit nicht nur verfehlen, sondern sogar pervertieren kann.

Das Kompliment ist etwas, das auf den ersten Blick von allen gerne gehört wird. Es wird dabei eine positiv attribuierte Eigenschaft mit einer Person verbunden. „Du siehst toll aus." Wer hört das nicht gerne? Das Problem an Komplimenten ist jedoch, dass sie ähnlich wie das Lob sehr leicht ihre Wirkung verfehlen können, wenn die äußeren Umstände die empfangende Person etwa daran zweifeln lassen, ob hier ein Hintergedanke damit verfolgt wird. Das Kompliment ist etwas, das rasch zur Phrase abgewertet werden kann, insbesondere, wenn es im selben Wortlaut verschiedenen Personen gewidmet wird oder auf ein vollkommen anderes Selbstbild des angesprochenen Menschen trifft.

Wertschätzung ist mehr als eine Phrase oder eine Bewertung einer Handlung, sie drückt obendrein eine auf Situation und Individuum angepasste Nähe oder auch Distanz aus. Mit einer Wertschätzung wird eine Beobachtung angesprochen, ohne diese dabei zunächst zu bewerten, wird nachgefragt, wird offenbart, wie man selbst dazu fühlt und anschließend Dank ausgesprochen oder auch eine Bitte oder nachgefragt, ob Unterstützung gebraucht wird. Es wird damit das Gegenüber als Ganzes wahrgenommen und dies auch vermittelt. Wertschätzung kennt Distanz und Nähe, Wertschätzung bezieht sich nicht nur auf eine Handlung, aber auch nicht abstrakt auf die Person: In Wertschätzung ist alles verpackt, womit sie auch wesentlich leichter anzunehmen ist und zu einem konstruktiven weiteren Gesprächsverlauf beiträgt.

Abschließend sei sowohl zum Umgang mit Entschuldigungen als auch mit Wertschätzung darauf hingewiesen, dass dies Übung braucht. Das darf auch so sein – denn wie lange hat man sich zumeist darin erprobt, festgefahrene Muster des auf ein Siegen ausgerichteten Kampfes anzuwenden? Da ist es nur verständlich, dass das nicht unbedingt von heute auf morgen klappt, diese gewaltfreien Formen des Miteinanders einzuüben. Doch es lohnt sich – und die ersten Fortschritte werden schon nach kurzer Zeit spürbar werden: Konflikte verlieren ein wenig an Schrecken, wenn man die Sicherheit hat, mit einfachen Mitteln dazu beitragen zu können, diese auf konstruktive Weise auszuleben und solchermaßen die in ihnen steckende Energie für sich zu nutzen. Konflikte haben zwei Gesichter: das des Schlachtfeldes ebenso wie jenes der Chance – welches von beiden betrachtet und genutzt wird, das liegt ein Stück weit in den Händen jedes einzelnen Menschen.

---

**Probieren Sie es aus!**

Denken Sie an die letzte Begegnung mit dem anderen Elternteil Ihres Kindes.
Wann haben Sie zuletzt dem anderen Elternteil wirklich zugehört?
Was macht der andere Elternteil alles, damit es dem Kind gut geht: finanziell, in puncto Erziehung oder Betreuung? Welche Anstrengungen sind damit verbunden? Wann haben Sie zuletzt gesagt, dass Sie das sehen?
Streichen Sie das Wort „aber" aus Ihrem Wortschatz!

---

## Individuelle Wege finden

Schenken Sie dem Familienmitglied, mit dem es gerade schlecht funktioniert, eine Ausgabe des Buches – und sprechen Sie miteinander darüber, was Sie daraus wie umsetzen wollen und können. Sehr rasch werden Sie Themen finden, bei denen Sie einander zugestehen können, es viel besser zu machen als in den Beispielen von Franz und Anita hier beschrieben. Sie werden darüber auch froh und einander dankbar sein – und einander das auch mitteilen als Start für die Entwicklung einer ganz individuellen Form, miteinander gestärkt aus Konflikten herauszufinden.

**Probieren Sie es aus!**

Besonders hilfreich ist es, wenn beide Elternteile dieses Buch lesen und die darin enthaltenen Übungen machen. Sprechen Sie auch miteinander darüber, welche Stellen des Buches Sie als besonders hilfreich empfunden haben, an welchen Sie gestaunt haben und an denen Sie froh waren, dass es Ihnen eigentlich sehr gut geht im Vergleich zu anderen Eltern.

Sprechen Sie dabei vor allem über jene Passagen, in welchen es um das Kindeswohl geht: Wie können Sie trotz Ihrer herausfordernden Situation darauf achten, dass das Kindeswohl nicht zu kurz kommt und Sie da an einem gemeinsamen Verständnis arbeiten?

# Wenn man es selbst nicht mehr in den Griff bekommt

Trotz aller Bemühungen kann es passieren, dass ein Konflikt doch entgleitet. Dass man einfach nicht mehr aus seiner Haut kann und ständig eine Schaufel nachlegt. Und das, obwohl man merkt, dass die ganze Situation dadurch nur noch verfahrener wird und vielleicht sogar die Kinder schon erste Symptome der Betroffenheit vom tobenden Rosenkrieg zeigen. Auch dann muss es noch nicht zu spät dafür sein, das Ruder herumzureißen. Nachstehend werden einige Möglichkeiten kurz vorgestellt, wie entsprechende Unterstützung hereingeholt werden kann.

## Wenn Freunde helfen sollen, Streit zu schlichten

Der gemeinsame Freundeskreis und auch die Familie sind oftmals Zeugen von Konflikten. Es erscheint daher nahe-liegend, dass hier auch Hilfestellung gefunden werden kann in der Konflikttransformation, also der Umwandlung der destruktiven Konfliktenergie in den konstruktiven Antrieb für gemeinsame Lösungen. Ein Vorteil, der hier erkannt werden kann, ist sicher das bestehende Vertrauensverhält-nis. Und damit die Gewissheit, mit den eigenen Bedürf-nissen gesehen zu werden. Davon verspricht man sich aus-reichend Platz zu erhalten, das eigene Fühlen, Denken und Wollen zum Ausdruck zu bringen und zu einer Lösung zu finden, in der die eigenen Interessen Niederschlag finden. „Franz kennt mich, er weiß, wie ich ticke, und er kennt auch Anna – auf ihn hört sie", wird da wohl die Motivation ausmachen, sich dem Freund mit dem unlösbar erscheinen-den Konflikt anzuvertrauen.

### Was es zu vermeiden gilt …

Für den Freund beziehungsweise die Freundin eine sehr ehrenhafte, wenngleich auch herausfordernde Aufgabe. Letzteres kommt in einem Zitat von Johann Paul Fried-rich Richter, einem unter dem Namen Jean Paul bekann-ten deutschen Dichter des 18. Jahrhunderts, sehr deutlich zum Ausdruck, wenn dieser dazu festgestellt hat: „Nichts ist gefährlicher, als zwei Menschen auszusöhnen – sie zu entzweien, ist viel sicherer und leichter." Auch in der Praxis hört man oftmals Geschichten, wo Menschen unter Seufzen berichten, dass sie sich in den Streit von Freunden nicht mehr einmischen werden, zumal sie sich da schon einmal plötzlich in der Situation wiedergefunden haben, dass die beiden Streithähne sich zwar wieder verstanden haben, aber auf wundersame Weise plötzlich sie es waren, gegen den oder die sich die aufgestauten negativen Gefühle gerichtet haben. In der Tat gilt es behutsam zu sein, als freundschaftliche Vermittlungsinstanz etwa eigene Rollenbindungen nicht zu übersehen: Bin ich geeignet, hier zu vermitteln oder spiele ich vielleicht sogar selbst eine Rolle im Konflikt? Gibt es zu dem zu vermittelnden Streit eine thematische Verbindung von mir zu einer der beiden Seiten? Die eigene Bedeutung im Konfliktumfeld zu kennen ist unverzichtbar. Wird hier etwas übersehen, so kann es – wie es Rosi im nachstehenden Beispiel passiert – rasch ein Hineinkippen in den Konflikt drohen mit der Gefahr einer Ausweitung und Eskalation.

> **Beispiel zur Verdeutlichung**
>
> Rosi möchte den Streit zwischen dem Mann ihrer Schwester und ihrer Mutter schlichten. Sie findet es einfach blöd, dass da wegen Lappalien wie der Frage, ob denn die AHS oder die Hauptschule die besseren Voraussetzungen für die Ausbildung ihrer Nichte darstellen, zynische Kommentare ausgetauscht werden von den beiden. Ehe sie sich versieht, steht allerdings plötzlich Rosi im Mittelpunkt des Zankes zwischen den beiden: Plötzlich soll sie sich gegenüber ihrer Mutter rechtfertigen, weshalb sie es nicht zu schätzen wisse, selbst die AHS besucht haben zu dürfen trotz aller Entbehrungen, die ihre Mutter dafür hat hinnehmen müssen, um ihr einen besseren Start ins Leben zu ermöglichen, als sie selbst es hatte.

Die Grenze für die Chance einer erfolgreichen Interven-
tion durch Nachbarschaftshilfe liegt obendrein dort, wo ein
Konflikt an der Grenze zur Eskalation in die Stufe vier (Koalitionen) steht. Ab diesem Punkt besteht nämlich die Gefahr, dass die Konfliktparteien im hinzugezogenen „Nachbarn" nur einen potenziellen Verbündeten für den jeweils
vertretenen Standpunkt sehen. Schnell kann dann eine
Verstrickung in das Konfliktgeschehen erfolgen. „Du siehst
das doch auch so", ist da eine sehr deutliche Falle (man
nennt das auch Triangulationsversuch), in welche man keinesfalls hineintappen darf mit einem „Natürlich.". Derlei
Bestätigungen werden von der anderen Seite des Konfliktes argwöhnisch zur Kenntnis genommen und sofort als
Koalitionen gegen sich selbst gedeutet – und schon steckt
man auch selbst im Strudel der Eskalation.

### ... und was man mitbringen sollte

Es bedarf der Bereitschaft, sich geduldig beide Sichtweisen anzuhören, und einer gewissen konstruktiven Neugier,
um durch gezielte Fragen an die jeweiligen Beweggründe
heranzukommen. Anders als bei einem Kaffeehausklatsch
ist gewiss niemandem gedient, wenn vorschnell Ratschläge erteilt werden, die sich nur allzu oft als Bumerang erweisen und schon rasch zu einer weiteren Eskalation statt
einer intendierten Transformation des Konfliktes führen.
Die Qualifikationen eines Moderators beziehungsweise
einer Moderatorin sollten für einen erfolgreichen Einsatz
als Nachbarschaftshilfe also unbedingt gegeben sein. Es
bedarf zunächst keiner Lösungsvorschläge, sondern der
konsequenten Heranführung der Konfliktparteien an die

Bedürfnisebene mit anschließender eigenverantwortlicher Ideensammlung und Lösungsvereinbarung. Auch ist von Bedeutung für den Erfolg dieser Hilfestellung, dass die hinzugezogene Person zu beiden Konfliktparteien in einem ausgewogenen Verhältnis steht und erst aktiv wird, wenn dies von beiden Seiten gewünscht wird.

**Wie kann man das angehen?**

Für die in einem Konflikt steckenden Menschen ist es meist zunehmend schwieriger, die Übersicht zu bewahren über die eigentlichen Themen des Konfliktes. Die Sichtweisen versteifen sich ja, die Emotionen vernebeln zunehmend die Fähigkeit, Flexibilität zu zeigen und die Bereitschaft, ein Thema auch von einer anderen Seite zu betrachten. Ein wichtiger Schritt wird es daher sein, selbst Ordnung hineinzubringen – was bei ein wenig Neugier und absoluter Befreiung von eigenen Wertungen und Schlussfolgerungen möglich ist. Wird man nun als Freund hinzugezogen und hat man für sich geklärt, dass man sich die Vermittlung zutraut, so stellt sich die Frage, wie man das am sinnvollsten anpacken kann. Hierbei kann der nachstehende beispielhaft skizzierte Weg helfen:

* Worum geht es eigentlich? Mit solchen ergründenden Fragen kann man übersichtliche Themenpakete schnüren und vielleicht auch mit Moderationskarten veranschaulichen – und auf diese Weise durch Ordnung und Übersicht Sicherheit schenken.
* Welche Sicht haben die beiden? Dabei schafft man es, wenn auf Gesprächskultur geachtet wird, in der gegen-

seitiges Zuhören unverzichtbar ist, dass die eintretende Beruhigung beiden hilft, plötzlich auch die jeweils andere Seite zu verstehen. Die beiden werden Zeuge all der Fragen, die man selbst nicht auszusprechen wagte, um nicht als dumm dazustehen, und bekommen auch noch die Antworten darauf mit. Die Fragen des Vermittlers beziehungsweise der Vermittlerin können gar nicht dumm sein, alles ist erlaubt, solange es in wertschätzender Empathie vorgetragen wird.

* Immer wieder nachfragen, immer wieder zusammenfassen, was gehört wurde und bestätigen lassen, es richtig verstanden zu haben, bringt ebenfalls Sicherheit hinein, ernst genommen zu werden und entschleunigt den Konflikt.

* Sind beide Seiten so zu Wort gekommen, gilt es, zu ergründen, was die jeweiligen Beweggründe sind. Da kann es hilfreich sein, die gegenseitige Empathiefähigkeit der Streitparteien wieder zu heben, indem man zum Beispiel Hilfe dabei anbietet, gegenseitig einzuschätzen, worum es der jeweils anderen Seite geht – welche Bedürfnisse da jeweils verteidigt werden.

* Erst wenn das alles geklärt ist, sollten die Streitparteien dazu begleitet werden, Lösungen zu suchen, mit denen beide gut leben können. Merkt man, dass da wieder ein Thema aufbricht und im Weg steht, dann einfach wieder von vorne anfangen. Bitte unbedingt mit eigenen Ratschlägen zurückhalten: Wenn diese nämlich der Einfachheit übernommen werden und scheitern, ist man selbst rasch das Ziel eines nächsten Konfliktes.

* Zu guter Letzt gilt es, zu einer gefunden Lösung zu gratulieren und auch gleich festzulegen, wie diese umgesetzt

wird: Wann, wer macht dabei was, woran erkennt man, dass es gut gelaufen ist, wie werden Nachbesserungen vorgenommen, wenn dies erforderlich scheint?

Sollte an einem Punkt erkannt werden, dass man einfach nicht mehr weiterzukommen scheint, sich die Situation sogar verschlechtert oder man sich als hinzugezogene Vermittlungsinstanz nicht mehr wohlfühlt in der Rolle, so ist das nicht weiter schlimm, wenn dies sofort transparent gemacht und nicht einfach überspielt wird. Für Konfliktparteien ist gegebenenfalls auch das eine wichtige Erkenntnis, die sie da von außen gewinnen können: Es geht so nicht mehr weiter, und es ist erforderlich, sich professionelle Hilfe zu holen, wenn weiterer Schaden vermieden werden soll.

## Beratung

Beratungsangebote gibt es in Gestalt einer zugekauften Unterstützung in Konfliktsituationen in verschiedensten Variationen – je nach gewünschter Zielsetzung. Die einen sind juristischer ausgeprägt, die anderen setzen mehr auf psychologische, sozial- und kommunikationswissenschaftliche Inhalte.

### Beratung verschafft wieder Überblick

Es geht dabei in sämtlichen Beratungsformen darum, zu konkreten Fragen professionelle Ratschläge für die eigenverantwortliche Umsetzung in Form einer Entscheidung über die weiteren Schritte zu erhalten. Zunächst erfolgt dabei eine Erhebung des Sachverhaltes anhand der Erzählungen des oder der Ratsuchenden und allenfalls auch weiterer betroffener Personen. Mit gezielten Fragen werden da auch Aspekte beleuchtet, denen man vielleicht gar keine so große Bedeutung beigemessen hat oder welche im Laufe des Geschehens durch Verletzungen bereits stark in den Hintergrund gedrängt wurden. Das stellt schon eine Unterstützung bei der Herausarbeitung und Definition der zentralen Fragestellungen zu den aufgetreten Problemen dar. Immerhin verliert man ja sehr leicht in einem eskalierenden Konflikt den Überblick über das, worum es eigentlich wirklich geht: Der Streit hat ein Eigenleben entwickelt und viele ursprünglich gar nicht berührten Bereiche angesteckt. Beratung bringt da jedenfalls wieder ein wenig Ordnung hinein und verschafft Übersicht. In weiterer Folge werden, zumeist juristische und psychologische, Ratschläge fachkompetent erteilt. Die inhaltliche Verantwortung für die eventuelle Umsetzung oder sonstige weitere Schritte verbleibt allerdings bei den Akteuren.

### Während juristische Beratung dem Konflikt meist nur scheinbar Schärfe nimmt …

Die bei einer Beratungsstelle oder in einer Rechtsanwaltskanzlei juristischen Rat suchenden Menschen stecken in aller Regel schon in einem hocheskalierten Konflikt. Der Drang, das Gegenüber um jeden Preis besiegen zu müssen, dominiert. Im Gegenüber kann nur noch die Ausgeburt des Bösen erkannt werden; Drohungen wurden bereits ausgesprochen, und diesen müssen nun, um das eigene Gesicht nicht vollends zu verlieren, auch die entsprechenden schmerzlichen Handlungen folgen. In der juristischen Be-

ratung wird hier fast immer eine Bestätigung erwartet, auch
vor der Rechtsordnung richtig zu liegen und sich so der
staatlichen Unterstützung der Gerichte und Behörden im
Schlachtzug gegen die anderen Konfliktbeteiligten sicher
sein zu können. Oder, wenn das nicht möglich sein sollte,
wird zumindest das Erhalten einer Anleitung zur Korrektur
in der eigenen Strategie und der Deutung der empfundenen Verletzungen in einer solchen Weise vorausgesetzt, dass
man sich nicht nur moralisch, sondern auch vor dem Gesetz im Recht sehen darf. Sofern der Ratschlag sich dabei
deckt mit dem im Konflikt bezogenen Standpunkt, wird
daher eine verstärkte Tendenz zur Verurteilung und Bekämpfung des Gegenübers im Konflikt Unterstützung erfahren: Der kurz ins Stocken geratene Wille zur Eskalation
bekommt neuen Auftrieb, zumal ja nun sicher scheint, das
eigene Konfliktrisiko dank der juristischen Unterstützung
im eigenen Schlachtgraben quasi ausschalten zu können.
Aber selbst für den Fall einer den eigenen Interessen zuwiderlaufenden Auskunft ist aus Sicht des Konfliktmanage-
ments eine Vergrößerung des Schadenspotenzials im weiteren Konfliktverlauf zu befürchten. Selbst für den Fall, dass
die Wahrnehmungskompetenz so weit erhalten ist, dass die
dem eigenen Standpunkt zuwiderlaufende Rechtsauskunft
auch erkannt und akzeptiert werden kann, besteht nämlich die Gefahr, dass infolgedessen im Konflikt aus diesen
Überlegungen heraus Scheinzugeständnisse gemacht werden. Diese Scheinzugeständnisse haben dann lediglich die
Funktion einer Nebelgranate, um das Gegenüber von einer
weiteren Verfolgung des eskalierten Geschehens vorerst ab-
zubringen. Immerhin wird ja – in einem nicht unbedingt
auch tatsächlich zutreffenden – Umkehrschluss davon aus-

gegangen, das Recht wäre auf Seite des oder der anderen und es gälte zu verhindern, dass dies auch realisiert und eingesetzt werde. Selbst wenn es mit solcher Motivation nach außen hin zu gelingen scheint mit einem scheinbaren Frieden – im Hintergrund kann dies sehr wahrscheinlich die Basis für eine weitere Eskalation in unterkühltem Konfliktstil legen, zumal die eigenen Bedürfnisse neben der nun zusätzlich realisierten Bedrohung durch das Normensystem ja unverändert bestehen bleiben und keine Berücksichtigung erfahren.

## ... kann bloß psychologische Beratung den schalen Beigeschmack der Unwissenheit über eigene Rechte bekommen

Psychologische Ratschläge zielen ganz gezielt darauf ab, die konstruktiven Kompetenzen zur Deeskalierung anzusprechen und zu persönlichem Wachstum an einer Auseinandersetzung mit Möglichkeiten der konsensualen Bereinigung des Konflikts zu ermuntern. Hilfestellungen aus den Sozial- und Kommunikationswissenschaften ergänzen dabei das Angebot und bringen der Rat suchenden Person auch über die konkret angesprochene Konfliktsituation hinaus einen Mehrwert. Konfliktberatung ist ein hervorragendes Instrument zur Bestimmung der eigenen Position und zur Verdeutlichung der in Gang gebrachten Dynamik des Konfliktes. Es wird eine Außensicht geboten mit Erfahrungswerten zum möglichen weiteren Verlauf, es gibt Empfehlungen für eine eigenverantwortliche Aufnahme von Maßnahmen zur Abwehr drohenden Schadenspotenzials. Schritt für Schritt wird die ohnehin bestehende Befähigung des oder der Ratsuchenden freigelegt, die eigenen Einflussmöglichkeiten auf das weitere Geschehen zu erkennen und dementsprechend auch den Sog der Konfliktdynamik abzuschwächen. Es wird wieder zukunftsgerichtetes Wollen in den Vordergrund gerückt mit der wiedergeweckten Gewissheit, über dafür notwendiges Werkzeug selbst zu verfügen: Achtsamkeit, Akzeptanz, Wertschätzung. Für eine nachhaltige Absicherung einer Transformation des Konfliktes in ein wachstumsfreundliches Beziehungsklima kann auch psychologisch ausgerichtete Beratung allein allerdings nur einen Impuls setzen. Die Überprüfung auf die Konsensfähigkeit im individuellen Fall sowie die Umsetzung hat eigenverantwortlich oder unter Hinzuziehung von Fachleuten aus einem anderen Servicegebiet zu erfolgen.

---

### Beispiel zur Verdeutlichung

Anna und Leon sind an jenem Punkt angelangt, an dem sie ihre Ehe nur noch als Qual sehen können. Sie kommen sich beide so vor, als wäre das Gegenüber so eine Art Henker, bei welchem man all seine Sünden abbüßen müsste. Eines Morgens ist es wieder so weit, dass aus einer Kleinigkeit – Anna hat wieder mal die Zahnpastatube unverschlossen auf dem Waschtisch liegen lassen – ein heftiger Streit ausbricht, an dessen Höhepunkt Leon verkündet, dass das alles keinen Sinn mache: Er packt in zwei Koffern seine ihm wichtig erscheinenden Sachen, knallt ihr den Wohnungsschlüssel vor die Füße und verlässt mit den Worten „das war's" und einer knallenden Tür die eheliche Bleibe. An dieser Stelle macht es jetzt für den weiteren Verlauf einen sehr bedeutsamen Unterschied, ob und welche Form der Beratung in Anspruch genommen wird:

Leon wird in einer Rechtsanwaltskanzlei mit Sicherheit erfahren, dass das einseitige Verlassen der ehelichen

Gemeinschaft als immer noch im Eherecht bedeutsames „Verschulden" gelten könnte – und dass ein allfälliges Gewähren des Wiedereinzugs durch Anna eine Entschuldigung darstellen würde mit der Folge, dass in einem dennoch folgenden Scheidungsverfahren diese, juristisch gesehen undurchdachte, Aktion ihm nicht mehr vorgehalten werden kann. Willigt Anna, vielleicht noch nicht beraten, in den daraufhin mit dem Motiv der Abwehr unerwünschter Konsequenzen angebotenen Scheinfrieden ein, und es erfolgt eine Wiederaufnahme der ehelichen Gemeinschaft, so ist es sehr wahrscheinlich, dass Leon nun auf Fehler lauert, die Anna ihrerseits begehen könnte: Er hat ja immerhin im Zuge der Beratung auch von anderen Verschuldensgründen gehört.

Hätte Leon stattdessen eine psychologisch ausgerichtete Beratung in Anspruch genommen, dann wäre beiden Seiten wahrscheinlich viel Leid erspart geblieben: Leon hätte sich dem Konflikt gestellt, hätte erkannt, dass er es zu einem Gutteil selbst in der Hand hatte, dass es so weit gekommen ist und dass er es auch ist, der den weiteren Verlauf ein Stück weit in die Richtung lenken kann, die der eigentlichen Zielsetzung entspricht. Es wäre wieder über die Bedürfnisse und Wünsche der beiden in der Beziehung nachgedacht worden und nicht über die Nebelgranate der offenen Zahnpastatube, die nicht als Beweis für unendliche Ignoranz und Schlamperei gesehen werden muss. Er hätte dabei allerdings riskiert, dass Anna sich über ihre Rechtsposition beraten lässt und dabei erfährt, dass sie gerade die besseren Karten in der Hand hat für den Fall, dass ihr eine Auflösung der Ehe als bessere Zukunftsaussicht erscheint.

Im Optimalfall nehmen beide Seiten Beratung in Anspruch: sowohl über die juristischen Möglichkeiten als auch über die verschiedenen Wege, welche sie den Konflikt betreffend selbst einschlagen können. Nur so bleibt es ihnen erspart, sich eines Tages den Vorwurf machen zu müssen, falsch gehandelt zu haben – oder auch viel Energie in die Aufrechterhaltung der Überzeugung zu investieren, es wäre ohnehin alles richtig gewesen.

Haben Menschen eine schwere Bronchitis, unter der sie sehr leiden, erscheint es ihnen selbstverständlich, Hilfe von einem Profi in Anspruch zu nehmen. Ebenso wird das Auto sofort in die Werkstatt gebracht, wenn eine Warnlampe aufleuchtet. Erstaunlicherweise ist diese Selbstverständlichkeit jedoch nicht gegeben, wenn es um wahrscheinlich ebenso schwerwiegende Komplikationen im Miteinander geht. Kosten schrecken ab, es besteht Angst um das eigene Ansehen, das darunter leiden könnte, wenn man eingesteht, auch mal Hilfe brauchen zu können. Eine Besonderheit der mitteleuropäischen Kultur – denn in den USA etwa würde man eher schief angeschaut, wenn man nicht mindestens einen Berater oder eine Beraterin regelmäßig aufsucht. Dabei kann, insbesondere in hocheskalierten Konfliktsituationen, juristischer Ratschlag in Kombination mit psychologischer Fachberatung viel Leid und auch Geld sparen helfen. Verschiedenste Datenbanken im Internet geben einen guten Überblick über das auch bei uns bestehende Konfliktangebot – wobei selbstverständlich wie auch bei anderen Fachleuten Wert gelegt werden muss auf Vertrauen und Qualifikation.

## Therapie

Reicht eine Beratung nicht aus, um eine von den in einem hocheskalierten Konflikt beteiligten Personen nicht mehr als eigenverantwortlich lenkbar empfundene Situation wieder in den Griff zu bekommen, so kann im Zuge einer Therapie Unterstützung in Anspruch genommen werden. In einer solchen wird durch therapeutische Interventionen das Ziel der Auflösung oder Linderung bereits zu diagnostizierender Krankheitssymptome unterstützt. Es geht hier dann – anders als in der „einfachen" Beratung – bereits um den Wiederaufbau der Kompetenz, die inhaltliche Verantwortung für das weitere Vorgehen zu tragen. Therapeutische Hilfestellung kann dabei sowohl von einer einzelnen Person in Anspruch genommen werden als auch von allen am Konflikt beteiligten Personen gemeinsam. Im Einzelfall kann es allerdings angezeigt sein, dass (zunächst) Einzelsitzungen unverzichtbar sind.

In der modernen Psychotherapie geht es dabei nicht in erster Linie um die Heilung der aufgetretenen Symptome, die sich durch den Konflikt manifestiert haben, sondern primär um die Reaktivierung der Transformationsfähigkeit hinsichtlich der sinnvollen und konstruktiven Nutzung der aufgestauten Energien. Und damit erst mittelbar um die Beseitigung der Symptome, allerdings mit wesentlich rascheren Erfolgen in der Wiedererlangung positiven Lebensgefühls. Es werden dabei durch verschiedenste Interventionen bis in sehr tiefe Ebenen der Persönlichkeit hinein Träume und Wünsche geweckt. Im Anschluss daran werden über die Bestärkung der vorhandenen Kompetenzen Bewältigungsmuster aufgebaut und das Selbstbewusstsein sowohl als Individuum als auch als Mitglied der Gesellschaft gestärkt.

Modelliert wird dieser Prozess zumeist in mehrere Phasen, wobei am Beginn stets der Aufbau eines vertrauensvollen

Klimas und die Informationsbeschaffung stehen. In dieser ersten Phase werden dabei begleitend zur Schilderung der Vorkommnisse, welche als besonders beschwerlich und belastend empfunden werden, bereits die Kommunikationsprozesse im Konflikt, der Selbstwert des Hilfe suchenden Einzelnen und die offenen und verdeckten Regeln, denen sich dieser Mensch unterworfen sieht, mit erhoben.

Anschließend werden die dysfunktionalen Prozesse, die zum Teil schon in der ersten Phase deutlich geworden sind, mit verschiedensten Interventionen behandelt. Der Therapeut beziehungsweise die Therapeutin unterstützt dabei, Angst, Wut und Schmerz anzunehmen und die zum Selbstschutz errichteten Grenzen, die durch Kommunikationsstörungen, Indirektheit, Nominalisierung, restriktive Regeln und Ähnliches zum Ausdruck kommen, abzubauen. Diese Öffnungsphase ist eine besondere Herausforderung an den Therapeuten beziehungsweise die Therapeutin, da hier eine besondere Verantwortung für den Klienten beziehungsweise die Klientin zu tragen und eine Atmosphäre uneingeschränkten Vertrauens zu erhalten ist. Es wird hier in noch unerschlossene oder auch verschüttete Bereiche der Persönlichkeit begleitet. Dabei werden die damit verbundenen Ressourcen aufgezeigt, welche konstruktiv zum Wachstum als Individuum wie auch als Bestandteil der Gesellschaft insbesondere im Umgang mit den aktuellen Konflikten genutzt werden können. Das Augenmerk, das noch in der ersten Phase primär auf der Vergangenheit gelegen ist, wird in die Gegenwart geholt. Die Interventionen, bei denen alle Sinne angesprochen werden zur optimalen neurobiologischen Verknüpfung der neuen erweiternden Erfahrungen, stellen darauf ab, die Selbstwahrnehmung in der Gegenwart zu festigen und dabei das Gefühl von Kontrolle über das eigene Schicksal zu festigen. Das damit gestiegene Selbstwertgefühl macht es dem Einzelnen nunmehr möglich, auch die anderen Beteiligten in einem Konflikt losgelöst von in der Vergangenheit aufgestauten Emotionen und gefestigten Erwartungen in der Gegenwart wahrzunehmen.

In der dritten Phase geht es schließlich darum, die aus der erfolgten Öffnung gegenüber persönlichem Wachstum und dem damit einhergehenden Beschreiten neuer Wege gewonnenen Hoffnungen in neue Verhaltensmuster zu integrieren und damit zu festigen. Das vom Konflikt betroffene soziale Umfeld wird quasi neu zusammengesetzt zu einem neu erweckten gemeinsamen Bild, in welchem alle sich wohlfühlen und jenen Platz vorfinden, den sie für weiteres persönliches Wachstum benötigen.

Psychotherapie ist eine hervorragende Form der Hinzunahme außenstehender Fachleute in die Konflikttransformation. Sie ist immer dann dringend zu empfehlen, wenn einzelne, vielleicht auch am eigentlich nach außen wahrnehmbaren Konflikt selbst scheinbar unbeteiligte, Menschen im Konfliktverlauf bereits schwerwiegende Persönlichkeitsveränderungen zeigen und auch im sozialen Umfeld daraus ein Leidensdruck entsteht, zu dem kein Ausweg zu existieren scheint. In einzelnen Fällen wird auch eine zu anderen externen Hilfestellungen begleitende Inanspruchnahme, etwa als Unterstützung einer laufenden Mediation („Schutzengelmediation"), angezeigt sein.

## Mediation

Mediation wird vom Gesetzgeber definiert als eine auf Freiwilligkeit der Parteien beruhende Tätigkeit, bei der ein fachlich ausgebildeter, neutraler Vermittler (Mediator) mit anerkannten Methoden die Kommunikation zwischen den Parteien systematisch mit dem Ziel fördert, eine von den Parteien selbst verantwortete Lösung ihres Konfliktes zu ermöglichen. Typisch juristische Definition, in welcher auf engstem Raum all das zusammengefasst wurde, was als essenziell erachtet wird. Bei einer flüchtigen Lektüre des Satzes wird dabei ohne entsprechendes Hintergrundwissen nur schwer erkennbar, was nun Mediation wirklich ist und wie das helfen kann, Konflikten ihren Schrecken zu nehmen. Wie kann Mediation sonst beschrieben werden?

### Mediation ist eine Prozessbegleitung hin zu Lösungen …

Mediation ist also einerseits ein wissenschaftlich ausgeklügelter Prozess, bei dem in mehreren Phasen Instrumente der Soziologie, der Psychologie und der Kommunikationswissenschaften zum Einsatz gebracht werden. Zwei oder auch mehrere Menschen, die zu einem Konflikt den Ausweg selbst nicht mehr so leicht finden können, lassen sich also von einem Mediator oder einer Mediatrix zurück auf den Weg des Miteinanders begleiten. Die Idee dahinter, welche beispielsweise schon den Westfälischen Frieden oder auch das Camp-David-Abkommen ermöglicht hat, basiert darauf, dass eine außenstehende Person dabei hilft, wieder Balance in die Gespräche zu bringen und damit ein Klima der Sicherheit zu vermitteln, in dem Wertschätzung wieder möglich wird, ohne das eigene Gesicht zu verlieren.

Das Gleichgewicht wieder herzustellen, hat dabei in verschiedensten Relationen Bedeutung: Zum einen ist ja zu beobachten, dass Konflikte immer eine Sachebene und einen emotionalen Kontext haben. Innerhalb der Konfliktdynamik gerät dabei zunehmend das für die Beziehungsebene erforderliche Gleichgewicht aus der Balance: Proportional zum Eskalationsgrad des Konfliktes ist es dieses Ungleichgewicht, das die auf den Plan gerufenen automatischen Musterprozesse blind wüten lässt; die Menschen zu ihren Marionetten macht. Bei scheinbar eher rational ausgetragenen Konflikten wird daher in der Mediation daran gearbeitet, die Emotionen herausarbeiten und für alle Beteiligten transparent zu machen, um damit der Antriebfeder für die Konflikteskalation positive Energieentfaltungsmöglichkeiten einzuräumen. Bei einem scheinbar eher emotional geführten Konflikt wird durch entsprechende Interventionen – so nennt man die von einem Mediator eingesetzten Methoden aus den verschiedensten wissenschaftlichen Erkenntnissen wie Kommunikation, Soziologie oder Psychologie – Raum für Sachlichkeit geschaffen.

Ungleichgewichte entstehen aber auch in anderen Zusammenhängen: In Trennungssituationen etwa ist es oftmals so, dass eine der beiden betroffenen Personen einfach noch nicht so weit ist, sich mit diesem Gedanken auseinanderzusetzen, während die andere Seite ja meist schon Monate davor begonnen hat, sich ein Bild zu machen über die Notwendigkeit und auch so manche Folgen des schlussendlich bezogenen Standpunktes. Auch das klassische Opfer-Täter-Bild bringt entsprechend den der jeweiligen Rolle zugeschriebenen Normalitäten ein ungleiches Kommunikationsbild. Nicht vergessen werden darf auch die unendliche Fülle an empfundenen Ungerechtigkeiten, die jeden Streit zu etwas Einzigartigem und Individuellem machen: einander zugeschriebenes verschiedenes Wissen, unterschiedliche Sicherheit in der Ausdrucksweise, individuelle Schmerzgrenzen, verschiedene Konfliktlösungsmuster, unterkühlter oder überhitzter Konfliktstil, verschiedene Konfliktgeschwindigkeiten, …

Ein Mediator wird zu Beginn des Prozesses daher mit wertungsfreiem Zuhören und auf das Erlangen von Verständnis aufbauenden Fragen Ordnung in die Konfliktthemen bringen. Darauf aufbauend kann dann erarbeitet werden, welche Zielsetzung eigentlich verfolgt werden soll: Geht es um die Einigung auf ein Urlaubsprogramm, um den zukünftigen Umgang mit den Kindern, um Regeln der Nachbarschaft, um Klärung des Dienstverhältnisses, um eine Hausordnung für die Klassengemeinschaft, das Programm des nächsten Weihnachtsfestes, … Hier ist jede Zielsetzung vorstellbar, zu der ein Leidensdruck entstanden ist, zu welchem das Gegenüber als Hindernis für die Verwirklichung eigener Bedürfnisse gesehen wird. Entlang der zentralen Fragen, was getan werden kann, um ein gemeinsames Wollen, Können und Tun hin zu dieser Zielsetzung zu ermöglichen, werden nun alle Themen, zu denen auf diesem Weg Schwierigkeiten gesehen werden, erörtert.

Es wird dabei allen Beteiligten des Prozesses ausreichend Platz gegeben, einmal gehört und somit wahrgenommen zu werden. Ohne Abwertung, ohne Verurteilung, ohne die Schuld zugeschrieben zu erhalten, bekommen die Streitparteien die Gelegenheit, ihre Sicht der Dinge zu schildern.

Dies nimmt einerseits Druck, entschleunigt und hilft, den Blick nicht nur auf den anderen beziehungsweise die andere und die Vergangenheit zu richten, andererseits bietet es die Möglichkeit, dass auch die andere Seite einmal wirklich hört, worum es eigentlich aus der eigenen Sicht geht. Im besten Fall gibt es dazu ja nur Vermutungen, und die zuhauf – im schlimmsten Fall sogar nur die alles ausblendende Überzeugung, das Gegenüber sei ohnehin das personifizierte Böse, womit man auch schon genug wisse. Ein Mediator beziehungsweise eine Mediatrix wird dabei Rücksicht nehmen darauf, ob es etwa im aktuellen Eskalationsstadium zumutbar und möglich ist, mit dieser anderen Sicht so ausführlich konfrontiert zu werden. Gegebenenfalls wird hier auf verschiedene raumgestalterische Mediationstechniken zurückgegriffen: Manchmal reicht das Auseinanderrücken oder Auseinanderdrehen der Sessel, manchmal ist das sogenannte Tandem hilfreich, bei dem durch das versetzte Aufstellen der Sessel der Blickkontakt zwischen den Medianden vermieden und zum aktuell über seine Sicht sprechenden Menschen zusätzlich eine auch räumliche Nähe zum Mediator aufgebaut wird, um das Gefühl von Sicherheit zu verstärken. In besonders eskalierten Fällen bietet der sogenannte Caucus gute Dienste: Die Konfliktgeschichte oder nur besonders heikle Teile daraus werden in Einzelgesprächen mit dem Mediator besprochen und dabei vereinbart, welche Möglichkeiten es gibt, dies in großer Runde anzugehen. Auch Pendelmediationen, wo zunächst alternierende Einzelgespräche stattfinden, haben sich in solchen Fällen als hilfreich erwiesen und werden beispielsweise auch in internationalen Fällen betreffend Kindesbetreuung regelmäßig erfolgreich eingesetzt.

Der Knackpunkt in einer Mediation ist erreicht, wenn die hinter den Standpunkten steckenden Bedürfnisse, die gut verborgen liegen unter der Decke der Gefühle, erhoben und ausgetauscht werden können. Der Fokus ist nun schon wesentlich stärker auf die Gegenwart als auf die Vergangenheit gerichtet mit einem zaghaften Blick in die Zukunft, welche ja jeden Gestaltungsfreiraum zulässt. Es ist keine Seltenheit, dass da bereits die ersten Felsbrocken ausgeräumt werden können, die scheinbar den Weg zueinander versperren: Aufbauend auf der plötzlich sichtbar werdenden Erkenntnis, dass man etwa ohnehin sehr ähnliche Wünsche und Bedürfnisse hat, kann es da schon einmal sein, dass erste Annäherungen erfolgen und sogar Entschuldigungen ausgetauscht werden. Der Mediator wird in dieser Phase besonders Acht geben auf den Schutz der Medianden: Wer über seine Bedürfnisse spricht, zeigt sich von der verwundbarsten Stelle. Kleinigkeiten in unbedachter Kommunikation können daher tiefe Wunden reißen. Es wird deshalb gerade jetzt immer wieder Unterstützung angeboten werden durch verschiedenste Kommunikationstechniken: Es wird zum Beispiel durch Paraphrasieren gezeigt, wie man eine Botschaft vielleicht sehr viel wertschätzender anbringen kann, ohne dabei den Inhalt zu verändern. Es wird durch Normalisieren das Gefühl vermittelt, dass es nichts Schreckliches darstellt, so zu denken und zu fühlen, wie es gerade der Fall ist. Beim Doppeln wird ganz persönliche Unterstützung dabei angeboten, eine Botschaft, die einem vielleicht gerade besonders schwerfällt, so anzubieten, dass sie konstruktiv angenommen werden kann. Durch Pausen, durch monologisierende andere Beispiele zu vergleichbaren Situationen

oder auch Metaphern kann ein Mediator beziehungsweise
eine Mediatrix hier erforderlichenfalls immer wieder Ruhe,
Sicherheit und Entschleunigung in das Gespräch bringen.

Ist es gelungen, Klarheit über die Bedürfnisse zu erlangen – jeweils für sich selbst, aber auch gegenseitig –, so ist
der weitere Gang der Mediation fast schon ein Selbstläufer.
Fast – denn immer noch gilt es, das gerade aufkeimende
Pflänzchen namens Hoffnung auf die zum Greifen nahe
gemeinsame Lösung sehr sorgsam zu pflegen. In der Mediation wird nun dabei geholfen, die Dynamik des Konfliktes, die ja ursprünglich auf gegenseitiges Besiegen aus war,
endgültig umzulenken in eine gemeinsame Kreativität zur
Lösungsfindung: Es gibt keine Tabus bei der Identifizierung
möglicher Wege – nicht selten wird hier sogar schon einmal
gemeinsam gelacht über besonders skurrile Alternativen,
die ebenfalls gefunden werden können. Der vormalige Tunnelblick zerbirst, aus dem Kampf gegeneinander wird ein
zunehmend lustvollerer Wettbewerb um die beste Option,
das gemeinsame Ziel zu erreichen. Und sehr wahrscheinlich findet sich unter den eigenverantwortlich gefundenen
Ideen tatsächlich die eine höchst persönliche Lösung, bei
der alle Seiten erkennen: Ja, das ist es, was ich mir eigentlich gewünscht habe. Im Miteinander. Ohne Verliererinnen
und Verlierer.

### … Mediation ist aber auch eine Haltung

In einer Mediation werden die in einem eskalierten
Konflikt steckenden Menschen dabei unterstützt, einerseits
selbst zu definieren, was für sie eine gerechte Lösung darstellt, andererseits aber auch Wege zu entwickeln und zu

vereinbaren, wie diese ihre höchstpersönliche Lösung umgesetzt werden kann. Auf Basis der außer Frage gestellten unverhandelbaren ethischen Werte der Menschenrechte wird einander geholfen, die voneinander gemachten Bilder zu verflüssigen und dabei eine gemeinsame neu entdeckte Wirklichkeit als Ansatz zu definieren, in welchem sich Menschen im Anderssein gleichen und im gegenseitigen Respekt für diese Diversität auf dem Weg zu gemeinsamen Zielen unterstützen. Dabei wird deutlich: Mediation ist nicht bloß ein Prozess, es ist auch eine im Alltag hilfreiche Haltung und dabei geprägt von

1. äquidistanter Nähe zu den Mitmenschen und
2. Achtsamkeit sich selbst und seinem sozialen Umfeld gegenüber,
3. der Kompetenz zu wertschätzender Kommunikation und
4. dem Sinn für Gerechtigkeit und Freiheit in gemeinsam zu definierenden Dimensionen, die durch
5. konsensuale Verhandlungen
6. unter Einbezug der allseitigen Bedürfnisse und Interessen
7. in Wahrung der Eigenverantwortung

zum Ausdruck gebracht werden.

Sehr stark zeigen sich also die Eckpfeiler mediativen Verhaltens: von Wertschätzung getragen – in diesem Zusammenhang zitiert einer der bedeutendsten Mediatoren Österreichs, Ed Watzke, Augustinus „Dilige et quod vis fac!" –, kommunikativ, Bedürfnisse erkennend, benennend und berücksichtigend, auf Eigenverantwortung setzend und diese fördernd. Auch Duss-von Werdt sieht die Eigenverantwortung als zentrales Element, das es gilt, in einem wertschätzenden und die Freiheit zur Eigenverantwortung auch der anderen respektierenden Miteinander zur konsensualen Lösungsfindung beziehungsweise Zielerreichung einzusetzen.

Hat man einmal eine Mediation ausprobiert, so wird man sehr deutlich erkennen, dass diese nicht nur dabei geholfen hat, zum konkreten Konflikt eine in Eigenverantwortung erarbeitete Vereinbarung zum selbst definierten Ziel zu finden. Sehr wahrscheinlich wird man an sich bemerken, dass damit allgemein jene persönlichen Fähigkeiten, wie etwa jene zur der gewaltfreien direkten Kommunikation, gestärkt wurden, welche für ein gedeihliches Miteinander förderlich sind.

### Anforderungen an einen Mediator

Die Person des Mediators muss der Allparteilichkeit und Neutralität verschrieben sein und über eine breit gefächerte Ausbildung mit juristischen, psychosozialen und kommunikationswissenschaftlichen Aspekten verfügen. Es muss von Beginn an die Möglichkeit bestehen, sich anzuvertrauen. Die Vertrauensebene zu diesem Profi stellt nicht nur eine wertvolle Basis für die für die Öffnung erforderliche Sicherheit dar, sondern strahlt innerhalb des Mediationssettings auch auf die Beziehungsebene zwischen den Medianden aus. Stehen sich die Konfliktparteien am Beginn einer Mediation noch in einer von Spannungen belasteten Beziehung gegenüber, so wirken schon bald die jeweils zum Mediator aufgenommenen Beziehungen des Vertrauens positiv auf jene zwischen den Konfliktparteien. Auf dieser Ebene werden auch die während des Prozesses vom Mediator gesetzten Interventionen übertragen: Die zu Beginn der Mediation bestehende Ohnmacht in Kommunikation, Empathie und Lösungsfindung wird mit der diesbezüglichen Macht des Mediators, genau diese Fähigkeiten einzusetzen, ausgeglichen. Es ist dabei jedoch seitens des Mediators genau darauf zu achten, dass Triangulationsversuche (also Versuche, auf die Seite einer Konfliktpartei gezogen zu werden in Form einer Koalition gegen die andere Seite) in wertschätzender Weise etwa durch Umdeutungen zurückgewiesen werden, um die Ausbalanciertheit des Wirkens aufrechtzuerhalten.

Es bestehen somit sehr hohe Anforderungen an die Persönlichkeit einer Mediation anbietenden Person. Darüber hinaus lässt das Erfordernis des Einsatzes von Interventionen aus verschiedensten wissenschaftlichen Bereichen bereits erahnen, dass höchste Anforderungen an die fachliche Aus- und ständige Weiterbildung bestehen. Etwas, das daher unbedingt nachgeprüft werden sollte, bevor man sich einer Fachkraft zur Mediation anvertraut.

Um die Auswahl zu erleichtern, wurde beispielsweise in Österreich beim Bundesministerium für Justiz eine Liste der „eingetragenen Mediatorinnen und Mediatoren" eingerichtet, in die nur jene Personen aufgenommen werden, die sehr hohen Standards der fachlichen und persönlichen Qualifikation entsprechen. Aber auch die Interessenverbände können hier eine wichtige Orientierungshilfe geben: der Österreichische Bundesverband für Mediation (ÖBM), der Schweizer Dachverband für Mediation (SDM) und der Deutsche Bundesverband für Mediation e. V. (BM) stehen für entsprechende Informationen jederzeit zur Verfügung.

Schlussendlich bleibt es aber, wie auch in nahezu allen anderen Dienstleistungsberufen, eine Frage des persönlichen Vertrauens, wen man hier als geeignet empfindet.

## Aufstellungsarbeit

Pete A. Sanders schreibt in seinem „Handbuch übersinnlicher Wahrnehmung": „Viele deiner Gefühle sind eigentlich gar nicht deine. Es sind die Gefühle anderer Menschen, die du aufnimmst." Verantwortlich gemacht werden dafür die sogenannten Spiegelneuronen. Demnach sollen Menschen, auch wenn es vielen nicht bewusst ist, oftmals nicht nur mit den eigenen Gefühlen konfrontiert werden, sondern auch mit solchen jener Personen, mit denen sie in Verbindung stehen. Damit sei erklärbar, dass Menschen im Alltag immer wieder in eine Stellvertreterrolle rutschen und sich dabei mit Emotionen beschäftigen – und den daraus erwachsenden Verhaltensdruck verarbeiten –, die gar nicht zu einem selbst gehören.

Vielerorts wird unter Zugrundelegung dieser Annahmen über diese Fähigkeiten des menschlichen Hirns angeboten, zur Abklärung von dynamischen Prozessen in zwischenmenschlichen Begegnungen systemische Aufstellungen durchzuführen. Die Abläufe sind hier höchst unterschiedlich und reichen von einer bloßen Abbildung der wahrgenommenen Energieflüsse innerhalb des vom Konflikt betroffenen sozialen Systems unter Einschluss auch gar nicht offensichtlich beteiligter Personen, deren energetische Einwirkungen im System aber dennoch vorhanden sind, auf Brettern mit verschiedenen Figuren oder Gebilden über die serielle Abarbeitung der energetisch wirkenden Personen im

System mit der aufstellenden Person allein bis hin zu Aufstellungen mit Menschen als Energieträgern. In letzterem Fall können entweder geeignete Personen, welche sich zur Verfügung stellen und von der aufstellenden Person, die anschließend aus einer Außenperspektive betrachtet, welche Kräfte zwischen den aufgestellten Rollen wirken und wie sich das äußert, die einzunehmenden Rollen genannt bekommen, gewählt werden, oder es stellen sich dabei auch die Akteure selbst körperlich mit zur Verfügung.

Bei systemischen Aufstellungen wird oftmals ein Bewusstsein geweckt für Zusammenhänge, welche im Alltag gar nicht wahrgenommen werden und dennoch deutlich spürbar zutage treten: Emotionale Spannungen zwischen zwei Familienmitgliedern etwa, die aufgrund der Familienregeln nicht ausgelebt werden dürfen und den beiden infolge eines sehr ausgefeilten Schutzmechanismus in der Persönlichkeitsstruktur gar nicht mehr bewusst sind, wirken auf ein anderes Familienmitglied. Es werden durch die unbeeinflusste repräsentative Wahrnehmung der aufgestellten Personen Zusammenhänge aufgedeckt, die ein Verständnis wecken für so manche bislang unerklärliche Komplikation im Gefüge.

Für die Deutung der Abläufe und die Kontrolle des Geschehens bedarf es einer erfahrenen Begleitperson, zumal die emotionalen Ausbrüche durchaus gravierend sein können. Es ist auch hilfreich, wenn die Aufstellungsleitung psychotherapeutische Qualifikationen besitzt, da diese in der Unterstützung der aufstellenden Person bei der Deutung und Verarbeitung der aufgezeigten Dynamiken wertvolle Dienste erweisen können.

## Gericht

„Vor Gericht und auf hoher See bist du in Gottes Hand", wird oft und gerne zitiert, wenn jemand davon berichtet, vor der gerichtlichen Entscheidung in einem schon lange andauernden Streit zu stehen, bei dem es um viel geht. In der Tat ist es so, dass in den wenigsten Fällen nachhaltige Zufriedenheit eintritt nach der Verkündung eines Urteilsspruches – vielleicht liegt das daran, dass Recht und Gerechtigkeit zwei verschiedene Paar Schuhe sind, wie seinerzeit Rousseau erkannt hat.

Und dennoch stellt im westeuropäischen Kulturkreis die Befassung des Gerichtes und damit die Delegation der Eigenverantwortlichkeit zur Konflikttransformation an eine mit Macht ausgestattete dritte Person den Regelfall dar. Meist mit anwaltlicher Unterstützung wird der eigene Standpunkt auf unzähligen Seiten in teuren Schriftsätzen dargelegt. Da und dort ein wenig im Sinne der bereits studierten Judikatur zu ähnlich erscheinenden Sachverhalten interpretiert und ausgeschmückt – man will ja Recht bekommen und auf Nummer sicher gehen. Und dann erfolgt der Showdown, der sich oft über mehrere Termine erstreckt. Über Aufruf der „Rechtssache" wird alles aufgeboten, was geeignet erscheint, einen den Gerichtssaal als Siegerin beziehungsweise Sieger wieder verlassen lassen zu können: Zeugen, eigene Beteuerungen, Urkunden wie auch Facebook-Einträge, um sich selbst in einem guten und das Gegenüber in einem unglaubwürdigen Licht erscheinen zu lassen. Da wird es auch schon einmal überhört, wenn seitens des Gerichtsvorsitzes eindringlich gewarnt wird, dass die bezogene Rechtsposition unhaltbar sein könnte und eine vergleichsweise Einigung besser geeignet sein dürfte, den Streit beizulegen.

Dieser Weg sollte die Ultima Ratio sein, also erst in Betracht gezogen werden, wenn keiner der beispielhaft aufgezeigten anderen Wege mehr gangbar erscheint. Zwar wird zum vor Gericht behandelten Thema ein Urteil gesprochen, welches mit Sanktionsmöglichkeiten im Fall der Nichteinhaltung versehen ist und damit auf der Sachebene einen für die Konfliktparteien nicht mehr verhandelbaren Schlusspunkt hinter den Konfliktverlauf setzt, doch auf der emotionalen Ebene bleibt selbst im Fall des Obsiegens mit dem eigenen Standpunkt ein Manko bestehen. Ein rasches Aufflammen von Konflikten zu anderen Themen ist daher oftmals zu beobachten, was nicht weiter verwundert: Wer vor Gericht zieht, befindet sich dabei selten in einer Friedensmission, sondern eher auf dem Kriegspfad – und auf Kriegspfaden kommt es zwar immer wieder zu Waffenstillstandsvereinbarungen, in den seltensten Fällen aber zu haltbaren Friedensverträgen. Am deutlichsten zu erkennen ist dies in den unzähligen strittigen Betreuungsverfahren: Kaum ein Gerichtsspruch schafft es dabei, tatsächlich Ruhe und Konzentration auf das Wesentliche, und zwar das Kindeswohl, in die Eltern-Kind-Beziehung zu bringen.

# 5

# Schlusswort

*„Wertschätzung ist weit machtvoller als*
*Gewalt es jemals sein kann".*
(Hans-Jürgen Gaugl)

Danke, dass Sie sich für Wege interessieren, die auch in schlimmen Krisen eine realistische Chance dafür bieten, dass Kindern das Leid erspart bleibt, als Scheidungswaisen aufzuwachsen. Das Leben ist herausfordernd genug. Da darf daher gerne darauf verzichtet werden, Krisen in Partnerschaften unnötig zu verlängern und dabei auch das Leben jener Menschen nachhaltig zu erschweren, die ihren Eltern nicht nur in tiefer aufrichtiger Liebe verbunden sind, sondern auch in einem untrennbaren Abhängigkeitsverhältnis zu ihnen stehen.

Wenn Sie Gelegenheit finden, mit dem nun erworbenen Wissen auch nur einem Kind zu helfen, dass ihm das Schicksal, sich zwischen Mama und Papa zerrissen zu fühlen, erspart bleibt, dann haben Sie damit meinen Wunsch, der mich dazu gebracht hat, einige meiner Erfahrungen als Mediator und Elternberater hier zusammenzuschreiben, erfüllt. Hat es vielleicht sogar Ihnen selbst geholfen, aus einer Ehekrise trotz schlechter Vorahnungen doch noch herauszufinden oder eine Versöhnung mit dem Expartner auf der Elternebene zu bewerkstelligen, dann hat sich die Investition in dieses Buch auch für Sie und Ihre Kinder gelohnt, wozu ich herzlich gratuliere. All jenen, die selbst gelitten haben unter einem Rosenkrieg ihrer Eltern, möchte ich Kraft schicken: Kraft dazu, auf die Eltern in Versöhnung zugehen zu können, Kraft aber vor allem auch dazu, die erlittenen Verletzungen aufzuarbeiten.

# Literatur

Allione T (2009) Den Dämonen Nahrung geben. Arkana, München

Bauer J (2011) Warum ich fühle, was du fühlst. Heyne, München

Besemer C (1999) Konflikte verstehen und lösen lernen. Ein Erklärungs-und Handlungsmodell zur Entwurzelung von Gewalt nach Pat Patfoort. Gewaltfrei Leben Lernen, Baden

Betz R (2012) Raus aus den alten Schuhen! Dem Leben eine neue Richtung geben. Integral, München

Bono, Edward de (1987) Das Sechsfarben-Denken: ein neues Trainingsmodell. Econ, Berlin

Dobelli R (2011) Die Kunst des klaren Denkens. Hanser, München

Duss-von Werdt J (2005) Homo mediator: Geschichte und Menschenbild der Mediation. Klett-Cotta, Stuttgart

Fisher R, Ury LU, Palton BM (2009) Das Harvard-Konzept. Campus, Frankfurt a. M.

Glasl F (2011) Selbsthilfe in Konflikten. Freies Geistesleben, Stuttgart

Glasl F (2011) Konfliktmanagement. Freies Geistesleben, Bern

Hüther G (2011) Was wir sind und was wir sein könnten. Fischer, Frankfurt a. M.

Jacobsen O (2012) Ich stehe nicht mehr zur Verfügung. Windpferd, Karlsruhe

Klappenbach D (2011) Mediative Kommunikation. Mit Rogers, Rosenberg & Co. konfliktfähig für den Alltag werden. Junfermann, Paderborn

Leibetseder K, Engelbrecht T, Glasl F, Bacher M (2008) Wie kann Familienmediation gelingen? Mut zum Frieden – Neue Wege Literatur in der systemischen Familienmediation. M & N Medienverlag, Graz

Livegoed B (1974) Organisationen im Wandel. Haupt, Bern

Mehta G, Rückert K (Hrsg) (2008) Mediation. Instrument der Konfliktregelung und Dienstleistung. Falter, Wien

Möstl B (2009) Shaolin. Du musst nicht kämpfen, um zu siegen. Knaur, München

Möstl B (2012) Das Shaolin Prinzip. Tue nur, was Du selbst entschieden hast. Knaur, München

Richardson RW (2012) Wie Familie funktioniert. Orell Füssli, Zürich

Sanders PA (2004) Handbuch übersinnlicher Wahrnehmung. Windpferd, Oberstdorf

Satir V, Baldwin M (2004) Familientherapie in Aktion. Die Konzepte von Virginia Satir in Theorie und Praxis. Junfermann, Paderborn

Schelling T C (1980) The strategy of conflict. Harvard University Press, Cambridge

Schwarz G (2010) Konfliktmanagement. Konflikte erkennen, analysieren, lösen. Gabler, Wiesbaden

Wandrey M (2004) Treffen sich zwei Mediatoren … – Fallverstehen in der Mediation. In: Mehta G, Rückert K (Hrsg) Streiten Kulturen? Konzepte und Methoden einer kultursensitiven Mediation. Springer, Wien

Watzke E (2008) Wahrscheinlich hat diese Geschichte gar nichts mit Ihnen zu tun … Godesberg, Mönchengladbach

Watzlawick P (2011) Vom Schlechten des Guten: oder Hekates Lösungen. Piper, München

Watzlawick P (2012) Wie wirklich ist die Wirklichkeit? Wahn, Täuschung, Verstehen. Piper, München
Watzlawick P (2013) Anleitung zum Unglücklichsein. Piper, München
Young JE, Klosko JS (2010) Sein Leben neu erfinden. Wie Sie Lebensfallen meistern. Junfermann, Paderborn

# Literaturliste für Kinder und Jugendliche

Dietrich B (2005) Eltern im Doppelpack: Die Patchworkfamilie. Ein Trostbuch für Kinder. Samaragd, Dierdorf
Fennell C, Johnen H (1999) Rico der kleine Delfin. Meine Eltern trennen sich. FiJoFe-Verlag, Buchholz
Grundmann H, Schulze M-A (2010) Wir sind immer für Dich da! Wenn Mama und Papa sich trennen. Coppenrath, Münster
Hoffmann M, Asquith R (2010) Du gehörst dazu: Das große Buch der Familien. Sauerländer, Mannheim
Masurel C, McDonald Denton K (2001) Ich hab euch beide lieb! Wenn Eltern sich getrennt haben. Brunnen Verlag, Gießen
Maxeiner A, Kuhl A (2011) Alles Familie! Vom Kind der neuen Freundin vom Bruder von Papas früherer Frau und anderen Verwandten. Klett Kinderbuch, Leipzig
Orinsky E (2009) Die Krokobären: Eine Geschichte für Kinder, deren Eltern sich trennen. Iskopress, Salzhausen
Randerath J, Sönnichsen I (2008) Fips versteht die Welt nicht mehr. Thiemann, Stuttgart
Schöberl E (2004) Meine Eltern trennen sich. Ein Ratgeber für Jugendliche. Ueberreuter, Wien
Volmert J, Szesny S (2007) Wir bleiben eure Eltern! Auch wenn Mama und Papa sich getrennt haben. Albarello, Haan

**Springer**

springer.c

# Willkommen zu den Springer Alerts

**Jetzt anmelden.**

* Unser Neuerscheinungs-Service für Sie:
  aktuell \*\*\* kostenlos \*\*\* passgenau \*\*\* flexibel

Springer veröffentlicht mehr als 5.500 wissenschaftliche Bücher jährlich in gedruckter Form. Mehr als 2.200 englischsprachige Zeitschriften und mehr als 120.000 eBooks und Referenzwerke sind auf unserer Online Plattform SpringerLink verfügbar. Seit seiner Gründung 1842 arbeitet Springer weltweit mit den hervorragendsten und anerkanntesten Wissenschaftlern zusammen, eine Partnerschaft, die auf Offenheit und gegenseitigem Vertrauen beruht.

Die SpringerAlerts sind der beste Weg, um über Neuentwicklungen im eigenen Fachgebiet auf dem Laufenden zu sein. Sie sind der/die Erste, der/die über neu erschienene Bücher informiert ist oder das Inhalts-verzeichnis des neuesten Zeitschriftenheftes erhält. Unser Service ist kostenlos, schnell und vor allem flexibel. Passen Sie die SpringerAlerts genau an Ihre Interessen und Ihren Bedarf an, um nur diejenigen Informa-tion zu erhalten, die Sie wirklich benötigen.

Mehr Infos unter: springer.com/alert

Printed in the United States
By Bookmasters